高等医学教育教材
供医学类专业用

医学文献检索与利用

主　编　李擎乾　郝广煜

副主编　罗海霞　刘　华　安玉婷

编　委（以姓氏笔画为序）

马　宁　马学民　王思明　刘　华
安玉婷　李擎乾　杨建桐　罗海霞
郝广煜　崔丽霞　戴那日苏

人民卫生出版社
·北　京·

图书在版编目（CIP）数据

医学文献检索与利用 / 李擎乾，郝广煜主编 .
北京 ：人民卫生出版社，2025. 1. -- ISBN 978-7-117
-37572-6

I. R-058

中国国家版本馆 CIP 数据核字第 2025YM5408 号

人卫智网	www.ipmph.com	医学教育、学术、考试、健康，购书智慧智能综合服务平台
人卫官网	www.pmph.com	人卫官方资讯发布平台

医学文献检索与利用

Yixue Wenxian Jiansuo yu Liyong

主　　编：李擎乾　郝广煜
出版发行：人民卫生出版社（中继线 010-59780011）
地　　址：北京市朝阳区潘家园南里 19 号
邮　　编：100021
E - mail：pmph @ pmph.com
购书热线：010-59787592　010-59787584　010-65264830
印　　刷：天津善印科技有限公司
经　　销：新华书店
开　　本：850 × 1168　1/16　　印张：12
字　　数：331 千字
版　　次：2025 年 1 月第 1 版
印　　次：2025 年 2 月第 1 次印刷
标准书号：ISBN 978-7-117-37572-6
定　　价：52.00 元
打击盗版举报电话：010-59787491　E-mail：WQ @ pmph.com
质量问题联系电话：010-59787234　E-mail：zhiliang @ pmph.com
数字融合服务电话：4001118166　E-mail：zengzhi @ pmph.com

前 言

2020年9月，国务院办公厅发布的《国务院办公厅关于加快医学教育创新发展的指导意见》明确提出以新医科统领医学教育创新。新医科强调从治疗为主向生命健康全周期的理念转变，对原有医学专业提出了新要求，并积极推进医工、医理、医文融通发展。

随着科技信息的飞速发展，医学文献和数据的数量大幅增加，网络和电子文献资源蓬勃发展，医学院校应培养医学生实践科研能力和信息素养，加强医学与理、工、文的融通，提升医学生医学素养，使其养成终身学习的习惯。医学生需了解医学最新、最前沿的科技信息，掌握医学文献检索基础知识，并能够利用文献检索提升自身信息素养，使文献检索成为自身完成学业、迈向科研的一项必备技能。教育部也要求医学院校开设医学文献检索与利用课程，为此，本编写组编写《医学文献检索与利用》教材，供医学专业专科生、本科生和研究生使用。本教材共七章，主要内容包括绪论、文献检索及发展、图书馆文献资源利用、中文医学文献检索系统、外文医学文献检索系统、网络医学文献检索、医学论文写作。

本教材为全体编者在总结实际教学经验、秉持原创的基础上共同努力完成，同时也参考了大量文献及网络资源，在此向全体编者和相关作者表示诚挚的感谢！本教材的突出特点为整合了最新医学信息资源和最新数据库检索功能，并配有案例教学和课后习题，以供医学生练习，并帮助医学生掌握医学文献检索与利用的方法。但由于科技信息技术的快速发展和数据库的更新，本教材的案例只供演示使用，鉴于编者能力有限，编写若有疏漏，敬请谅解。

编写组

2024年10月

目　录

第一章　绪论……1
第一节　信息及相关概念……1
一、信息……1
二、知识……2
三、文献……3
四、情报……4
五、信息、知识、文献、情报之间的关系……5
第二节　信息素养……6
一、信息素养概述……6
二、信息素养要素……6
三、信息素养的培养……7
四、信息素养与终身学习……8
五、信息素养与文献检索教学……9
第三节　检索语言及检索技术……10
一、检索原理……10
二、检索语言……11
三、检索途径……15
四、检索步骤……16
五、检索技术……18
习题……20

第二章　文献检索及发展……21
第一节　文献检索……21
一、文献检索的概念……21
二、文献检索的类型……22
三、文献检索的工具、方式、方法……22
第二节　文献检索的发展……24
一、文献检索的发展历程……24

二、文献检索的优缺点……26
第三节　医学文献检索……27
一、医学文献检索定义……27
二、医学文献检索的作用和意义……27
三、医学文献检索的历史和发展……28
四、医学文献检索的基本原则……29
五、医学文献检索的方法和工具……31
六、医学文献检索的应用……34
习题……34

第三章　图书馆文献资源利用……35

第一节　图书馆概述……35
一、图书馆的类型……35
二、图书馆的业务内容……36
三、图书馆的馆藏特点……36
四、图书馆的文献资源类型……36
第二节　图书馆文献资源保障……41
一、图书馆文献资源保障的主要目的……41
二、图书馆文献资源建设保障措施……42
三、图书馆医药文献信息资源保障体系建设……43
第三节　图书馆信息服务……44
一、大众化的信息服务类型……44
二、个性化的信息服务类型……48
习题……49

第四章　中文医学文献检索系统……50

第一节　中文文摘型文献检索系统……50
一、中国生物医学文献服务系统……50
二、中国科学引文数据库……57
第二节　中文全文型文献检索系统……60
一、中国知网……60
二、万方数据知识服务平台……70
三、维普中文期刊服务平台……77
四、中华医学期刊全文数据库……82
五、蒙医药学文献检索数据库……90
习题……95

第五章　外文医学文献检索系统……96

第一节　外文文摘型文献检索系统……96
一、PubMed……96
二、Embase……103

三、其他外文文摘数据库……111
第二节 外文全文型文献检索系统……118
一、ScienceDirect……118
二、Ovid……124
三、EBSCO（ASP+BSP）……127
习题……130

第六章 网络医学文献检索……131

第一节 网络信息资源……131
一、网络基础知识……131
二、网络信息资源概述……133
第二节 搜索引擎……134
一、概念……134
二、搜索引擎工作原理……135
三、搜索引擎分类……135
四、搜索引擎的使用方法……136
五、常用搜索引擎……136
第三节 免费文献资源……141
一、常用医学信息网站……141
二、常用公共科学数据平台……146
三、常用专利检索平台……150
第四节 文献资源开放存取……162
一、文献资源开放存取概述……162
二、国外常用开放存取资源……163
三、国内常用开放存取资源……163
习题……165

第七章 医学论文写作……166

第一节 学术规范……166
一、学术规范相关文件……166
二、学术规范定义……168
三、学术规范的内涵……168
四、学术规范的重要性和作用……169
第二节 学术不端……169
一、学术不端的界定……169
二、认定学术不端行为的相关文件……170
三、常见学术不端行为……171
四、学术不端行为的成因……175
五、学术不端行为的危害……176
六、治理学术不端行为的措施……177

第三节 论文撰写与投稿 178
一、医学论文撰写 178
二、医学论文投稿 181
习题 182

参考文献 183

第一章 绪 论

第一节 信息及相关概念

一、信息

(一) 信息的概念

人类社会已进入信息时代,信息无处不在,人们在生产生活中无时无刻不在接收信息、产生信息,信息被视为同空气、水和能源等自然资源一样重要。信息化程度已成为衡量一个国家现代化程度乃至综合国力的重要标志。

“信息”英文翻译为 information,在我国古代用“消息”来表示。而对于信息的认识,人们从不同的角度做出了多种描述:对于“信息是什么?”控制论创始人维纳认为“信息就是信息,既不是物质也不是能量”;从信息的功能来说,信息论的奠基者香农认为“信息是用来消除随机不确定性的东西”;英国科学家波普尔认为“信息包括三部分内容:客观物质世界的信息、人类主观精神世界的信息和概念世界的信息。”

《牛津辞典》中关于信息的解释是:“信息就是谈论的事情、新闻和知识。”《辞海》网络版中指出:“信息是对观察对象形态、运动状态和方式的反映。是事物的一种普遍属性。在通信和信息系统中是采集、传输、存储和处理的对象,通常须通过处理和分析来提取。可大量复制,不会损耗,可脱离所反映的对象而被保存、传播。”《现代汉语词典》第 7 版中定义信息是:“信息论中指用符号传送的报道,报道的内容是接收符号者预先不知道的。”国家标准《信息与文献术语》(GB/T 4894—2009)中信息的定义为:“信息是被交流的知识。在通信过程中为了增加知识用以代表信息的一般消息。”我们通常意义上说的信息指的是狭义的信息,即文献资源或数据资源,包括任何媒体中的片段、文章、图书、情报、观念等。医学信息是指一切与生命健康科学有关的信息,是与医学及生命科学知识、情报和文献相对应的概念。人类将认识到的医学相关事物的方式、形态或运动状态、变化方式等用不同的形式或语言记录并表示出来即形成医学信息,例如人体呼吸频率、温度、体重指数、实验室检测数据,以及疾病状态下各种症状等。

(二) 信息的属性

信息在不同领域中的概念各不相同,但都在不同程度上反映了信息的某些本质和特征,揭示了信息现象的各个方面。加深对信息概念的理解、了解信息的基本属性更有利于认识和使用信息资源。信息的基本属性有以下几个方面:

1. 普遍性 信息无处不在,不管是在自然界中,还是在人类社会生活的方方面面,甚至是人类的思维领域中都广泛存在着信息,人的一切行为和社会活动都离不开信息的产生、传递和交换。

2. 客观性 国家标准《信息与文献术语》(GB/T 4894—2009)中指出“信息是被交流的知识。知识是基于推理并经过证实的认识”,充分说明信息是客观事实的反映。客观事物存在,信息就必然存在,但是人在不同的时期不同的事物中所感知到的信息是不同的,进而对信息的利用也是不同的。

3. 记录性 信息本身看不见摸不着,是通过记录的载体呈现出来的。同一信息可以有不同的物质载体,包括语言、文字、纸张、图像、动画、磁带、视频等。信息对于记录其内容的载体有一定的依赖性。

4. 时效性 信息具有使用价值和交换价值,每一个信息的产生和价值都具有时效性,其价值会随着时间的流逝而减少。对于信息的时效性有充分的认识和重视,必然可以在一定的时间节点使用某一信息来使信息的效用发挥到最大。

5. 再生性 人类接收信息的同时也产生信息。人们在利用同一信息的时候利用角度不同、物质载体不同,产生信息的种类也会相应发生变化。在当今这样一个科学技术日新月异的时代,特别是伴随着大数据、物联网、云计算等高新技术的飞速发展,信息的存储方式、载体也越来越丰富。

6. 传播性 信息不是不变的,是可以被人们认识并进行传递的,在传递过程中,同一信息可以被多个主体同时拥有,也能够被无限地复制并传递。例如:人际间的直接传播、口耳相传,或者采用有组织的间接传播方式,如声音、语言、文字、图像、纸张、磁盘、声波、电波、光波等物质形式的承载被人所接受并进行传播和利用。

(三) 信息的分类

信息由于其形式和内容的复杂性,在不同的学科领域中有不同的解释,同样有多种不同的分类方法,根据不同的标准可划分出不同类型。

1. 按照其属性 可分为文字信息、语音信息、图像信息和数值数据信息等。

2. 按照其地位 可分为客观信息、主观信息和概念信息。

3. 按照其作用 可分为有用信息、无用信息和干扰信息。

4. 按照其发生源 可分为自然信息、生物信息、机电信息和社会信息。

5. 按照其应用领域 可分为工业信息、农业信息、军事信息、政治信息、科技信息、文化信息和经济信息等。

6. 按照其加工顺序 可分为零次信息、一次信息、二次信息和三次信息。

二、知识

(一) 知识的概念

知识来源于信息,是信息的一部分,知识是被人们理解和认识并经过大脑重新组织、归纳和总结的那部分信息。作为人类在认识世界和改造世界的社会实践中获得的对事物本质认识的成果和结晶,知识的概念也经过了不断的发展和演变。

柏拉图认为:“一条陈述能称得上是知识必须满足三个条件:它一定是被验证过的,正确的,而且是被人们相信的。”亚里士多德认为“知识就是真理”;德鲁克认为“知识是一种能改变某些人或某些事物的信息”。世界银行《1998年世界发展报告——知识促进发展》中指出“知识是用于生产的信息(有意义的信息)”。国际标准化组织(International Standards Organization,ISO)标准ISO 30401:2018中定义知识为“在场景中能促进有效决策及行动的个人或组织的资产”。我国国家标准《知识管理 第2部分:术语》(GB/T 23703.2—2010)中对知识的定义为“通过学习、实践或探索所获得的认知、判断或技能”。概括地说,知识就是人类社会实践经验的总结和归纳。人类不仅通过信息感知世界、认识世界，而且根据所获得的信息组织形成丰富多样的各类知识，反过来重新认识世界并改造世界。可见，知识是信息的一部分，而信息是构成知识的原材料。

对应认识论的概念，医学知识可以理解为有关医学的一些知识理论。获取医学知识的需求可以表述为：了解一些基本概念，如“什么是心力衰竭”；了解概念的背景知识，如“谁最早发现了血清蛋白”；了解某些疾病的流行病学特征，如“2013—2023 年我国肝癌的发病率”；了解专业课题的详细研究内容，如“肉苁蓉的神经保护作用”。了解了不同的知识需求，就可以有针对性地选取获取知识的工具和途径。

（二）知识的属性

知识是人类在其漫长的生活和实践中认识客观世界和改造客观世界的产物。知识具有以下属性：

1. 意识性　知识是有意义的信息，需要人类通过大脑去感知它、认知它和利用它，并以概念、判断、推理、假说等思维形式和观念形态表现出来。

2. 信息性　信息是知识的原料，知识是信息的产品。人类对信息经过认识、理解，并经过思维整合和系统化后产生知识。

3. 实践性　人类在实践中认识世界、产生知识、利用知识，实践是产生知识的土壤，是检验知识的标准，知识又对实践具有指导作用。

4. 继承性　每一个新知识都不是凭空产生的，都是在原有知识基础上的继承和再利用，原有知识是新知识的基础，新知识是原有知识的继承和发展。

5. 渗透性　随着人类认识世界的不断深化，交叉学科的出现，各门类的知识相互渗透，构成新的知识门类、新的学科，形成科学认识的网状结构体系。

（三）知识的分类

经济合作与发展组织（Organization for Economic Cooperation and Development，OECD）在 1996 年发表的《以知识为基础的经济》报告中系统地提出了知识的“4 个 W 概念”：know-what（知道是什么）主要叙述事实方面的知识，包括概念、定义等，例如“什么是肝硬化”；know-why（知道为什么）主要叙述自然原理和规律方面的知识，例如“万有引力定律”；know-how（知道怎么做）主要是指叙述某些事物的技能和能力，例如“如何快速准确地检索到需要的文献”；know-who（知道是谁）涉及谁知道和谁知道如何做某些事的知识，例如“谁发现了青蒿素”“青蒿素的作用功效是什么”。这是人们对知识的一般认识和概念划分。

知识的划分方法也有很多种：从学科领域划分，可划分为自然科学知识、人文社科知识、医学知识等；从知识来源划分，可划分为外部知识、内部知识和个人知识；从是否可表达又可划分为隐性知识和显性知识。

三、文献

（一）文献的概念

文献是记录着知识的载体，是知识的外在表现形式。信息和知识用文字、图像、符号、声频、视频等手段记录在各种形式的载体上统称为文献。

《文献情报术语国际标准（草案）》（ISO/DIS5217）对文献的解释是：“在存储、检索、利用或传递记录信息的过程中，可作为一个单元处理的，在载体内、载体上或依附载体而存储有信息或数据的载体。”《国际标准书目著录（总则）》［ISBD（G）］对文献的定义为：“文献是指以任何形式出现的，作为标准书目著录的书日文献实体。”我国国家标准《信息与文献资源描述》（GB/T 3792—2021）对文献的定义为：“包含知识内容和 / 或艺术内容的有形的或无形的实体，它作为一个单元被构想、制作和/或发行，形成单一书目描述的基础。”知识是文献的信息内容，载体是文献的存在形式，记录方式是知识与载体之间的联系纽带。文献作为重要的信息载体，记录了人类生产生活和科学创造等活动中的信息和知识，这是文献的主要职能。随着人类社会和科学技术的发展，文献所记载的知识信息内容不断扩大和深化，文献的物质载体从龟甲、兽骨到金石、竹简、羊皮，再到丝帛、纸张，进而发展到感光介质和磁性介质，使文字记录可以转变为数据记录，实现了纸质文献信息向电子文献的转换。医学文献是记录医学信息、医学知识的物质载体，在医学科研人员的工作中，不管是科研立项、试验研究还是成果鉴定，文献的检索与查阅都起到了至关重要的作用。

（二）文献的特点

1. 数量激增 在信息时代，各个知识领域文献数量呈爆炸式增长。20 世纪 60 年代以来，不管是世界范围内还是国内，各类文献数量都呈现出爆炸式的增长态势。以国内为例，1978 年我国期刊种类数为 930 种，2000 年为 8 725 种，2020 年达到 10 192 种，2021 年开始有所下降，2022 年与 2018 年持平，均为 10 139 种。图书出版数量由 1978 年的 14 987 种增加至 2022 年的 502 246 种。但由于文献数量的激增，信息污染问题日趋严重，这就要求读者在检索文献过程中有效甄别文献的真伪和优劣。

2. 发表分散 随着科学的发展，文献的范围也不断扩大；学科分类愈来愈细致，不断发展分化成新的学科专业；学科之间也相互渗透，相互交叉。如对免疫进行检索，可以发现在临床、肿瘤、中药等许多学科中都有相对应的文献；而同样内容的研究又会出现在期刊、图书、科技报告等不同种类的文献当中。

3. 老化加快 随着文献出版时间的延长，文献被利用的次数逐渐减少是正常现象。但是，现代科技发展的显著特点是速度快、成果多、信息量大。因此，伴随而来的是文献老化加快、信息有效期缩短。借用物理学的概念，业内评价文献老化的指标主要为半衰期，文献半衰期又称文献半生期，是指某一学科文献从出版到 50% 的文献因内容老化而失去参考价值所经历的时间。一般而言，社科文献半衰期较长，科技文献较短，医学文献的半衰期更是只有 3~5 年。

4. 种类繁多 文献的种类繁多不仅指载体类型的增加，还有语种的增加。随着现代科学技术的发展和新材料的广泛应用，现代文献载体形式发生了重大变化，由传统的普通介质发展到各类感光材料。相比纸质文献载体，新型文献节省了储存空间，方便了信息的检索，加快了信息传递的速度。随着全球科学技术的普及和进步，科技文献以不同的语种被发表及翻译，如在 PubMed 上进行检索时可以有 58 种语种进行选择。

（三）文献的类型

文献是承载信息和知识的载体，可根据其内容性质和加工情况、载体类型、编辑方法和出版特点、内容公开出版情况或获取难易程度等不同角度划分为多种类型。按照不同的划分方式，文献的类型可以分为以下几种：

1. 按照文献的载体形式 可以分为印刷型文献、缩微型文献、视听型文献和电子型文献。
2. 按照文献的出版类型 可以分为图书、连续出版物和特种文献。
3. 按照文献的加工深度 可以分为零次文献、一次文献、二次文献和三次文献。
4. 按照文献内容的公开程度 可以分为白色文献、灰色文献和黑色文献。
5. 按照文献内容与专业相关程度 可以分为核心文献、相关文献和边缘文献。

四、情报

（一）情报的概念

情报存在于人类社会的方方面面，人们基于信息认识世界，产生知识改造世界，激活的信息、活化了的知识形成情报，这一过程需要人们在生产实践之中不断积累产生，并不断地传递和利用。信息成为情报一般要经过选择、评价、分析及知识的研究加工过程，即经过知识的阶段才能成为情报。情报原意也是消息，但是要发挥一定作用的消息才能称之为情报。情报概念自产生之初便有浓厚的军事色彩，随着社会的发展，情报的概念扩展到了更深更广的领域，如经济领域、政治领域、文化领域等。在不同的学科领域，情报的概念也有所不同，情报学理论具有代表性的英国情报学家布鲁克斯认为"情报是使人原有的知识结构发生变化的那一小部分知识"，前苏联情报学家米哈依洛夫将情报定义为"作为存贮、传递和转换的对象的知识"。我国情报学界有代表性的表述有："情报是运动着的知识，这种知识是使用者在得到知识之前不知道的""情报是传播中的知识""情报就是作为人们传递交流对象的知识"。情报在词典中的解释偏重知识性，《牛津英语词典》中把情报定义为"有教益的知识的传达""被传递的有关情报特殊事实、问题或事情的知识"，《辞海》和《现代汉语词典》第 7 版中情报定义均为"关于某种情况的消息和报告，多带机密性质"。归结起来，可以认为情报就是有用的信息、被激活的知识。

（二）情报的属性

1. 知识性 人们生产生活的实践中通过不同的活动方式不断地认识世界，为了某种目的主动吸收各类有用知识并与自身知识结构结合不断产生新知识，经过加工而成的特定的知识或信息，就是人们所需要的情报。知识是情报的本质，没有一定的知识内容，就不能成为情报。

2. 传递性 将信息及知识转化为情报以后，如果只是被记录在一定的载体上而没有进行传递，情报的作用就不能显现出来，也不能被用户接受和利用。没有经过传递的知识就没有被激活，就不能称之为情报。

3. 效用性 人们利用情报是为了获得实际效益，在多数情况下是为了竞争。情报因时间、地区、对象不同呈现出的效益也不同，情报针对性越强，越能帮助人们达到目的。人们基于不同目的产生情报、传递情报，进而将获得的情报进行利用，产生的效用性也就成为衡量该情报价值的重要指标。

（三）情报的类型

基于不同目的对于情报的获取及搜集方式各不相同，不同类型的情报所包含的侧重点也不尽相同。按照不同的划分方式，情报可以分为以下几种：

1. 按照情报的内容 可以分为政治情报、经济情报、军事情报、社会情报和技术情报等。

2. 按照情报的使用目的 可以分为战略情报和战术情报。

3. 按照情报的传播方式 可以分为口头情报、文字情报、数据情报、影像情报和音像情报等。

4. 按照情报的公开程度 可以分为公开情报、内部情报和秘密情报等。

五、信息、知识、文献、情报之间的关系

信息、知识、文献、情报之间构成了一个从低级到高级的信息集合。世界是物质的，物质的运动产生了信息，信息是大量的、公开的。信息经过人脑系统化的加工处理，转化为知识。特定的知识经过传递用于解决实践中存在的问题便转化为情报，并在实践中产生新的信息、新的知识，这样形成了一个无限的循环过程。文献是记录、存储和传播知识信息的载体，也是信息和情报的重要传播工具。知识只是信息的一部分，是理性化、优化和系统化的信息；情报是知识中的一部分，是动态的、传递的、用于解决特定问题的那部分知识；文献是信息、知识和情报记载及传递的主要载体，它是信息、知识、情报赖以存在的外壳。

第二节 信息素养

当今时代，伴随着信息化、数字化时代的来临，不管是科研工作者还是大学生都需要提高自身能力及各种素养，信息素养作为科学素养的基础，以及评价创新能力的一项基本指标，越来越受到各界的关注。信息素养经过若干年的发展，滋生出跨媒体素养、媒体素养、数字素养、数据素养等相关概念。在当前大数据背景下，学术研究的全球化、信息数据的网络化不断加强，个人在认知方式、信息获取及学习方法上也逐渐呈现出交互式、具象性、碎片化等变化。信息素养作为当代人文素养的一部分，提升信息素养能力已成为信息社会个人素养提升的核心问题。

一、信息素养概述

信息素养（information literacy，IL）又称信息素质。1974 年，美国信息产业协会主席 Paul Zurkowski 首次提出信息素养概念。1989 年，美国图书馆协会（American Library Association，ALA）关于信息素养的权威报告将其定义为："个体能够认识到何时需要信息，能够检索、评估和有效地利用信息的综合能力。"该定义一直被广泛使用和传播。2000 年，美国大学与研究图书馆协会（Association of College & Research Libraries，ACRL）发布《高等教育信息素养能力标准》（*Information Literacy Competency Standards for Higher Education*），更是将信息素养教育推向规范化。2011 年 7 月，ACRL 任命了一个工作组来负责处理现行标准。2012 年 6 月，工作组提议修订现行标准。经过三版的修订、反馈，2015 年 2 月 ACRL 正式颁布了《高等教育信息素养框架》（*Framework for Information Literacy for Higher Education*），该框架是一个指引高等教育机构信息素养课程发展的机制，旨在挖掘信息素养教育的巨大潜能，使其成为更有深度、更加系统完整的学习项目。

《高等教育信息素养框架》给出的信息素养扩展定义为："信息素养是指包括对信息的反思性发掘，对信息如何产生与评价的理解，以及利用信息创造新知识并合理参与学习社区的一系列综合能力。"《高等教育信息素养框架》的理论基础是"阈概念"和扩展了的"元素养"，仍然是以高校信息素养教育为终极目标，重新定义了新信息生态系统中高校学生应具备的信息知识与能力，并增加了"知识技能（knowledge practices）"和"行为方式（dispositions）"两个元素，阐明了与这些概念相关的重要学习目标。"知识技能"体现了学习者增强对信息素养概念理解的方式；"行为方式"描述了处理对待学习的情感、态度或评价维度的方式。这是从学习者的行为、认知、情感及元认知能力延续的信息素养核心培养能力，其内涵重在强调信息的评价、检索、获取、交流、创造、应用等能力的培养。与国内教育界普遍使用的《高等教育信息素养能力标准》相比，《高等教育信息素养框架》具有明显的含义模糊、内容开放的特点。

二、信息素养要素

《高等教育信息素养能力标准》中信息素养主要包括信息意识、信息知识、信息能力和信息伦理四个要素，具有信息素养的人首先要意识到自己需要信息，要有能力根据所需信息的性质和范围进行选择，要能够有效地获取需要的信息，要能够对信息进行评价并融合于自身的知识库和价值体系，要有效地利用信息来实现特定目的，更要合理合法地获取信息、使用信息。这四个要素相互联系、相互依存、互为一体。信息意识是先导，信息知识是基础，信息能力是核心，信息伦理是所有信息活动的准绳，并保障信息行为按照正确的方向进行，从而维护良好的信息秩序。

《高等教育信息素养能力标准》基于每个要素中指标的具体要求，为高等教育中的信息素养教学实践提供了明确而具体的指导，特别是将信息素养教育作为独立的课程，具体地规定了具有信息素养的人应该获取哪些知识及具备哪些技能，类似于教学中的课程教学大纲，具有重要的指导作用。《高等教育信息素养能力标准》的可参照性和可操作性，使得二十多年来国内的信息素养教育一直以其为准绳。

《高等教育信息素养框架》将信息素养分为六要素，每一个要素都包括一个核心概念、一组知识技能及一组行为方式，共计 45 项知识技能、38 项行为方式。这六要素按字母顺序进行排列依次是权威的构建性与情境性、信息创建的过程性、信息的价值属性、探究式研究、对话式学术研究、战略探索式检索。各要素之间不是严密的逻辑关系，而是相互交叉构成一整个信息生态系统。这个信息生态系统由信息生产者、信息消费者、信息传递渠道及信息内容构成，互相影响，互相作用，在这个系统中，每个人都不只是信息的消费者，还是信息的发现者、创造者，同时也有能力决定所需信息的性质和范围。《高等教育信息素养框架》从宏观方面给信息素养指明了方向，更加注重的也不只是技能的掌握，更多的是操作的灵活性。《高等教育信息素养能力标准》和《高等教育信息素养框架》的基本要素对比如表 1-1 所示。

表 1-1 《高等教育信息素养能力标准》与《高等教育信息素养框架》基本要素对比

对比项		《高等教育信息素养能力标准》	《高等教育信息素养框架》
相同点	目的	提升信息素养能力	
	作用	指导性文件	
	提出机构	ACRL	
不同点	提出时间	2000-01-18	2015-02-05
	针对对象	具备信息素养的学生	提高个人信息素养能力的学习者
	一级评价指标	五大标准 1. 有能力决定所需信息的性质和范围 2. 有效地获取需要的信息 3. 评估信息并融合于自身的知识库和价值体系 4. 有效地利用信息来实现特定的目的 5. 合理合法地获取信息	六个要素 1. 权威的构建性与情境性 2. 信息创建的过程性 3. 信息的价值属性 4. 探究式研究 5. 对话式学术研究 6. 战略探索式检索
	二级评价指标	22 项执行指标，若干个子项	45 项知识技能，38 项行为方式

三、信息素养的培养

因《高等教育信息素养能力标准》中信息意识、信息知识、信息能力和信息伦理四个要素有具体的评价指标，不管是对于教师、图书馆管理员还是大学生，都有可执行的标准及具体的可操作项，所以二十多年以来一直受到信息素养教师及图书馆员的青睐。

但是在高等教育全球化的大背景下，每一个信息都需要信息创作者认真理解信息系统、灵活选用检索工具、随时调整检索策略、灵活变更检索渠道，用自己不同的理解、采用不同的视角经过一系列的考量、权衡后创造出来。信息创建的过程中不但要能够主动以开放的态度接受庞大的信息海洋中的新信息、新观点、不同声音，还要能够将信息放在特定情境中批判性地审视不同的证据，在信息生产、加工、传播、共享、引用中严格遵守信息的政策法律和学术道德规范亦成必然。不管是《高等教育信息素养能力标准》还是《高等教育信息素养框架》，都是以提升个人信息素养能力为目的的。而且《高等教育信息素养框架》适应新时代的要求,不再用具体的条条框框规定学习中要怎么做,而是从更开放的角度指导教师、管理者、学习者更好地理解信息素养,从而提升信息素养能力。在新的技术背景下,《高等教育信息素养框架》已颁布近十年的时间但对其利用仍停留在内涵的理解与解读上,学界和信息素养教育者应该根据其指导性更好地与自身的学习、教学融合起来,以期更好地提升本机构人员的信息素养能力,达到终身学习的目的。

结合《高等教育信息素养能力标准》和《高等教育信息素养框架》的指导,对于需要提升信息素养能力的个人来说,培养信息素养能力可以从以下三个方面进行。

(一) 信息的反思与发现能力的培养

这项能力的培养既包括了信息意识又包括了信息的检索能力。《高等教育信息素养能力标准》中的信息意识和《高等教育信息素养框架》核心理念中的元素养概念都需要批判性反省,任何阶段的学习都既要知道怎么学还要知道为什么学。在整个信息生态系统中,每个个体不能只是作为信息的使用者,还要做信息的发现者,要主动留意各类信息,在接收信息、评价信息的过程中要具有批判性思维,能够发现各类新信息、反思信息中包含的各类隐含信息。

(二) 信息的生成与评价能力的培养

进入二十一世纪,信息环境发生了翻天覆地的变化,信息资源丰富、信息类型多样、信息获取途径复杂这些因素都使个人在检索、获取信息时更加方便快捷,也对个人评价信息的能力提出了更高的要求。不管是对于信息内容的评价还是对于信息价值的评价都同样重要,既要甄别信息的发布者、信息的来源渠道、信息的传播途径,又要把具体的信息放置在具体的情境中进行分析和评价;既要认识到信息拥有多方面的价值,又要掌握必要的知识产权、版权等相关内容。要明白信息社会中的信息行为受到法律法规、信息伦理与道德准则的约束,没有道德约束与价值判断的信息是盲目且危险的,遵循法律法规,尊重他人的学术成果,尊重知识产权,不制作、传播、消费不良信息,不利用信息技术进行犯罪活动,使用信息的时候恰当注明出处和引用,这些都是信息素养培养中必不可少的。

(三) 信息的创造与参与能力的培养

《高等教育信息素养框架》的六大要素都强调在信息的生态系统中,协作性与情境性应贯穿始终。既然信息的传播和交流既可以是一对一,也可以是一对多、多对一,那么信息的创造和参与也就不可能是一个人的"单打独斗"。当今的数字化时代为信息的学习、交流、分享提供了便利的条件,对话式学术研究要求学习者要理解学术对话并能够参与其中,找出自己学科领域内的对话,对他人在特定情境中所得出的学术观点进行总结,这些都有助于提升自身的创造能力。参与学术研究和对话的形式也越来越多种多样,比如与行业内的专家互动、进入学术论坛、参加科研项目、发表学术文章等,这些也都可以进一步提升个人的信息创造与参与能力。

对于医务工作者及医学生而言,要做到"敬佑生命、救死扶伤、甘于奉献、大爱无疆",就要不断更新完善自己的知识体系,提升自身的信息素养。这就要求医务工作者及医学生在接受教育和日常的工作当中,能够提高主动获取信息、质疑权威的意识,正确对待信息活动,并根据自身面对的信息环境及发展要求去利用信息解决实际问题。

四、信息素养与终身学习

在信息时代,知识更新加快,各类文献半衰期缩短,在学校所学的知识很快就会过时。据统计,个人在学校获得的知识是整个人生所需知识的 10% 左右,其余的要靠自我不断学习去获得。对于个人而言,为了适应社会及工作岗位带来的各项挑战,当代大学生不仅要在学校接受系统的教育,还要有自我学习的能力,培养自己终身学习的习惯,这也是每个大学生应该具备的基本素养。在现如今的教育环境下，全民素养的提升离不开素质教育和能力教育。对于高校而言，如何改变思维，教师变“授之以鱼”为“授之以渔”，提升教师信息素养能力和教学水平，大学生变“学会知识”为“会学知识”，全面提升大学生信息素养，是所有高校亟待解决的问题。培养大学生的信息素养意识，提高大学生的信息素养能力，使大学生即使面临高强度、高挑战的工作还能够主动地去获取各种知识和信息，还能够不受时空的限制来评价、利用各类信息，这也就顺利实现了终身教育的目的，并能让大学生在激烈的竞争环境中立于不败之地。

2001 年 11 月，国际医学教育专门委员会正式出台了《全球医学教育最低基本要求》，其中包括的七个宏观教学结果和能力领域里就有“信息管理”和“批判性思维和研究”，并且要求医学生在完成学业后，不断进行终身学习，关注最新的医学发展和研究进展，更新知识和技能，提高自己的临床实践水平。《中国本科医学教育标准——临床医学专业》(2022 版)共有 10 个主领域 40 个亚领域，其中临床医学专业本科毕业生应达到的基本要求中的职业精神与素养领域要求医学生要“树立自主学习、终身学习的观念，认识到持续自我完善的重要性，不断追求卓越”。

处在信息爆炸时代的每个人都要树立终身学习的理念，具备一定的信息素养无疑是终身学习的一个基本前提。终身学习在一定意义上就是对信息的持续吸收和应用，思维的改变、能力的提高都需要一个“认识—培养—提高”的过程，需要通过终身学习才能养成较强的信息意识，养成良好的信息思维习惯，养成获取信息、加工处理信息、吸收信息并创造新信息的能力。只有具备良好信息素养的人，才能通过终身学习高效地达成人生目标、实现人生价值。

五、信息素养与文献检索教学

人类在数千年的文明发展历程中，生产和积累了大量的信息资源，充分检索并利用这一人类社会的知识宝库是当代人需要掌握的一项必备技能。1984 年教育部发布《关于在高等学校开设“文献检索与利用”课的意见》通知，1995 年提出图书馆应以文献检索课为主要手段开展信息素养教育。2002 年 2 月教育部修订并颁布了《普通高等学校图书馆规程(修订)》，标志着我国信息素养教育迈入了新阶段。《普通高等学校图书馆规程(修订)》明确规定了将信息素养教育纳入高校图书馆的日常工作，旨在培养大学生信息意识、获取和利用文献资源的能力。教育部的《教育信息化 2.0 行动计划》及教育信息化“十四五”规划中都指出要充分认识提升信息素养对于落实立德树人目标、培养创新人才的重要作用。

根据中国医学教育对信息素养教育的要求，结合 ACRL 颁布的《高等教育信息素养框架》，立足我国高等教育现状，利用文献检索课提高大学生信息素养可以遵循“一贯二提三合”原则。

“一贯”是指大学生的信息素养教育要贯穿大学生培养的整个阶段。在现今“双一流”建设、“互联网 +”、“大数据”及“大众创业，万众创新”的新浪潮影响下，时代要求大学生既要成为努力学习的学生，又要成为新时代的引领者，对于科学研究要有严谨的态度，把个人信息素养的培养与个人素质紧密结合，要具有敏锐的信息意识、扎实的信息知识、高超的信息能力，更要时刻以社会主义核心价值观指导和要求自己，严守信息道德，杜绝学术不端。信息素养教育也不是一门课就可以解决的，开设课程的主要目的是培养大学生终身学习的能力，要让大学生在整个的学习、科研、工作中都要增强自主学习能力，提高信息素养。

“二提”是指要提高大学生的信息素养，既要提高大学生的信息意识，也要提升教师的整体素养及授课能力。互联网的普及为提高大学生的信息意识提供了便利，大学生要对各类信息有敏锐的感知力、观察力和判断力，要能够带有批判性思维甄别各类信息，要能够在纷繁复杂的网络世界中又快又准地找到需要的各类信息。图书馆和所属学院要通过不同的方式、方法提高大学生的信息意识，让大学生不只是做信息的使用者，还要做信息的发现者，要主动留意各类信息，并反思信息中包含的各类隐含信息。

对于文献检索课程教师而言，“打铁还需自身硬”，教师首先要不断地学习，提高自己的专业能力。一方面，要清楚地知道大学生的信息素养教育充斥在大学生学习、生活的方方面面，在日常的阅读推广、文献的借阅及参考咨询等工作中都需引导大学生重视信息素养；另一方面，要注意的是重视各项工作并不是要与图书馆的重点课程——文献检索课一刀两断，而是要在深入学习的基础上主动适应现代信息技术的发展，在自己的知识领域内通过慕课［大型开放式网络课程（massive open online courses，MOOC）］、微课、微视频、直播课堂等网络新技术、新工具拓展大学生学习的核心理念，提高大学生的学习兴趣，对文献检索课的授课内容、授课方法进行重新思考和设计，将信息素养的内容与价值扩展到学术信息以外，帮助大学生在理解信息世界的动态发展基础上为自己的职业生涯做好信息素养的准备。

“三合”包括“一个融合、两个整合、三个合作”。“一个融合”指的是融合信息素养教育与专业培养。专业课教师可以主动走进图书馆，积极参加图书馆举办的各种讲座、论坛，将平时在科研与教学中遇到的问题带入自身的学习中，学会利用图书馆、互联网等信息源获取新信息和新知识，更新自身的知识结构和思维方法，并应用到自己的教学中；图书馆员可以深入各个二级学院，积极与专业课教师座谈，参与专业的培养方案制订及教学会议，甚至与专业课教师合作开展科研项目，帮助专业课教师掌握学科前沿的同时提高专业课老师的信息素养，这样同时有利于提高图书馆员的学科专业知识，使馆员能够在文献检索课程中流畅地结合专业课学习内容。只有图书馆员与专业课教师置身于同一研究环境中，才能够更加密切地合作，更好地总结实践经验用于培养大学生信息素养能力。

“两个整合”指的是既要整合学术资源（学校资源、互联网资源），也要整合教师资源。高校要从大局统领，以加强信息化教学支撑体系和网络教学资源建设为基础，在更高的层面支持大学生信息素养教育的具体实施工作。首先，加大资金投入，充实图书馆的纸质资源及电子资源，提高图书馆的软硬件水平；其次，组织或鼓励开展系列对话交流，利用一定的机制将大学生的信息素养教育融入大学生的学习成果中，帮助大学生完成由被动的信息接收者向主动的信息创造者的角色转换，使之能够在瞬息万变的信息环境中提升信息素养，提高自我学习能力；最后，探讨合适的激励机制整合教师资源，将文献检索课程教师与专业课教师组成教学团队，提升教师整体教学水平，提高大学生培养质量。

“三个合作”指的是图书馆要与二级学院合作、与相关机构合作。图书馆不能故步自封，可以采取查新、项目介入或培训、直接指导等方式与二级学院、相关机构展开合作，要勇于走出去，将信息素养教育带到大学生的整个培养过程中，让信息素养教育和课程思政贯穿始终，提升大学生的信息素养能力。

第三节 检索语言及检索技术

一、检索原理

文献检索是以文献为检索对象，从文献集合中查找所需要的文献或文献中包含的信息内容的过程。广义的文献检索包括存贮和检索两者的过程和技术。狭义的文献检索是从用户的角度来理解，仅指从已经存贮的具有检索功能的文献信息集合中查询出所需文献的过程。

文献存储是文献集合的形成过程。在这一过程中，标引人员对文献的内容及形式进行分析，提炼出文献的内部特征和外部特征，然后依据这些特征按照预先制定的检索语言或名称规范,利用一定的规则和方法将其转换成文献标识,若干文献标识组成一个文献单元,再按一定的规则组织和排列这些文献单元,形成文献检索系统。文献存储是文献信息的有序化过程。从用户的角度来说,文献检索就是用户根据自己的实际检索需要,分析主题内容,凝练检索词和相对应的检索途径,将检索词用特定的逻辑关系连接后输入相应的检索工具或专业数据库中查找所需要的文献。这一过程是文献存储的逆过程,当用户将检索意图转换成检索语言标识,并与要查找的专业数据库中的存储标识相匹配一致的时候,就能够检索命中,从而找到自己需要的文献。

对于用户来说,真正的检索并不完全等同于简简单单地查找和发现,真正的检索“5S”具体体现为以下五个方面的内容:

第一是 select,是要有效查找到所需资源。简单来说就是要选择合适的数据库进行有效查找,前提就是对各个专业数据源有清晰的认识,并了解不同数据库之间收录的细微差别,这样才能在具体实施检索的时候做到有的放矢。

第二是 search,是要查全、查精所需文献。对于检索新手来说,可能很多时候不能完全做到查全或查准。要提高查全率和查准率,首先要明白什么是查全率和查准率。查全率是检出的相关文献与全部相关文献的百分比,用来衡量某一检索系统从文献集合中检出相关文献的成功度。查准率是检出的相关文献与检出的全部文献的百分比,用来衡量某一检索系统的信号噪声比。其次是清楚不能查全、查准的原因。导致不能查全的原因主要有:①检索策略过于简单;②检索词及逻辑关系错误;③检索途径单一,方法过少;④不能熟练掌握不同检索系统扩展功能;⑤检索时缺乏耐心,检索业务不熟练。导致不能查准的原因主要有:①检索用词不准确;②检索策略宽泛;③使用的主题词的概念比情报需求宽泛。查全率与查准率一般呈现互逆关系,所以在进行实际检索的过程中,要明确课题需求及检索需求,根据具体的目的调整检索策略及检索词,达到最佳结果的匹配。

第三是 sort,是要整理、归纳文献,也就是对查到的文献进行筛选与归类。不同的检索系统提供了不同的分类方式及筛选条件,并且大部分的检索系统也具有统计分析功能,便于对检索到的文件进行有目的的管理。

第四是 systematize,是要将整理归类好的所需文献进行储存和管理,这里主要是指使用文献管理软件。目前,常用的管理软件有很多种,包括 ReadCube、Mendeley、Zotero、RefWorks、EndNote 和 NoteExpress 等,不同的文献管理软件各有优缺点,可以根据实际需要使用。

第五是 strategy,是要从检索到的文献中得出有意义的结论。检索文献既可以了解国内外有关的学术动态、搜集参考资料,又可以参考前人的研究,避免重复研究,并在此基础上借鉴他人的研究方法,与自身知识体系相结合从而得出新结论,推动创新发展。

二、检索语言

检索语言又称文献存储与检索语言、标引语言等,是文献检索中用来描述文献特征和表达情报提问的一种专门的人工语言,其中会涉及标引者、检索者和机器之间的信息交流,是信息存储与信息检索时共同使用的约定语言。检索语言的作用是保证在信息存储的标识与信息检索的标识相一致的时候能够检索匹配、命中需要的文献。检索语言是构成信息检索理论的核心,掌握检索语言是掌握检索技术的重要基础。检索系统通过检索语言使其所收集的大量文献信息由无序变为有序,使检索者可以通过这种语言系统准确地查到所需要的文献信息。常用的检索语言有分类法语言、主题法语言、代码语言等。

(一) 分类法语言

分类法语言也可以称为分类检索语言,是按照一定的分类方法将文献中的内容按学科进行区分和归纳后形成类目,再用分类号进行分类和系统排列来表达类目体系中的各个主题概念。分类法语言清楚地揭示了学科体系,按学科专业所属等级排列文献,通过分类体系(分类号)使同学科专业文献集中在一起,提供从学科专业角度查找文献信息的途径。

我国的分类法语言经过了一系列的演进过程:西汉刘向父子编著书目著作《别录》和《七略》;南朝齐王俭编写《七志》;晋代荀勖编修的国家藏书目录《中经新簿》开始将文献分成甲、乙、丙、丁四大类别,医学资料集中在“乙部”下;唐代魏征在编修《隋书·经籍志》时,首次以经、史、子、集作为四大类的类目名称。四分法是现代分类法使用之前我国最为重要的文献分类方法。目前国内使用的分类法语言最具有代表性的是《中国图书馆分类法》,另外使用比较多的就是《中国科学院图书馆图书分类法》和《中国人民大学图书馆图书分类法》。

《中国图书馆图书分类法》是新中国成立后编制出版的一部具有代表性的大型综合性分类法,简称《中图法》。《中图法》是一部既可以组织藏书排架又可以分类检索的列举式等级式体系组配分类法,该分类法主要供大型综合性图书馆及情报机构类分文献、编制分类检索工具、组织文献分类排架使用,同时也可供其他不同规模和类型的图书情报单位根据自己的需要调整使用。《中图法》的编制始于1971年,先后出版了五版,即1975年出版的第一版、1980年出版的第二版、1990年出版的第三版、1999年出版的第四版[2001年出版了《中图法》(第四版)电子版1.0版]、2010年出版的第五版。自第四版起更名为《中国图书馆分类法》,简称不变,英文译名为*Chinese Library Classification*,缩写为*CLC*。第五版保持《中图法》作为列举式分类法基本属性不变,保持其基本部类和基本大类的设置及序列基本不变,保持《中图法》字母-数字混合制的标记符号与层累小数制的标记制度基本不变。在此前提下,有选择地对《中图法》个别大类的体系作较大幅度的调整完善,其他大类重点补充新学科、新事物、新主题;并在保持《中图法》类目细分程度的同时,视文献保障程度,适当调整类目划分详略程度。

《中图法》中的分类号采用字母与数字相结合的方法,用一个字母代表一个大类,字母顺序反映大类的次序。大类下细分的学科门类用阿拉伯数字进行划分,数字的编号使用小数制。《中图法》包括马克思主义、列宁主义、毛泽东思想、邓小平理论,哲学、宗教,社会科学,自然科学,综合性图书五大部类,22个大类,如表1-2所示。

表1-2 中图法分类号及其类名

分类号	类名	分类号	类名	分类号	类名
A	马克思主义、列宁主义、毛泽东思想、邓小平理论	H	语言、文字	R	医药、卫生
		I	文学	S	农业科学
B	哲学、宗教	J	艺术	T	工业技术
C	社会科学总论	K	历史、地理	U	交通运输
D	政治、法律	N	自然科学总论	V	航空、航天
E	军事	O	数理科学和化学	X	环境科学、安全科学
F	经济	P	天文学、地球科学	Z	综合性图书
G	文化、科学、教育、体育	Q	生物科学		

《中图法》是一部等级体系分类法,医药卫生相关文献归入“R”大类,该大类下包括预防医学、卫生学、医学(中国医学、基础医学、临床医学及各科、特种医学)及药学等20个二级类目,如表1-3所示。各级类目按照一般到具体、简单到复杂的原则逐级展开。

表 1-3 《中图法》医药卫生类目

分类号	类名	分类号	类名
R-0	一般理论	R72	儿科学
R-1	现状与发展	R73	肿瘤学
R-3	医学研究方法	R74	神经病学与精神病学
R1	预防医学、卫生学	R75	皮肤病学与性病学
R2	中国医学	R76	耳鼻咽喉科学
R3	基础医学	R77	眼科学
R4	临床医学	R78	口腔科学
R5	内科学	R79	外国民族医学
R6	外科学	R8	特种医学
R71	妇产科学	R9	药学

分类号由字母和数字相结合的混合号码作为标识，每三位阿拉伯数字后以“.”间隔。例如社区护理学的分类号表示为 R473.2，它的上位类目和同位类目是

R 医药、卫生

R4 临床医学

R44 诊断学

R46 治疗学

R47 护理学

R471 护理学基础医学

R472 护理一般技术

R473 专科护理学

R473.1 卫生保健护理学

R473.2 社区护理学

……

《中国科学院图书馆图书分类法》简称《科图法》，于 1954 年开始编写，1957 年 4 月完成自然科学部分初稿，1958 年 3 月完成社会科学部分初稿，1958 年 11 月科学出版社出版。1959 年 10 月出版索引。1970 年 10 月开始修订，1974 年 2 月出版第 2 版的自然科学、综合性图书类表和附表部分；1979 年 11 月出版第二版的马克思列宁主义、毛泽东思想，哲学和社会科学部分；1982 年 12 月出版第二版的索引。《科图法》采用阿拉伯数字为类目的标记符号，号码分为两部分：第一部分为顺序数字，即用 00~99 标记五大部类 25 个大类及主要类目；第二部分采用小数制，即在 00~99 两位数字后加一小数点“.”，小数点后基本上按小数体系编号，以容纳细分的类目。类号排列时，先排顺序数字，后排小数点后的层累数字。

《中国人民大学图书馆图书分类法》简称《人大法》，是由中国人民大学图书馆集体编著，张照、程德清主编的等级列举式分类法。1952 年编成草案，1953 年出版，1996 年出版第六版。《人大法》设立了总结科学、社会科学、自然科学、综合图书四大部类，总共 17 个大类。类目标记符号采用阿拉伯数字，标记制度为展开层累制。

国外使用的分类法语言主要有《杜威十进分类法》（*Dewey Decimal Classification*，*DDC*）、《美国国会图书馆分类法》（*Library of Congress Classification*，*LCC*）、美国《国立医学图书馆分类法》（*National Library of Medicine Classification*，*NLMC*）。*DDC* 由美国图书馆学专家麦维尔·杜

威于1876年创建,有30余种语言版本,135个国家和地区的20多万个图书馆和超过60个国家的书目使用*DDC*,其采用单纯的阿拉伯数字作为基本类目的标记符号。*DDC*共分10个大类:000总论;100哲学;200宗教;300社会科学;400语言学;500自然科学;600技术科学;700美术;800文学;900历史、地理。*LCC*是美国国会图书馆在馆长普特南主持下根据本馆藏书编制的综合性等级列举式分类法,于1901年创建,其按类以分册的形式出版,各分册可依专业独立使用,至今已出版21个大类的40余个分册,其采用拉丁字母与阿拉伯数字组成混合号码做标记符号。*NLMC*是专门针对健康科学而设的分类法,于1951年正式发行第一版,自2002年起,每年仅以电子版的形式发行。

(二) 主题法语言

主题法语言是以词语作为概念标识,以文献的主题为依据,以规范化或未规范化的名词术语作为文献标识来进行检索的检索语言,也称为主题语言、主题词语言或主题法,有时甚至直接用主题词表来代替。主题法语言通过主题词之间的相互组配表达复杂的概念,也可通过参照系统揭示主题词之间的相互关系。在其发展过程中出现过标题词、单元词、叙词和关键词等,目前应用最多的是关键词和主题词(叙词)。

1. 关键词法　关键词是非规范化语言,也叫自然语言,对于同一个概念可以有不同的自然语言表达形式,不显示文献主题概念之间的关系。广义的关键词是指出现在文献标题、关键词、文摘和全文中的文本词,即自由词。狭义的关键词指作者投稿中所列出的处于文章标题和文摘之间的3~5个关键词。目前搜索引擎主要使用的就是基于关键词语言的搜索技术。在使用数据库检索时要注意以下几点:①由于关键词没有经过规范化处理,数据库的制作成本相对较低,多数数据库都有关键词检索,而且可以检索到新出现的科技名词术语;②在同义词多的情况下,为达到查全的目的,需要提前查找检索词的同义词,以免使用一个关键词检索造成漏检;③使用广义关键词进行检索时,容易检索到相关性不大的文献,需要限定相应的字段提高检索的查准率。

2. 主题词法　主题词是规范化语言,需要对文献检索用语的概念加以人工规范和控制,对同义词、多义词、近义词等进行规范化处理,用一个词(即主题词)来表达一个概念,从而使内容相同或相近的文献更加集中、更具有专指性,避免同义词的多次检索。主题词法可给用户提供一种直接面向具体对象、事实或概念的信息查询途径,组织文献的依据是主题词表。主题词表中主题词的选定和设置基于三个前提:一是依齐普夫定律测得的词频;二是在科学体系分类中的位置;三是其自身可能涵盖的文献信息的数量。美国国立医学图书馆编制的医学主题词表(Medical Subject Headings,MeSH)是目前医学文献标引与检索最权威、最常用的主题词表。

MeSH词表由字顺表、树状结构表、主题变更表和副主题词表四个部分组成。其中字顺表(alphabetie list)是医学主题词表的主表,由主题词、款目词和副主题词混合按英文字顺排列组成。主题词(headings),也称叙词(descriptors),是规范化的医学名词术语,可以揭示和描述文献重点讨论内容。MeSH词表每年更新一次,用于满足用户检索新概念的需求并更好地适应医学科学发展的需要。款目词(entry terms)又称为入口词,是主题词的同义词、近义词或其他非常相关的术语。如输入款目词“aids”,会出现“Acquired Immunodeficiency Syndrome”等39个主题词。副主题词(subheadings)又称限定词(qualifiers),功能类似于分类语言中的复分表,是对主题词起限定作用的一类词汇,通过这种限定把同一主题、不同研究方面的文献分别集中,使主题词具有更高的专指度。副主题词表随着主表的修订而变化,但总体来说,副主题词表相对固定,变化不大。1989—1990年《医学索引》使用的副主题词是77个,1991—1994年是80个,每年略有变化。目前《医学索引》使用的副主题词是92个,如“血液”“酶学”“病理学”“并发症”“诊断”等,不同的副主题词与主题词进行组配后可以提高检索结果的准确率。

树状结构表(tree structure)又叫范畴表或分类表,是字顺表的辅助索引。指引用户方便地了解该主题词在医学分类体系中的位置,便于用户认识主题词所属学科体系和逻辑关系,从而帮助用户快速地选择与确定主题词。树状结构表中主题词的上下位等级关系能够帮助用户在实际检索过程中实时调整检索策略,选择上位概念的主题词可以帮助用户扩大检索范围,选择下位概念的主题词可以帮助用户缩小检索范围。

Embase 数据库是 1988 年由 Elsevier 公司创建的,收录了 1947 年至今的大量生物医学期刊和学术会议摘要信息,是权威的文摘型商业数据库,该数据库采用了 Emtree 词表,包含了 MeSH 词表、5.6 万个检索术语及 23 万个同义词,与 MeSH 词表一样均属于叙词词表。中国生物医学文献服务系统(SinoMed)采用美国国立医学图书馆《医学主题词表(MeSH)》中译本、《中国中医药学主题词表》作为主题标引和主题检索的依据来提高查全率和查准率。

(三) 代码语言

代码检索语言是利用文献中的一些特殊符号组织排列表达文献主题概念的一种人工语言。通常选用文献中文献序号(专利号、标准号、报告号等)、化学分子式、数理公式等作为检索词,将各种数字和字母按一定顺序进行系统排列进行检索。例如:检索专利"蒙药芯芭正丁醇提取物在制备防治糖尿病药物中的应用"可以用专利名称进行检索,也可以使用申请号"CN201410583945.0"进行检索。

三、检索途径

(一) 题名途径

题名途径是根据文献信息的题名信息进行检索的途径。文献信息的题名包括书(刊)名称、专利名称、标准名称等。在不同的检索系统及具体检索实践中,所使用的表达形式会有所不同,如中国知网(China National Knowledge Infrastructure,CNKI)中检索学术论文的名称,字段要选择"篇名",而同样的问题在万方数据知识服务平台(简称万方)中就要选择"题名",用户要根据检索需要进行选择。如果要检索一本图书或者专著,使用题名途径检索的时候还要根据具体检索系统重点要求判别是否需要输入书名的全称。

(二) 著者途径

著者途径是根据著者的姓名(个人著者和团体著者)检索文献的途径。通过著者途径可以检索到同一作者的多篇文献,在不同检索系统中亦有多种表达,如第一作者、通讯作者、Author-Corporate、Author-First、Author-Full、Author-Last 等。另外,由于世界各国姓名的写法不一,我国著者是姓在前名在后,而欧美国家著者则名在前姓在后,因此使用著者途径查找中国著者撰写的外文文献或者是外国著者撰写的文献时应注意著者姓名的写法。在检索系统中,著者途径的检索规则是:姓在前,名在后,更多的情况是名用首字母,姓名之间用空格或逗号分隔。如检索钟南山院士撰写的英文文献,著者途径检索时要使用 Zhong NS;而在检索 William Henry Smith 的文献时,要使用 Smith WH。

使用著者途径进行检索时,可能会出现两种特殊情况,一是同名同姓但是不同人且不同的单位,这就要求在检索时要将著者途径和机构途径结合使用;二是同名同姓但是不同人却在相同的单位,这就要求结合文献的内容及著者研究的学科领域、期刊名称等信息共同鉴别。

(三) 分类途径

分类途径是根据检索课题内容的学科属性和特征,按照信息所属学科专业的分类号或类名进行检索的途径。使用该途径可以检索到一组与学科内容相关联的文献,满足用户从学科或专业角度出发检索文献的需要。检索系统中的分类体系是利用学科、专业、概念之间的逻辑关系建立的一种等级体系,一般会用字母、数字或二者相结合的方式来反映文献上位类、下位类的从属关系或同位类之间的并列关系。不同检索系统分类途径会有不同，如 CNKI 中的高级检索可以用中图分类号进行检索，而在文献分类目录检索中又将不同的学科分为了十大专辑；万方数据库的高级检索中也包括中图分类号这一字段，而按照学科进行检索的时候，将学科分成了哲学政法、社会科学等八大部分；中国生物医学文献服务系统（SinoMed）文献分类标引和检索的依据是《中国图书馆分类法·医学专业分类表》。

（四）主题词途径

主题词途径是根据检索需要查找主题词，对主题词字段进行检索，并通过组配副主题词提高检索准确率的途径。由于主题词是规范化的检索语言，编制主题词表势必会加大检索系统的成本，所以并不是所有的检索系统都提供主题词检索途径。常用的医学检索系统中的 SinoMed 和 PubMed 都支持主题词检索途径。如在 SinoMed 中输入款目词“艾滋病”就会出现与艾滋病相关的 56 条记录，其中“艾滋病 见 获得性免疫缺陷综合征”，就找到了主题词“获得性免疫缺陷综合征”，点开主题词后就可以看到主题词的相关介绍及 43 个副主题词，可以将主题词与一个或多个副主题词进行逻辑组配，从而更准确地找到需要的文献。主题词途径检索一般会与高级检索等结合使用，这种方法既限定了学科范围又有确定的检索词，可以使检索更加精准。

（五）自由词途径

自由词途径是选取自由词作为检索入口的检索途径。通常意义上的自由词是广义的关键词，也称为文本词（text word），是著者撰写文章时所使用的自然词语，包括标题词、关键词、文摘词、全文词。自由词不同于主题词，没有经过规范化的处理，不受主题词表约束，同一概念用词取决于著者的偏爱。这也就导致在实际检索过程中，检索用词要充分考虑检索词相关内容的同义词、近义词等不同的表达形式，否则容易造成漏检，影响检索结果。目前，多个检索系统都提供了同义词扩展功能，可以在一定程度上规避部分风险。但是值得注意的是，在很多检索系统中关键词是狭义的“关键词”，也就是著者在文章中列出的关键词。近年，CNKI 对关键词检索的范围进行了扩展，扩展后不仅包括文献原文给出的中、英文关键词，还包括对文献进行分析计算后机器标引出的关键词。机器标引的关键词是基于对全文内容的分析并结合专业词典产生的，解决了文献作者给出的关键词不够全面、准确的问题。

（六）其他途径

包括引文途径、机构途径、序号途径等。单独应用一种途径很难解决检索中的所有问题，还需要根据课题需要和所使用的检索系统的特点，灵活选用多种检索途径配合使用，从而得到最佳的检索结果。

四、检索步骤

文献检索不是单纯意义上的查找，每一次检索的实施都要做到心中有数、有的放矢。无论什么样的课题、什么样的检索系统，其检索的步骤都大同小异。在实施检索前要制订检索策略，检索策略是为实现检索目标而制订的全盘计划或方案。制订检索策略，就是在分析课题内容概念、明确信息需求的基础上，根据不同检索系统的特点选择合适的检索工具和检索系统，确定检索词、检索途径、检索方法和技术，拟定检索程序，最后获取原始文献、得出有意义的结论等。检索过程中实施检索策略的具体操作流程就是检索步骤。

（一）分析检索课题，明确检索需求

检索一个科研课题，首先要分析课题，明确课题所属学科范围、课题的主题内容、检索的目的和所需信息的内容。若对课题内容不是很了解，可以借助教科书、专著、百科全书、综述、词典等来了解课题基本知识、研究脉络和进展等内容；还要清晰了解所需信息的类型、语种等，侧重的是基础研究还是临床研究，如果是临床研究，对研究对象的性别、年龄是否有要求；检索目的是查全还是查准；要检索的文献类型是期刊，还是硕士、博士论文，还是只要综述文献；对要检索的文献时间有没有要求，是要近三年的文献还是近五年的文献，等等。

（二）选择检索工具，确定检索途径

选择检索工具的前提是要对各个检索工具或检索系统有一定程度的熟悉和了解，不同的检索工具或系统在收录范围、文种、检索方式等内容方面各不相同，要根据具体课题进行选择。例如，如果要检索国内生物医学文献，要首选 SinoMed，还可以选择 CNKI 或万方数据库；如果要检索国际上的生物医学文献，要首选 PubMed，还可参考 Embase 等；如果要进行引文检索，可以使用 Web of Science、中国引文数据库等。同样，确定了检索工具后，可以选择适当的检索途径，有主题检索的数据库可以使用主题检索组配副主题词限定，还可以进行智能扩展或加权检索；没有主题检索的数据库，可以使用高级检索选择检索途径，使用分类途径可以根据学科内容检索到相关文献，还可以将分类途径与自由词途径相结合，使用著者途径与机构途径相结合可以精准检索该著者的所有文献，再结合二次检索及同义词扩展等功能会使检索更加精准。

（三）确定检索用词，确定检索运算

准确的检索离不开检索词的精准选择，但是在实际检索过程中，检索词的确定是很难准确把握的，而且非常容易出错，当出现多个检索词或者相同意思的检索词的多种不同表达方式时，还要注意检索词之间的逻辑关系。因此，分析检索课题以后要借助不同的工具明确同一概念是否有不同的术语表达，如在检索“白细胞介素 -1”的时候就有“白细胞介素 -1”“白介素 -1”“IL-1”等几种不同的表达。在不同的检索系统中针对同样的课题不一定会用完全相同的检索词，可以根据课题内容适当增加或者减少检索词来扩大或缩小检索范围。还要注意开始检索时，不要先把所有的检索词都输入后进行检索，这样容易出现检索结果为“0”的情况，可以根据课题内容逐步深入，并合理利用检索系统中的智能检索及同义词扩展等功能完善检索结果。

（四）构筑检索提问，获取初步检索结果

用不同的逻辑算符或位置算符将不同的检索词连接起来，形成复合式的检索提问是完成检索的至关重要的一步。在很多的检索系统中都提供了高级检索功能，用于用户深层次的检索，还有的检索系统中有专业检索，可以构筑专业的检索式，这通常是给有一定检索基础的用户使用的。一般情况下，多数的检索系统都会有“二次检索”或“在结果中检索”功能，相当于在初步检索基础上再次进行“逻辑与”的运算。实际检索过程中，还可以对年限、语种、文章类型等进行限定检索，如 PubMed 中的限定检索就有文章类型、语种、性别、出版时间等十几种限定条件，每一个限定条件下又有若干个选项。

（五）调整检索策略，获取所需信息

完整的检索是不可能一次完成的，需要对初步的检索结果进行评估后不断完善新的检索式，每次检索都需要多次进行上述几个步骤，从而获得最佳的检索结果。通常，当放宽检索范围或者使用较少的检索词的时候势必会在提高查全率的同时降低查准率，而在严格的限定条件下又会提高查准率而降低查全率。因此要根据实际情况，客观分析课题，适当调整检索策略，获取所需信息。

获取信息也会根据实际检索课题的要求而有所不同，首先要对需要的文献进行标注，有些文献需要题录、有些文献需要摘要，有些则需要获取原始文献。题录和摘要都可以选择打印、下载或者导出到 Word、Excel、记事本或文献管理软件中。需要获取原始文献也会遇到几种情况：一是开放获取（open access，OA）期刊，可以直接使用原文；二是文摘数据库，有的文摘数据库与全文数据库有合作可以获取全文，有的文摘数据库可以通过找到全文链接来获取全文；三是全文数据库，机构用户直接拥有下载权限，没有权限的可以使用联系本地图书馆或者网上搜索查找全文，还可以通过发送电子邮件向原作者索取全文。

五、检索技术

在文献检索的过程中，检索技术的使用关乎最终的检索质量。不同于手工检索，计算机检索的优点是灵活多变，熟练运用各种不同的检索技术构筑多样的检索式，可以使检索更加得心应手、事半功倍。一次检索中可能会应用到很多的检索技术，比如布尔逻辑检索、邻近检索、截词检索、限制检索、字段检索、精确检索与模糊检索、扩展检索、智能检索、跨库检索等。这些检索技术的交叉组合可以帮助科研人员更快、更准地检索到所需文献。

(一) 布尔逻辑检索

布尔逻辑检索也称布尔逻辑搜索，是指利用布尔逻辑运算符连接各个检索词，然后由计算机进行相应逻辑运算，以找出所需信息的方法。布尔逻辑运算符一共有三个，包括 AND、OR、NOT，它的作用是把检索词连接起来，构成一个逻辑检索式。

逻辑与（AND）用来表示相交关系，如检索式“A AND B”，就是要检出记录中同时含有检索词 A 和检索词 B 的文献。逻辑与的作用是缩小检索范围，提高查准率。有些检索系统中会使用符号“*”或使用“并且”“并含”表示逻辑与。例如：检索“大学生信息素养方面的文献”是要检索出既包含“大学生”又包含“信息素养”的文献，可以使用检索式“大学生 AND 信息素养”进行检索。逻辑与组配的词语一般为两个及以上，参与的检索词越多，检索到的文献越少。当然，在实际的检索实践中，如果有很多个检索词，在第一次进行检索的时候不要把所有的词都用上，而是先选取最主要的检索词，逐渐缩小范围。

逻辑或（OR）用来表示并列关系，如检索式“A OR B”就是要检出记录中含有检索词 A 或含有检索词 B 的文献。逻辑或的作用是扩大检索范围，增加命中文献数，提高查全率。有些检索系统中会使用符号“+”或使用“或者”“或含”表示逻辑或。例如：检索“胃癌方面的文献”，为了不造成漏检，一般会用“胃癌”和“胃肿瘤”两个词进行检索，检索式可以编写为“胃癌 OR 胃肿瘤”。逻辑或一般用于同义词的扩展，有些数据库可以将逻辑或与数据库自带的同义词扩展功能结合使用，以达到查全的目的。

逻辑非（NOT）用来表示排斥关系，如检索式“A NOT B”就是要在检出的包含检索词 A 的文献中去掉含有检索词 B 的文献。逻辑非的作用是缩小检索范围。有些检索系统中会使用符号“-”或使用“不含”“不包含”“AND NOT”表示逻辑非。例如：检索“非儿童的心理健康方面的文献”，用检索式“心理健康 NOT 儿童”可以进行检索，但是这样检索往往会有一些关于青少年心理健康方面的文献被去掉。因此，在使用逻辑非的时候要注意检索词之间的概念关系及检索字段的选择，还要仔细筛选检索结果，不要把一些实际有用的文献去掉了，具体检索中逻辑非要谨慎使用。

以上三个布尔逻辑运算符在应用中可以单独使用也可以结合使用，当出现两种及以上的逻辑运算符时，与数学运算一样，布尔逻辑运算符也有运算顺序，优先运算 NOT，其次运算 AND，最后运算 OR。如果要改变运算顺序，加括号优先，先运算括号内的逻辑算符。例如：检索“计算机病毒防范措施方面的文献”，这里面涉及的检索词有“计算机”“病毒”“防范措施”，还要注意平时我们也会使用“电脑”代替“计算机”，因此，为了达到查全的目的，可以将“电脑”加入检索词中，具体的检索式可以编写为“(计算机 OR 电脑) AND 病毒 AND 防范措施”。

布尔逻辑检索是最简单的检索技术，由于其易于理解，几乎被所有的数据库作为基本的检索技术使用，即使是最新的网络搜索引擎，也会使用这一检索技术。对于学习文献检索的人来说，布尔逻辑检索是一项基本技能，熟练使用可以达到事半功倍的效果。

(二) 截词检索

截词检索也叫通配符检索，是利用检索词的词干或不完整的词形进行非精确匹配检索，含有词干的文献信息均会被检索出来。检索时将截词符或通配符置于检索词允许变化的部位，只要检索词和标引词的词干相同即为命中文献，可以减少检索词的输入量，扩大检索范围，提高检索效率。不同的检索系统中使用的通配符也不尽相同，有“#”“*”“?”“%”等。从截断字符的数量看，截词可分为无限截词和有限截词。

1. 无限截词 一个无限截词符号可代表多个字符，常用符号为“*”，表示在检索词的词干后可加任意几个字符或不加字符。SinoMed 中使用的任意通配符是“%”。例如：输入“employ*”，可检索到 employ、employer、employers、employment 等词。

2. 有限截词 一个有限截词只代表一个字符，常用符号“?”表示，代表这个单词的某个字母可以任意变化。在检索词的词干后可加一个及以上的有限截词符，一般有限截词符的数量有限制，其数目表示在词干后最多允许变化的字符个数。例如：输入“solut????”，可检索到包含 solute、solution 和 soluting 等词在内的所有文献。

（三）限制检索

限制检索是一种辅助的检索技术，目的在于将检索结果限定在一定范围内。可以对文献的年代、文献类型、年龄组、性别、研究对象等特征进行限定，以此来缩小检索范围。最常用的限制检索就是字段的限定，字段限定通俗的说法就是限定检索词出现的位置。如 CNKI 中的“篇关摘”字段就是在篇名、关键词、摘要范围内进行检索，而在万方数据库中，使用“主题”字段检索时，主题字段包含题名、关键词及摘要，这与 CNKI 的“篇关摘”字段相仿。因此，在具体检索中，选择不同的检索系统就要对不同的检索系统有充分的学习和了解，才能达到事半功倍的目的。同一个检索题目可能还会同时用到很多个限制条件才能使检索更加精准。如 SinoMed 和 PubMed 数据库中都有很详细的年龄限制条件可供选择，这对于医学临床研究有很重要的作用。

（四）精确检索与模糊检索

精确检索表示完全匹配，适用于作者、分类号、刊名等字段。模糊检索表示含有，允许词间出现其他字词。精确检索范围窄，而模糊检索在一定程度上扩大了检索范围。甚至在有些检索系统中，由于选择的字段不同使用精确检索会出现检索结果为“0”的情况，而使用模糊检索可以检索到需要的文献。

（五）智能检索

智能检索是检索系统利用同义词词典或者主题词表等实现检索词的扩展检索，从而达到查全的目的。在 SinoMed 中勾选“智能”可以进行检索词的智能扩展，例如：输入“艾滋病”，系统将用“艾滋病”“获得性免疫缺陷综合征”等表达同一概念的一组词在设定字段中进行智能检索。

（六）跨库检索

有些检索系统或平台提供了跨库检索的功能，可以通过一次检索同时检索多个数据库或多种文献类型，这样既避免了单库检索的单一，又节省了时间。如 CNKI、万方数据库的跨库检索，可以同时检索期刊论文、学位论文、会议论文等文献类型。而 Web of Science 中包括了 Web of Science 核心合集、INSPEC（Information Service for the Physics，Electro-technology，Computer and Control）、MEDLINE 等多个数据库。

【结语】

医学文献检索与利用是一门培养医学生的情报意识、培养医学生掌握用手工或计算机方式从文献中获取知识和科技情报信息的工具性课程，是培养医学工作者和医学生独立学习、终身学习能力的一门科学方法课。随着医学科技创新、卫生信息化的发展及大数据时代的到来，掌握文献检索的基本知识至关重要。本章介绍了文献检索的基本概念、属性及分类，主要包括信息、知识、文献、情报及四者之间的关系；信息素养的概述、要素，信息素养的培养，以及信息素养与终身学习、与文献检索教学之间的关系；计算机检索的检索原理、检索语言、检索途径、检索步骤及主要检索技术。学习文献检索，要在充分学习、了解基本概念及基本技术的基础上，深入理解学习文献检索的目的是提高个人的信息素养，从而达到终身学习的目的。

（罗海霞）

习题

1. 按照不同的划分方法，可以将文献划分为几种（举出至少三种划分方式）？

2.《高等教育信息素养框架》中信息素养包含几大要素，分别是什么？结合自己谈谈如何提高个人信息素养。

3.《中图法》将人类知识划分为五大基本部类、22 个基本大类，《中图法》五大部类分别是什么？ 22 个基本大类的分类号分别是什么？

4. 在计算机检索中，如何缩小检索范围？

第二章 文献检索及发展

第一节 文献检索

一、文献检索的概念

（一）文献检索的定义

文献检索是提高学习能力的一种手段，是提升工作能力的基础，是开启科研的钥匙，是现代人才必备的素质。因此，从用户角度讲，文献检索是指用户根据学习、科研和工作的需要，借助检索工具或检索系统，以一定的程序和正确的方法，从各种类型的文献中查找有关目录、文摘、线索或获取全文的过程。

（二）文献检索的重要性和作用

1. 文献检索的重要性

(1) 从获取知识的角度讲，文献检索是获取知识的捷径：熟练掌握文献检索方法，可以快速、准确、全面地获取所需知识，最大限度地节省查找时间，充分合理地利用文献。

(2) 从科研工作者的角度讲，文献检索是科学研究的向导：文献检索是科研工作者应掌握的最基本技能之一，熟练使用文献检索方法能使科学研究得以顺利进行，避免重复和无意义的研究，少走弯路。例如，为获得与自身研究方向相关的信息，在准备做研究前，必须先通过文献检索进行调研，了解研究背景，梳理清楚前辈和同行曾做过的相关研究，掌握目前出现的新情况、提出的新观点，以确定自己的研究方向，避免做无价值的科学研究。

(3) 从学生的角度讲，文献检索是终身学习的基础：随着时代和科技迅速发展，文献数量不断增长，文献老化速度加快，使得大学生在校期间所掌握的知识快速陈旧，如果不能及时更新知识结构，会因落后于时代需要而被淘汰。掌握文献检索方法，能帮助大学生及时获取新信息，更新自己的知识结构，紧跟时代发展步伐。

(4) 从高校的角度讲，文献检索是培养合格型人才的重要组成部分：为跟上时代和科技发展步伐、适应社会发展需求，高校在为学生讲授基本知识的同时，必须注重培养学生自学能力、独立研究能力和创新能力。而文献检索能让学生具有较强的情报意识和主动获取知识的技能，是培养学生自学能力、独立研究和创新能力的一个重要环节。

总之，无论是现在还是未来，无论在科研还是其他领域，文献检索会越来越体现出它的特殊作用和深远意义。

2. 文献检索的作用

(1) 文献检索能让研究者在继承和借鉴前人经验教训和成果的基础上，避免重复研究，避免浪费物力、财力、人力和时间。

(2)文献检索能协助研究者做出科学决策,使研究者少走弯路。

(3)文献检索能节省查找文献的时间,有助于提高科研效率。

(4)文献检索有助于使用者提高自身素质和培养自学能力。

(5)文献检索是快速获取知识的途径。

(6)文献检索是终身学习和知识创新的需要。

(7)文献检索是医学科研中必不可少的环节。

(三) 文献检索的原则

1. 明确查找目的与要求。
2. 选择和正确使用适合的检索工具。
3. 确定检索途径和方法。
4. 根据文献提供的相关信息和线索,查阅并追踪原始文献。

二、文献检索的类型

文献检索按查找对象的不同可分为三种不同类型的检索:

1. 书目检索　书目检索是以检索工具(书目、索引、文摘、题录)为检索对象的检索。查找某一主题(时代、地区、著者、文种等)有关文献的检索过程属于书目检索。例如:“通过书目检索系统,查找关于医学文献检索与利用的相关文献”,其检索结果是一条条的书目记录,包括论著的题名、作者、文献出处等在内的书目数据记录。

2. 事实检索　事实检索是以事实为检索对象,查找文献中某些基本事实记录。例如:“2015—2023 年诺贝尔生理学或医学奖得主名单”“屠呦呦在哪一年获得诺贝尔生理学或医学奖”。

3. 数据检索　数据检索是以数据为检索对象,查找文献中使用的数据,包括实验数据、计算公式、图表及化学分子式等。例如:“查找头孢羟氨苄的化学结构式并写出结构图”。

三、文献检索的工具、方式、方法

(一) 文献检索的工具

随着信息技术发展,文献检索工具种类日渐繁多,为提高文献检索的效率和质量,可根据检索需求选择不同的检索工具。文献检索工具的类型可以分为以下几种:

1. 按出版形式划分　分为书本式和机读式。

(1)书本式:分期刊式和单卷式,如《中文科技资料目录》。

(2)机读式:是目前文献检索最重要的工具,以计算机输入、输出为手段,为计算机检索而建立的各种数据库,如 MEDLINE、SinoMed、CNKI、维普中文期刊服务平台(简称维普)等。

2. 按收编类型、范围划分　分为综合数据库检索工具、主题数据库检索工具、学术搜索引擎和文献管理软件。

(1)综合数据库检索工具:综合数据库检索工具是最常见的文献检索工具之一,主要适用于跨学科、跨领域的综合检索,例如 Web of Science、Scopus、CNKI、《全国报刊索引》等。其优势是检索范围广、更新快、检索结果准确性高,支持文献引用分析等辅助功能,可提高文献检索的效率和质量。其中,Web of Science 具有涵盖范围广、引用检索准确度高等特点,被广泛应用于各类学术研究中。Scopus 覆盖领域广泛,检索结果准确度和引用分析功能较为出色。

(2)主题数据库检索工具:主题数据库检索工具是针对某一特定学科或领域进行精准检索的工具。例如:PubMed、Embase 等主要通过主题词、关键词、摘要等内容进行检索,支持对文献进行筛选、排除非相关文献、自动更新等功能，适用于进行深度学术研究。其中，PubMed 是一种生命科学文献检索工具，以生物医学为主题，涵盖范围广泛；Embase 是一种生物医学文献检索工具，内容涵盖临床医学、药学、公共卫生等领域。另有专门针对内科学领域的《内科学文献索引》。

(3) 学术搜索引擎：学术搜索引擎是专门针对学术领域的搜索引擎，主要适用于快速检索某一领域内的学术信息。例如：谷歌学术（Google Scholar）、百度学术等主要通过关键词检索获取相关文献，同时还支持领域限定、文献引用分析等功能。其中，Google Scholar 涵盖范围广泛，检索效果较为准确；百度学术覆盖领域广泛，在国内用户中使用率较高。

(4) 文献管理软件：文献管理软件是用于管理和整理文献信息的软件工具，主要适用于协作、整理、分类、备份等方面的需求。例如：EndNote、NoteExpress 主要通过将文献信息进行导入、整理、分类、输出等操作，实现文献信息的高效管理和利用。其中，EndNote 功能强大，在全球范围内应用广泛；NoteExpress 是国内最为流行的文献管理软件之一，支持中文检索和引用分析等功能。

3. 按著录格式划分　分为目录、索引和文摘。

(1) 目录也称书目，其以一个完整出版物（书、期刊、报纸等）为单位，对出版物外表特征（如出版物名称、著者、出版社、出版地等，没有具体内容和介绍）进行著录。常用书目工具有：中国版本图书馆出版的《全国总书目》（年刊）和《全国新书目》（月刊）、新华书店总店出版的《新华数目报（科技新书目版）》（周报）。

(2) 索引主要以一种完整出版物中的某一知识单元为著录对象，以题录形式注明论文出处，如上海图书馆出版的《全国报刊索引》（科技版）。题录包括篇名、著者、出处（刊名、出版年卷期、页码）、语种等，不包括文摘。

(3) 文摘是在索引的基础上更深入一步，以简明扼要的文字介绍文献主要内容。如中国科学院出版的《中国生物学文摘》、浙江医科大学编著的《中国现代医学文献摘编》，护理学方向有 CINAHL（Cumulative Index to Nursing and Allied Health Literature）数据库，药物方向有美国药师协会出版的《国际药学文摘》、刘寿山主编的《中药研究文献摘要》等。

（二）文献检索的方式

常见的文献检索方式大致分为三类：基本检索、高级检索和其他检索。

1. 基本检索　基本检索一般在数据库和浏览器中使用，把自己选定的检索词输入基本检索框或浏览器搜索框中，对文献进行全文检索，检索结果中有输入的检索词即可。

2. 高级检索　高级检索在数据库中推荐使用，通过选择检索字段和布尔逻辑运算符，在检索框中输入检索词，同时也可以选择限定选项，如在期刊库中可限定时间、来源类型等，点击检索即可。

3. 其他检索　其他检索有出版物检索（又称刊物检索）、分子式检索、索引检索、图像检索等，就是单一类别进行检索，相对简单，其检索字段和检索词匹配即可，如检索期刊，字段选择刊名，检索框中输入要查的期刊名即可。

（三）文献检索的方法

要想快速、详细了解与自己所写论文或所做研究相关的文献，掌握文献检索方法是重要的一步，只有选择科学有效的文献检索方法，才可以快速、精准地获取大量所需文献，提高检索效率和质量。文献检索的方法主要有以下几种：

1. 直接法　直接法又称常用法，是指直接利用检索系统（工具）检索文献信息的方法，分为顺查法、倒查法和抽查法。①顺查法：是指按照时间顺序，由远及近地利用检索系统进行文献信息检索的方法。这种方法能收集到某一课题的系统文献，适用于新开课题、较大课题和申请专利查新的文献检索。例如，已知某课题的起始年代，需要了解其发展过程，就可用顺查法从最初的年代开始查找。其优点是基本可以反映某项目的发展全貌，能得到较高的查全率和查准率，缺点是费时费力、检索效率低。②倒查法：是指由近及远，从新到旧，逆着时间顺序利用检索工具进行文献信息检索的方法，使用这种方法可以最快地获取最新资料。它适用于创新课题的文献检索，优点是效率高、文献新颖，缺点是可能遗漏有用文献而影响查全率。③抽查法：指针对研究对象的特点，选择有关该研究对象的文献信息最可能出现或最多出现的时间段，利用检索工具进行重点检索的方法。它适用于了解目前比较热门的学科或课题研究，优点是针对性强、节省时间，缺点是必须能准确把握该学科的兴旺发展阶段才能使用，否则会影响到检索结果的准确率。

2. 追溯法　追溯法是指利用文献所附的参考文献，逐一追查原文(被引用文献)，再从这些原文后所列的参考文献目录逐一扩大文献信息范围，一环扣一环地追查下去，直至源头的方法。追溯法是依据文献间的引用关系，获得更多更精准的检索结果。它适用于已掌握相同或相关内容的主要文献，优点是能获得更有用的文献而提高检索效果，缺点是因“参考文献”的局限性会产生漏检而影响文献的查全率。

3. 循环法　循环法又称分段法或综合法，指交替使用直接法和追溯法，取长补短，相互配合，以获得更好的检索结果。

4. 综合法　综合法是先采用顺查法、倒查法和抽查法，利用检索工具查找出一批相关文献；后采用追溯法，利用所附“参考文献”，分期分段、逐次地追溯查找相关文献。其特点是取长补短，是实际操作中使用较多的方法。

第二节　文献检索的发展

一、文献检索的发展历程

文献检索是伴随着科学研究和现代技术的发展而发展的，关于文献检索发展阶段的划分，有以下几种不同方式：

(一) 按是否与计算机连接划分

可以划分为脱机检索阶段、联机检索阶段和网络化联机检索阶段。

1. 脱机检索阶段　1954 年，美国海军兵器中心首先采用 IBM-701 型计算机建立了世界上第一个科技文献检索系统，实现了单元词组配检索，检索逻辑只采用“逻辑与”，检索结果只是文献号。

1958 年，美国通用电器公司将其加以改进，输出结果增加题名、作者和文摘等项目。

1964 年，美国化学文摘服务社建立文献处理自动化系统，使编制文摘的大部分工作实现计算机化，以后又实现计算机检索。

1964 年，美国国立医学图书馆建立计算机数据库，即“医学文献分析与检索系统”(Medical Literature Analysis and Retrieval System，MEDLARS)，可以进行逻辑“或”“与”“非”等运算，还可以多途径检索文献。

2. 联机检索阶段　20 世纪 60 年代中期到 70 年代初，随着计算机技术、通信技术、计算机网络、检索软件等发展，用户可以通过检索终端设备与检索系统中心的计算机进行人机对话，从而实现对远距离之外的数据库进行检索，即联机信息检索。例如：美国 DIALOG 联机情报检索系统、书目情报分时联机检索(Online Retrieval of Bibliographic Information Time-shared, ORBIT)系统及书目检索服务(Bibliographic Retrieval Services, BRS)系统,欧洲的欧洲航天局信息检索系统(Europe Space Agency Information Retrieval System, ESA-IRS)等。

3. 网络化联机检索阶段 20世纪70年代初至今,电话网、公共数据通信网、卫星通信技术都可以为情报检索传输数据。每个系统的计算机成为网络上的节点,每个节点联接多个检索终端,各节点之间以通信线路彼此相连,网络上的任何一个终端都可联机检索所有数据库的数据。网络联机信息检索系统可在很短时间内查遍世界各国的信息资料,使信息资源共享成为可能。目前,开展商业性国际联机检索服务的机构已达200余家,美国的DIALOG信息公司已成为全世界最为著名的联机检索服务机构,还有美国化学文摘(Chemical Abstracts, CA)、Web of Science、爱思唯尔(Elsevier)等。

(二) 按文献的类型划分

可以划分为传统文献检索、电子文献检索、网络文献检索和智能文献检索阶段。

1. 传统文献检索 20世纪50年代,传统文献检索技术开始发展,主要通过索引卡片和索引书籍实现文献检索。

2. 电子文献检索 20世纪70年代,电子文献检索技术开始发展,主要通过电子数据库和计算机网络实现文献检索。

3. 网络文献检索 20世纪90年代,网络文献检索技术开始发展,主要通过互联网和搜索引擎实现文献检索。

4. 智能文献检索 21世纪初,智能文献检索技术开始发展,主要通过人工智能技术和自然语言处理技术实现文献检索。

(三) 按文献检索用于文摘索引和参考咨询工作划分

1. 世界上第一种学术期刊《学者杂志》既是最早的期刊,也是最早以专栏和附录形式出现文摘的刊物,可谓最早的文摘性质检索刊物。

2. 第一个正规的文摘检索刊物是1830年创刊的《药学总览》,后改为《化学文摘》(*Chemisches Zentralblatt*),1969年并入美国《化学文摘》。继《药学总览》之后,许多独立的文摘刊物纷纷出现,受到科学界的重视和推广。

3. 索引与文摘在19世纪得到了很大的发展。1851年出现了《纽约时报索引》(*New York Time Index*),1879年出现了第一种医学文献索引——《世界最新医学文献季度分类记录》(*Quarterly Classified Record of the Current Medical Literature of the World*),现名为*Index Medicus*。

4. 20世纪中叶以前,文献存贮和传播主要以纸质为载体,文献检索活动主要围绕手工检索工具展开,主要使用工具书检索文献。

5. 20世纪50年代以后,人们开始探索文献检索机械化和自动化,出现了若干种检索机械,如穿孔卡片机、缩微胶片检索机等。1957年,计算机编制索引试验成功,许多文摘索引刊物相继采用计算机编制。最有代表性的是1964年美国国立医学图书馆"医学文献分析与检索系统(MEDLARS)"研制成功并投入使用。随着计算机技术和通信技术的发展,相继出现了功能更强大的联机检索系统,如DIALOG、ORBIT系统等。80年代以后,文献检索技术更加完善,文献检索领域进一步扩大,特别是光盘的出现和互联网的发展,使文献检索得到空前发展,检索文献越来越方便、快捷。现在,检索工具已从书本式发展到与各种数据库并存,检索手段也从手工发展到机检,从单机检索发展到网络检索,从局域网检索发展到互联网检索,从检索题录发展到文摘再到直接获取全文。

(四) 按时代划分

20世纪50年代至今,文献检索的发展经历了以下几个历程:

1. 20 世纪 50 年代　文献检索开始被引入大学图书馆，为图书馆提供了便捷的检索方式。这一时期的文献检索采用的是纸质文献检索，而且更加依赖于文献检索手册。

2. 20 世纪 60 年代　文献检索在大学图书馆的应用发展到全新阶段，计算机技术不断发展，开始采用电子文档方式进行文献检索，索引被放入数据库中，加快了检索速度。

3. 20 世纪 70 年代　文献检索开始推广到全世界，只读存储光盘（compact disc read-only memory，CD-ROM）出版物开始发行，大量文献被汇集到一起进行索引和检索。

4. 20 世纪 80 年代　个人计算机出现后，在个人电脑上检索文献得以实现，检索更加方便。

5. 20 世纪 90 年代　随着互联网技术发展到一定程度，文献检索开始进入网络时代，世界各地用户可以轻松获得想要的信息。

6. 2000 年之后　随着互联网的发展，全球化的文献检索系统把位于不同国家的文献检索服务整合起来，为世界各地用户提供更加便捷的文献检索服务。

二、文献检索的优缺点

（一）优点

1. 提高学习和工作效率。

2. 节约资源，减少浪费。

3. 拓宽视野，开阔思路，提高信息素养和创新力。

4. 提升学生的自学能力和研究能力。

（二）缺点及解决方案

目前，文献检索基本上实现了计算机检索，但存在检索平台多、检索语言专业化及检索语法规则不统一等方面的不足，有如下几种解决方案：

1. 检索平台通用化　目前，全世界有数万种数据库，大型的文献型数据库也不少，但这些数据库分属不同的出版商或制作者，其检索平台、检索界面、检索语法控制及检索方式都有所不同。这要求读者要掌握和熟悉更多的数据库使用方法，增加了读者的检索难度和检索时间。鉴于此，目前正致力于开发通用的检索平台，其目标是将源于不同国家、不同语言、不同公司的不同数据库放在同一检索平台，读者只需掌握一个或少数检索系统就可检索多个数据库，如美国国家生物技术信息中心（National Center for Biotechnology Information，NCBI）-Entrez 在线资源检索器、DIALOG 系统、OVID 数据库、EBSCO 数据库等。互联网的搜索引擎是一类通用检索平台，现在流行的搜索引擎大多与谷歌（Google）相似，其检索界面和检索语法等都非常相似，甚至相同。

2. 检索语言智能化　检索语言智能化指自然语言与受控语言的自然融合。因数据库在存贮时会对数据进行标引，如主题词、分类号等，而非专业的检索者对这些是非常陌生的，所以在检索时，用户从自己最熟悉的概念出发向检索系统提问，其结果往往不令人满意。

检索语言（受控语言）专业性太强，不适合非专业人员使用，但仍有无法取代的优势；自然语言操作简单、方便、灵活，但自然语言会产生同义词、多义词和近义词，降低查全率和查准率，造成漏检和误检。为解决这一缺点，美国国立医学图书馆主持研发了医学主题词表，该词表的词汇来源于 50 多种生物医学词表和分类表，共有 200 多万个词汇，它将相同概念的不同名称和不同形式联系在一起，并识别不同概念间的关系，为检索提供了方便。主题词表与数据库集成后，检索者不需要知道确切的主题词就能检索到相关主题的全部内容，此功能在 PubMed 系统中已实现。

未来，文献检索将在计算机检索的基础上，向智能化、简单化、个性化和专业化方向发展，使计算机检索更加完善和更加方便易用。

第三节　医学文献检索

一、医学文献检索定义

随着现代医学的迅猛发展，医学文献数量剧增，人们在海量的医学文献中准确找到自己想要的内容，及时了解自己专业的动态，掌握自己研究领域的新成就和新发展并不容易。为避免医学使用者面对海量文献无从下手，也为了提高工作效率、避免重复劳动和浪费资源，医学文献检索应运而生。医学文献检索是指利用各种检索途径和工具，通过指定的检索词和组合来查找医学领域与特定主题相关的文献资源。

二、医学文献检索的作用和意义

医学文献检索在医学研究和临床实践中具有重要意义。从个人角度讲，充分利用医学文献检索，可以帮助医学研究人员、医生和医学生查询自己研究领域的相关文献和研究方向，追踪到最新的研究成果，获取对自己学习、工作和研究有价值的信息，提升自身专业知识水平、学术水平和临床实践能力；从社会角度讲，充分利用医学文献检索，才能有效解决当前医学论文质量较低、文献相对老化、内容重复率较高的问题。因此，医学文献检索的意义和价值不容忽视，其作用和意义主要有以下几点：

（一）满足学习需求

医学生可通过文献检索：获取需要的专业知识，拓宽专业知识水平和了解相关专业领域；获取最新的医学知识和研究成果，并了解当前医学前沿和发展趋势；发现和解决临床问题，提高临床思维能力；了解并掌握不同类型的医学文献，如医学综述类文章和临床指南等，提高文献写作和阅读能力，提升文化素养。

（二）满足临床需求

医生及医学院校的师生均需要完成临床试验及实践，通过医学文献检索，有助于提高他们的学术水平和临床实践能力，进一步积累知识。

（三）满足教学需要

医学院校教师授课需要不断更新专业知识、提升专业素养，而较高水平的医学文献检索技能有助于教师缩减文献检索的时间、提高检索效率，获取最新医学文献信息资源、及时更新教学内容，可进一步提升其教学能力。

（四）满足科研需要

无论是医学院校师生还是医疗机构的医护人员，均需进行科学研究，庞大的医学信息资源是其进行科研的先决条件，故而拥有熟练的医学文献检索能力可以帮助其了解当前国际国内医学领域研究热点和前沿动态，为临床和科研提供指导，有助于其在科学研究中事半功倍，提高科研效率。

（五）发现空白点

正如牛顿所说："如果说我比别人看得更远些，那是因为我站在了巨人的肩上。"任何科学研究都会或多或少借鉴前人的研究成果，因此可通过浏览与自己研究方向相关的专业文献，发现此领域被遗漏的选题，关注未被重视或尚未研究清楚且具有探索价值的研究方向，从而得到启发，发现研究的空白点。

(六) 避免重复

通过检索相关医学文献，了解国内外同类研究动态和进展，了解是否已有相关研究、研究方法和实验方法是否已有同行采用过、观点是否新颖、选题是否有创新点，就可以避免做重复研究，减少物力和精力的浪费，提高研究质量。

(七) 提高医疗质量

通过检索文献可以获取最新的医学知识和技术，提高医疗水平和质量。

(八) 加强学术交流

通过检索文献可以参加学术会议、发表论文等，加强学术交流和合作。

三、医学文献检索的历史和发展

(一) 医学文献检索的历史

医学文献检索有着丰富而悠久的历史，与医学知识的发展和信息管理密切相关。医学文献检索起源可追溯到16世纪，随着印刷技术普及，出现了许多医学期刊和书籍。随着计算机技术不断发展，医学文献检索逐步实现了数字化和网络化，专业的医学数据库和搜索引擎逐渐出现。20世纪中叶以前，医学文献存贮和传播主要以纸质为载体，医学文献检索活动主要围绕手工检索工具进行，用工具书检索文献。20世纪50年代以后，开始探索文献检索机械化和自动化，出现了各种检索机械，如穿孔卡片机、缩微胶片检索机等。1957年，计算机编制索引试验成功，文摘索引刊物采用计算机编制。最具代表性的是1964年美国国立医学图书馆的"医学文献分析与检索系统(MEDLARS)"研制成功并投入使用。80年代以后，医学文献检索得到空前发展，检索文献越来越方便、快捷。现在，医学文献检索工具已从书本式发展到与各种数据库并存，检索手段已从手工发展到机检，从单机检索发展到网络检索，从局域网检索发展到互联网检索，从检索题录发展到文摘再到直接获取全文。

1. 国内医学文献检索　新中国成立后的60余年，我国医学文献检索经历了从手工检索为主、计算机检索为辅，到手工检索与计算机并重，再到以计算机检索为主、手工检索为辅，最后达到完全使用计算机检索和网络检索四个阶段，充分体现了我国医学信息检索与时俱进。

1986年，开始引进光盘检索技术和MEDLINE医学文献数据库。

1987年，我国第一个大型生物医学文献检索中心——中国MEDLARS中心成立。

1994年，中国人民解放军医学图书馆研究出版《中文生物医学期刊数据库》(*Chinese Medical Current Content*, *CMCC*)，中国医学科学院信息研究所研制成中国生物医学文献光盘数据库(China Biology Medicine disc, CBMdisc)，此后我国医药卫生领域自行研制的文献信息数据库越来越多，发展十分迅速。

20世纪90年代，多媒体信息检索及计算机、互联网检索也迅猛兴起，至今已覆盖全国的图书情报机构。

2. 国外医学文献检索　国外医学文献检索的发展可以追溯到19世纪，共经历四个阶段：

(1) 早期发展阶段(19世纪—20世纪初)：医学文献检索主要依靠手工方式进行，如创建卡片目录系统。其中，最重要的里程碑是1979年由美国国立医学图书馆出版的《医学索引》(*Index Medicus*)，这是世界上目前最常用的一种医学文献检索工具。

(2) 机械化和电子化阶段(20世纪中叶)：随着计算机技术的发展，医学文献检索开始走向机械化和电子化。例如，1964年美国国立医学图书馆推出的"医学文献分析与检索系统(MEDLARS)"是一个基于磁带的医学文献检索系统。1971年，MEDLINE在线数据库正式推出，使全球用户可以通过终端进行远程访问和检索。

(3) 网络化和数据库集成阶段(20世纪末—21世纪初)：随着互联网的普及，医学文献检索进入网络时代。PubMed 作为 MEDLINE 的在线版本于 1996 年发布，为全世界研究者提供了免费且便捷的医学文献检索平台。此外，这一时期还出现了许多其他医学数据库和搜索引擎，例如：Web of Science、Scopus 数据库等，以及开放存取运动推动下的各类 OA 期刊和平台。

(4) 大数据与智能化阶段(21 世纪至今)：随着大数据技术、人工智能和自然语言处理技术的进步，医学文献检索正在向更智能、个性化的方向发展。例如：利用机器学习和深度学习算法，可以实现对海量医学文献的自动摘要、主题聚类、关联挖掘等，从而更好地支持科研人员的信息需求和知识发现。同时，推荐系统和语义搜索技术也在不断提升用户的检索体验。

国内外医学文献检索的发展历程是一个不断改进和创新的过程。随着技术的不断进步和应用，医学文献检索的效率、准确性和智能化程度将不断提高，为医学科学发展提供更好的支持和服务。

(二) 医学文献检索的未来趋势

1. 人工智能在医学文献检索中的应用

(1) 智能检索：利用人工智能技术，通过对大量医学文献进行学习和分析，建立智能检索模型，能够根据用户需求自动筛选和推荐相关文献。

(2) 语义理解：通过自然语言处理技术，对医学文献进行语义理解，将复杂的医学术语和概念转化为计算机可识别的信息，提高检索的准确性和效率。

(3) 个性化推荐：基于用户的兴趣、历史检索记录和行为模式，利用人工智能技术进行个性化推荐，为用户提供更加精准的医学文献检索服务。

2. 跨学科合作与共享的重要性

(1) 跨学科合作：医学文献检索涉及多个学科领域，如医学、计算机科学、信息科学、生物信息学等，跨学科合作能够促进不同领域之间的交流，共同推进医学文献检索技术的发展。

(2) 共享资源：通过共享医学文献资源，不同领域的研究人员可以相互合作，共同解决医学文献检索中的难题，促进技术的进步和创新。

(三) 医学文献检索中面临的挑战

1. 数据量巨大　随着医学的发展，医学文献数量不断增长，如何有效地筛选和组织这些文献是一个挑战。

2. 语言和文化差异　医学文献可能来自不同国家和地区，存在语言和文化差异，如何准确理解和把握这些文献的含义和内容是一个挑战。

四、医学文献检索的基本原则

(一) 选择检索工具和检索系统

1. 手工检索工具　包括目录、索引、文摘等。

2. 计算机检索系统　包括 SinoMed、PubMed、万方数据库等，以及百度、谷歌、搜狐等搜索引擎。

(二) 挖掘课题的需求

1. 分析课题的研究性质

(1) 基础理论研究：侧重于查找期刊论文、会议论文、学位论文等。

(2) 发明创造、技术创新：侧重于发明专利、实用新型专利、科技报告等。

(3) 产品定型设计：侧重于标准文献、外观设计专利、产品样本等。

2. 分析课题涉及的学科领域和主题内容

原则：立足自己学科领域，找准检索点。

例如：查找涉及医学伦理学中隐私保护研究。

检索步骤：①确定研究方向为医学领域的伦理学方向；②确定查找文献的类型是图书、期刊文献还是特种文献，时间限定是最近 5 年或是 10 年内，语种为中文、英文、中英文或其他；③考虑查到的文献是否新、全、准。

(三) 分析检索课题

1. 突出重点，找到能反映研究内容的核心概念

例如：查找应用 Samii 额外侧入路显微外科手术切除鞍区肿瘤相关文献。

检索步骤：①选择字段为主题字段；②选择检索词为鞍、肿瘤、额外侧；③选择布尔逻辑运算符 AND。

2. 查阅背景知识，挖掘隐含的主题概念

例如：查找阿司匹林预防大肠癌方面的相关文献。

检索步骤：先查找大肠癌隐含的主题概念。①利用百度百科或 CNKI 工具书获取课题相关背景知识；②利用 CNKI 知识元搜索获取课题相关知识背景；③利用 MeSH 词表挖掘隐性主题概念，可以提高检索的查全率与查准率。

3. 避免大而空，抽象概念具体化

例如：查找中药治疗近视性弱视的临床观察。

检索步骤：①分析课题，中药的概念过大，中药可以指汤药、汤药的配方、中成药或具体的药物名、制剂；②近视性弱视的概念模糊，是指近视、弱视、假性近视、青少年近视还是小儿弱视；③从这两个词的分析可知，此课题题目范围太大，没有可操作性，需把中药和近视性弱视具体化。

(四) 选择合适的数据库

1. 信息需求是选择数据库的决定因素

(1) 强调“查准”：选择某一学科专业领域权威的数据库，准确查找某一主题文献，解决某个具体问题。

(2) 强调“查全”：即全面获取某一领域的理论技术、研究现状及前沿进展。应选择覆盖文献年限长、收录某一领域文献较多的数据库，必要时，采用多种不同类型数据库相结合的原则。如：专业数据库与综合数据库相结合；文摘数据库与全文数据库相结合；国际联机检索系统与网络数据库相结合；网络免费资源作为补充(产品类课题必查)。

(3) 强调“全文”：从全文数据库获取全文即可，如 CNKI、万方、SpringerLink 等数据库。

(4) 强调“新颖”：根据文献的半衰期，可以选择近三年或近五年的文献。

(5) 强调“深入”：深入获取某一专题信息，应该选择单一专题数据库。

(6) 强调“类型”：获取某种特定类型的文献，如循证医学证据、专利文献等。

2. 选择重要的中文、外文文献数据库　如万方、SinoMed、PubMed、OVID 等数据库。

(五) 选择检索词，构建检索表达式

1. 选用检索词遵循的“基本原则”

(1) 应根据课题所涉及的学科领域、专业和主题选择检索词。

(2) 应选用规范的、科学的专业名词术语。

(3) 应考虑同一检索词的不同表达，如同义词、近义词、上位词、下位词、拼写变异、缩略语等。

2. 如何选用检索词

(1) 尽量选用主题词：支持主题词检索的数据库或系统，尽可能采用主题词检索，如 PubMed、SinoMed 等。要特别注意：主题检索≠主题词检索。例如：主题词“白细胞介素 6”，其他写法有“白细胞介素 -6”“白介素 6”“白介素 -6”“IL6”“IL-6”。

(2) 尽量不选用虚词作为检索词：课题中常见的虚词有研究、进展、综述、应用、作用、利用、用途、用法、检测、制备、预测、防治、预防、干预、评价、评估、分析、因素、成因、对策、策略等。但要注意，当检索结果过多时，可加上虚词进行限定，以排除不相关文献，提高查准率。

例如：查找大学生心理问题因素、成因与对策的相关文献。

检索步骤：①初次检索“大学生 AND 心理问题”，检索结果多；②重新检索“大学生 AND 心理问题 AND（因素 OR 成因 OR 对策）”。

五、医学文献检索的方法和工具

（一）医学文献检索的方法与技巧

医学文献检索的方法有许多，因用户惯用方法、文献限制等因素影响，方法也会有所不同。常用的医学文献检索方法有以下几种：

1. 看专著法　这里的“专著”是指各个学科传统的、经典的著作。如我国内科的《实用内科学》、外科的《黄家驷外科学》，国外的《西氏内科学》《克氏外科学》等，都是传统的、经典的专科著作，其中的理论、观点和方法是经过反复实践考验后被公认的，具有权威性。阅读专著是对所研究课题基本知识进行必要了解，是进行科研的基础，这对准备进行科研者和初学者尤为重要。如临床实习生经常会遇到教材上没有介绍的疾病，为对所遇到的疾病有一个较全面的认识，就需要查阅有关专著；为深入了解常见病和需要重点掌握的疾病，也需要查阅有关专著。

2. 看年鉴法　医学界每年会出版医学年鉴，我国有《中国卫生年鉴》《中国内科年鉴》《中国外科年鉴》等。医学年鉴主要是搜集一年来医学各领域的研究进展及取得的成就，因此阅读年鉴对于了解医学各领域的进展及所研究课题的动态具有重要意义。

3. 浏览法　浏览法分为一般性浏览和寻找性浏览。一般性浏览是针对长期从事某个领域工作、有相对固定研究方向的人而言的，其通过经常浏览发表本专业文献较多且较权威的期刊，能获得最新信息，时刻关注发展形势。寻找性浏览则是指有目的地找一篇或数篇与自己专题有关的文献，这种浏览法是先找到本专业的期刊和专著，主要浏览目录（专著则先浏览参考文献）和摘要，记录自己拟查找的文献，然后扩大浏览范围。通过寻找性浏览，可以发现许多需要的文献，再用“逆向追踪法”可找到更多相关文献。

4. 逆向追踪法　逆向追踪法和文献检索方法中的追溯法相同，逆向追踪法找第一篇文献很重要，最好是找到一篇有关这个专题的综述文献，这样既对专题获得全面了解，又能得到有关的参考文献目录。

5. 运筹法　运筹法能节省时间和精力，提高查阅文献的效率。查阅文献一般应做到“四先四后”，即先近后远、先内后外、先专业后广泛、先综述后单篇。

（1）先近后远：先查阅最新发表的文献，然后追溯以前发表过的文献。这样的查找方法：一方面可迅速了解当代某领域的发展水平、最新出现的观点及研究方法或手段；另一方面在当代文献的参考文献中，经常能看到既往文献信息，可以增加文献线索。

（2）先内后外：先查阅国内文献，再查找国外文献。对我国作者而言，国内文献既容易阅读又容易查找，且应先了解清楚国内的研究现状；同时国内许多文献本身会引证一些国外的相关文献，这为进一步查找相关文献提供了线索。

（3）先专业后广泛：先查阅本专业或与本专业密切相关的文献，后查阅其他综合性刊物和边缘学科刊物。因为本专业文献自己较熟悉并容易查找到，同时，许多专业文献中也会或多或少引证一些相关学科的文献。

（4）先综述后单篇：先查阅与题目有关的综述性文献，再查阅单篇文献。综述性文献会对研究现状、存在的争议和展望有较全面的综合性论述，能够使研究者快速全面地了解研究课题，且综述后多列有文献目录，是扩大文献资料来源的捷径。

6. 数据库检索法　数据库检索是目前最常用的检索手段之一。用户可利用题名、摘要、关键词、主题词、分类号、参考文献、作者、刊名、基金和机构等检索入口，在短时间内找到大量所需文献，并可阅读文献全文，节省查阅时间。

7. 工具书检索法 工具书检索法是指用检索工具寻找所需文献的方法。以上查找文献的方法可操作性强,但随机性大,难以收集较全面的资料,有时甚至会漏掉重要文献,而利用检索工具检索文献,能够较快较全面地查到所需要文献。因此,应用工具书检索法查找文献是医学生、医务工作者及科研人员的必备技能。

(二) 医学文献检索工具

目前,医学文献检索工具种类繁多,检索功能比较完整,已成为医学生、医务工作者及科研人员检索相关文献的最主要途径。

医学文献检索工具的分类方法有多种,依据工具的种类不同可将其分为手工检索工具和计算机检索工具,根据文种不同又可将其分为中文检索工具和外文检索工具。目前,常用的中文医学文献检索工具有《中国生物医学文献服务系统(SinoMed)》《国家科技图书文献中心》《中华医学期刊全文数据库》《万方医学网》等。在此之前,已停刊的《国外科技资料目录》曾经是我国用中文出版的查找外文文献的大型专业性检索刊物,《中文科技资料目录:医药卫生》也曾是医药卫生中文索引工具中的佼佼者,是查找国内医学文献信息的主要检索工具。常用的英文医学文献检索工具有:*Index Medicus*(*IM*,《医学索引》)、*Cumlated Index Medicus*(*CIM*,《积累医学索引》)、*Biological Abstracts*(*BA*,《生物学文摘》)、*Excerpta Medica*(*EM*,《医学文摘》)、*Chrmicsl Abstracts*(*CA*,《化学文摘》)、*Genetics Abstracts*(*GA*,《遗传学文摘》)、PubMed、Embase、Web of Science 等。以上各种检索工具的使用方法各有不同,但基本上大同小异。用户在使用医学文献检索工具时,需要掌握基本的检索技巧,如关键词选择、逻辑运算符的使用、限制条件的设置等。同时,还需注意文献的筛选和评估,以确保获取到的文献质量和相关性。在选择医学文献检索工具时,需要考虑其覆盖的数据库范围、检索功能、易用性、更新频率及费用等因素。

随着计算机技术的发展,利用计算机检索医学文献快速、准确且操作十分简单,已成为查找医学文献和其他文献的首选。因此,医学研究者和医学生应积极参加医学文献检索工具的培训,以提高自身的信息素养和文献检索能力。而作为医学文献检索工具的研发者,应进一步推动其智能化发展,提高检索的准确性和效率;进一步加强不同医学文献检索工具之间的互操作性,实现跨平台、跨数据库的文献检索和共享,提高资源的利用效率和便捷性;关注如区块链、语义网等新兴技术在医学文献检索中的应用前景和潜力,探索新的发展方向和模式。

(三) 其他相关医学文献检索工具

1. 循证医学数据库

(1)ClinicalKey:ClinicalKey 是 Elsevier 推出的一个临床决策支持工具,可帮助医生快速获取准确、简洁、世界前沿的循证医学知识,拥有全球最大的医学信息资源库,包含全文期刊(北美临床系列)、电子图书(含原版教材)、MEDLINE 摘要、医疗操作视频、循证医学、诊疗指南、临床试验、图片等海量资源,提供中文界面,可用中文关键词检索,系统自动匹配英文。

(2)Cochrane Library:Cochrane Library 汇集了关于医疗保健治疗和干预有效性的研究,是循证医学的黄金标准,并提供最新医疗的最客观信息,其数据分五部分。① Cochrane Database of Systematic Review(医学保健领域系统评估的领先资源);② Cochrane 临床对照试验数据库;③ Cochrane Methodology Register(介绍进行对照试验时所用方法的参考出版物);④ Health Technology Assessment Database(卫生技术评估:医疗保健干预的医学、社会学、伦理学和经济学影响研究);⑤ NHS Economic Evaluation Datab6. About The Cochrane Collaboration(组成 Cochrane Collaboration 的 80 个组织信息)。中国循证医学 Cochrane 中心也正在建设我国的循证医学数据库,主要收集整理以中文发表的临床干预性随机对照试验和诊断试验数据,已收录试验数据 2 万余条。

(3)UpToDate:UpToDate 临床顾问数据库是协助临床医生进行诊疗判断、决策的循证医学数据库,覆盖常见的 25 个临床专科,涵盖诊疗全流程和全生命周期的绝大多数疾病及其相关问题，目前已收录 11 000 多篇临床专题，全部专题皆由 UpToDate 在全球范围内招募的 6 700 多位临床医师浏览高质量期刊、文献证据后加上个人专业经验和意见撰写而成。除临床专题外，UpToDate 还提供多平台访问、智能搜索、图表导出生成 PPT、重要更新、诊疗实践更新、患者教育、计算器和药物专论等多项功能，其主要特点：信息资源丰富，高度整合；证据等级明确，便捷实用；质量控制严格，更新迅速。

(4) Trip（Turning Research Into Practice）：Trip 循证医学数据库由 Jon Brassey 和 Chris Price 博士于 1997 年创立，2001 年注册为有限公司。Trip 旨在让用户快速、轻松地找到并使用高质量的研究证据来支持他们的临床实践，现已发展成为互联网上临床用户工作的主要循证工具之一，搜索量超过 1 亿次。除研究证据外，该平台还提供其他临床资源，比如图像、视频、患者信息传单、教育课程和新闻等。

2. 解剖学数据库

(1) BioDigital：BioDigital 解剖学数据库主要由 8 000 多个可单独选择的解剖结构、600 多个人体疾病病理状态，以及一个用于绘制和可视化数据的工具包组成。BioDigital 解剖学数据库内容支持以图片或者 3D 动画的形式分享，便于授课演示及临床医生对患者进行疾病病理、治疗方法的讲解。

(2) Visible Body：Visible Body（可视人体）是涵盖多个人体系统的互动式解剖学数据库。该数据库涵盖皮肤、神经、骨骼、肌肉、心脏、肝、肺、肾、血管、眼科等领域，以立体 3D 交互式模型的方式层层展现人体各解剖生理结构及具体功能，并辅以动画、视频、音频、自测题及个性化功能，提供个人计算机在线访问和移动设备 APP 应用两种访问方式，支持离线使用。

(3) Primal：Primal 数据库是三维立体解剖学数据库，以人体磁共振扫描数据为基础，有 6 500 多个偏重于特定独立器官、身体部位或解剖系统的高精度三维动态互动式解剖模型，通过数据库自带的三维动画即可查看精确的人体解剖模型，可详细了解其结构与功能、生物学特性及治疗与手术操作过程等信息，有中文对照版本，还有专为学生建立的测验库。

3. 药学数据库

(1) Embase：Embase 有近 2 000 种 MEDLINE 以外的特有期刊，1 100 万条记录，覆盖更多疾病和药物的信息，除支持文章检索外，还支持药物和疾病检索。Embase 医学外文文献数据库中收录药物方面的文献量较大，占 40% 左右，并设置了 17 个与药物有关的副主题词（连接词），以及 14 个与疾病有关的副主题词（连接词），2000 年又新增了 47 个与给药途径有关的副主题词（连接词），设置了许多与药物有关的字段，如药物主题词字段（DR）、药物分类名称字段（EL）、药物商品名字段（TN）等。

(2) GuidetoPharmacology：GuidetoPharmacology 数据库旨在为用户提供药理信息的“一站式”门户，包括药物靶标、处方药和对其起作用的实验药物定量信息的可检索信息。

(3) *Merck Index*（《默克索引》）：*Merck Index* 由美国默克公司编辑出版，1889 年首版，现已成为一部在国际上享誉盛名的化学药品、药物和生理活性物质的综合性“百科全书”。该书对药物描述详细，偏重药物基础，有关治疗方面的说明比较粗略。

4. 癌症数据库

(1) TCGA（The Cancer Genome Atlas）：TCGA 数据库主要对样本进行外显子组和基因组测序分析。提供的数据包括：基因组拷贝数变化、表观遗传、基因表达谱、微 RNA 等。

(2) Oncomine：Oncomine 是大型的肿瘤基因芯片数据库，可提供基因在肿瘤样本和正常样本间、肿瘤样本和肿瘤样本间、正常样本和正常样本间的差异表达，基因表达谱，预测共表达基因等信息，并可根据肿瘤分期、分级、组织类型等临床信息对其进行分类。

(3) COSMIC：COSMIC 数据库由英国威康信托基金会 Sanger 研究所（Wellcome Trust Sanger Institution）建立，主页面分为项目、数据管理、工具、帮助、搜索框等几大模块。COSMIC 数据库可应用于：识别癌症驱动基因突变，描述特定癌症类型和肿瘤的突变情况，探索已知和潜在的治疗靶点，发现并验证与癌症预后、治疗反应和患者结局相关的生物标志物，分析药物敏感性和耐药性，等等。

5. 骨密度数据库　2004 年 11 月，美国通用电气公司与中华医学会合作，完成了中国大陆骨密度正常值数据库项目，开创了中国骨密度发展的新时代，是中国医学界将临床问题数字化的一项巨大突破。该项目的完成，彻底结束了用其他人种的标准诊断中国人骨密度状况的混乱局面。

6. Karger 医学电子期刊库　Karger 医学电子期刊由瑞士 Karger 出版社出版，每年出版约 80 余种高质量的学术期刊，大部分以英文出版，内容涵盖了整个生物医学领域，包括传统医学及最新的医学热门课题。Karger 被 Google 全文索引，并且被收录在所有常用的二次文献数据库中，如 MEDLINE、CAS、Current Contents、Reference Update，让用户可以轻易地在网络上找到 Karger 出版的医学文献。

六、医学文献检索的应用

（一）临床决策支持应用

1. 诊断参考　医生可以利用医学文献检索系统查找相关病例和治疗方案，为诊断提供参考。

2. 治疗方案选择　医生可以根据患者病情，在文献检索系统中查找相关研究结果，选择最佳治疗方案。

3. 预防保健　通过文献检索，医生可以了解疾病预防和保健的相关知识，为患者提供更好的健康指导。

（二）科研选题与立项应用

1. 科研选题　通过文献检索，了解当前研究热点和空白领域，确定研究方向和题目。

2. 实验设计　在文献检索中可以找到相关实验设计和操作方法，为科研人员提供参考。

3. 立项评估　根据文献检索结果，对研究项目的可行性和创新性进行评估，为立项提供依据。

（三）学术论文写作与发表应用

1. 文献查阅　在写作过程中，通过文献检索系统查阅相关文献，了解研究领域的前沿和动态。

2. 论文构思　根据查阅到的文献，可以初步构思论文的结构和内容，为写作做好准备。

3. 发表投稿　在完成论文后，通过文献检索系统查找合适的期刊和投稿方式，进行论文的发表和推广。

【结语】

本章从用户角度对文献检索进行概述，给出文献检索的定义，按查找对象的不同对文献检索进行分类，为读者描述文献检索使用的工具、方式和方法，梳理了文献检索的发展脉络，分析了文献检索的特点。医学文献检索在医学研究和临床实践中具有重要意义，因此第三节较详细地介绍了医学文献检索的定义、发展历程、基本原则、使用方法及工具。

（刘　华）

习题

1. 简述医学文献检索的基本原则。
2. 按查找对象的不同，文献检索可分为哪三种不同类型？
3. 文献检索的工具。
4. 试论医学文献检索的作用和意义。

第三章　图书馆文献资源利用

正如著名作家莎士比亚所言:“书籍是全世界的营养品,生活里没有书籍,就好像大地没有阳光。”在信息爆炸的时代背景下,作为知识宝库和学术研究的重要支持机构,图书馆的角色显得愈发重要。它不仅仅是一个存放书籍的地方,更是一个汇集丰富文献资源的知识中心,为广大读者提供了无尽的智慧宝藏。本章将从图书馆概述、图书馆文献资源保障及图书馆资源服务三个方面,深入探讨图书馆文献资源的利用,旨在帮助读者更好地发掘图书馆的价值,提升自身的学术素养和综合能力。

第一节　图书馆概述

一、图书馆的类型

阿根廷著名作家博尔赫斯曾说:“如果世界上有天堂,那一定是图书馆的模样。”图书馆是通向世界所有知识的门户,是知识和文化的宝库。早在公元前3000年就出现了图书馆,在图书馆发展的历史长河中,出现了各种各样的图书馆。图书馆里收藏了大量的图书和其他媒体,涵盖了各个领域的知识。人们可以充分利用图书馆丰富自己的知识,扩大自己的视野,了解各种不同的文化和观点。图书馆也收藏了许多非书籍资料,如音频、视频和电子资源,使人们能够以不同的形式获取知识。

《中华人民共和国2023年国民经济和社会发展统计公报》显示:全国共有公共图书馆3 309个,总流通112 668万人次;文化馆3 508个。图书馆产生之初的作用主要是搜集、整理、收藏图书资料,随着图书馆事业的发展,图书馆的作用也发生了日新月异的变化。在我国,根据不同的图书馆划分标准可以将图书馆划分为多种类型,如:根据图书馆的馆藏文献范围可将其分为综合性图书馆、专业性图书馆等;根据图书馆的用户群体可将其分为儿童图书馆、盲人图书馆等;根据文献的载体类型可将其分为传统图书馆、数字图书馆等;根据图书馆的性质可将其分为国家图书馆、公共图书馆、学校图书馆等。由于图书馆的作用从最初的收藏图书资料、保存人类文化遗产不断扩充,图书馆不断演化出开发利用各类信息资源、提升公众文化素养等社会职能,因此不能根据单一的标准对图书馆进行划分,要把各种标准结合起来使用。在各种类型的图书馆中,通常认为公共图书馆、科学图书馆、高等院校图书馆是我国整个图书馆事业的三大支柱。

二、图书馆的业务内容

不同类型图书馆的业务工作会根据服务对象的不同稍有变化,但是对于图书馆作为服务机构这一职能来说,主要的业务内容也是有共性的,一般包括文献的收集、整理、典藏和服务四个部分,这些业务内容紧密联系,不可分割。具体业务内容如下:

1. 文献收集 任何一个图书馆都有文献收集这样一个业务内容。首先要根据图书馆自己的职能明确本馆的收藏范围、收藏重点和采选标准,准确了解本馆的馆藏特色,以及具体馆藏情况、文献的种类、需要的复本数、各类藏书的利用率和使用寿命;明确哪些馆藏需要补充、哪些馆藏需要剔除,以及各类文献出版发行动态;详细制订本馆采购计划,以采购、交换和复制等各种方式进行文献的收集,以补充馆藏。

2. 文献整理 采购或者收集的文献要进行整理,文献整理包括文献编目和文献加工两大部分。文献编目是按照一定的次序将文献组织起来,并按照规定的格式编写目录的过程。文献加工则是为了便于管理和利用,将入藏的文献进行一系列技术加工。文献编目和文献加工是快速高效利用图书馆文献资源的基础。

3. 文献典藏 整理加工后的文献需要在图书馆内进行典藏,也就是对馆藏文献的保护和管理,这项工作主要包括图书馆书库管理、书库布局、藏书排架、清点除尘、清理剔除及装订修补等。

4. 文献服务 包括借阅服务、阅读服务、培训服务、参考咨询服务等内容。借阅服务是指图书馆供应书籍、期刊、多用途数字光盘(digital versatile disc,DVD)等多样化服务;阅读服务是为用户提供一个安静的阅读空间;参考咨询服务则是指图书馆员协助用户进行文献检索和取阅的工作;培训服务则包括数据库使用培训、计算机培训、文献检索培训等。

此外,图书馆业务还包括诸如数据统计、档案管理、设备管理维护等其他内容。图书馆业务工作承担者需要有较强的专业知识和技能,以确保图书馆能够有效地为读者提供优质的文献信息服务。

三、图书馆的馆藏特点

1. 专业性和学术性 图书馆的馆藏以专业性和学术性为特点,图书馆中收藏了各类专业领域的文献和资料,旨在为读者提供深入、系统的学术研究支持。

2. 系统性和完整性 图书馆的馆藏建设通常注重系统性和完整性,努力覆盖某一学科或领域的各个方面,提供全面、系统的文献资源。

3. 多样性和广泛性 现代图书馆的馆藏不仅包括传统纸质书籍和期刊,还涵盖了各种数字资源,如电子书籍、电子期刊、数据库等,呈现多样性和广泛性的特点。

4. 历史性和持续性 图书馆的馆藏建设是一个持续的过程,随着时间的推移不断更新和完善,同时也注重历史文献的保存和传承。

5. 地域性和特色性 某些图书馆可能以某一地区或某一专题为特色,其馆藏也相应地表现出地域性和特色性。

6. 开放性和共享性 在信息时代,图书馆的馆藏不再局限于单个图书馆,而是趋向于区域、全国乃至全球的共享和开放,实现资源的最大化和最优化利用。

四、图书馆的文献资源类型

图书馆是保存各民族文化财富的机构、是传播文献信息资源的枢纽,由于计算机网络化的实现及科学技术的突飞猛进,图书馆收藏的文献资源类型也从传统文献扩展到了电子文献等其他载体形式的文献资源。根据图书馆收藏的文献资源的内容性质和加工情况、载体类型、编辑方法和出版特点、内容公开出版情况或获取难易程度等可将其划分为多种类型。

(一)按照文献的载体形式进行划分

1. 印刷型文献 印刷型文献是以手写、打印、印刷等为记录手段,以纸张为主要载体的文献。印刷方式有石印、油印、铅印、胶印和激光排印等,是人类存储、传播知识信息的最基本手段。它是传统的文献形式,虽然存储信息密度低、收藏和管理需要较大的空间和较多的人力,但由于符合人们传统的阅读习惯,使得这类文献是现代文献信息资源的主要形式之一,并将在相当长的时间内与电子型文献并存。

2. 缩微型文献 缩微型文献亦称缩微资料或缩微复制品,是采用光学缩微技术将文字或图像记录、存储在感光材料上而形成的文献,如胶卷、缩微胶片、缩微印刷品等。它的主要特点是存储信息密度高、体积小、重量轻,便于保存和传递,但是设备投资大,需要借助阅读设备才能阅读,使用上存在不便,且可能导致眼睛疲劳。

3. 视听型文献 视听型文献是将声音、图像等多媒体信息记录在光学材料、磁性材料上而形成的文献,主要有唱片、录音带、录像带、电影胶片、幻灯片等。视听型文献采用录音、录像和摄影等手段,直接捕捉声音和图像,可以真实、动态地展示微生物的繁衍、生长状况,罕见的自然现象,以及瞬息万变的物理化学过程,为人们提供直观的感知。这种类型的文献在科研和信息传递领域具有显著的特色。视听型文献的优点在于其直观性和生动性,不仅可以听到声音,还可以看到形态,给人一种身临其境的感觉,易于读者理解;其缺点是成本较高,检索和利用相对困难,并且需要专门设备才能进行制作和阅读。

4. 电子型文献 电子型文献就是数字信息文献。它是以数字方式将图、文、声、像等信息存储在磁、光、电介质上,通过计算机、网络或相关设备使用的记录有知识内容或艺术内容的文献信息资源,包括电子期刊、数据库等。电子型文献具有格式多样、存储信息量大、内容更新迅速、检索方便的特点,颠覆了传统文献的物质形态,开创了新的信息传播途径,极大地提升了信息传输的效率。随着社会信息化的发展,电子型文献已经成为科研工作者获取文献的主要类型,同时也是图书馆文献资源收藏的主要类型,其广泛应用和发展推动了数字化时代的进步。

(二)按照文献的出版类型进行划分

1. 图书 图书是对已发表的科研成果、生产技术和经验的总结性的概括论述。在《信息与文献术语》(GB/T 4894—2009)中对图书的定义是:"通常是分页并形成一个物理单元的,以书写、印刷或电子形式出版的知识作品。"图书记录的知识和信息系统、完整且连续,图书内容丰富多样、覆盖面广泛,堪称人类智慧的宝库,是各类图书馆收藏的主要文献类型。但是由于图书出版周期比较长,其反映的内容相对滞后,一些新理论、新观点、新技术不能及时地反映出来,这也导致其新颖性不足,要借助其他文献进行补充。

正式出版的图书,均冠有国际标准书号(International Standard Book Number,ISBN),2007 年前其定长为 10 位数字,分为 4 个部分,即地域号(第 1 位)、出版社号(第 2~5 位)、书号(第 6~9 位)及计算机校验号(第 10 位)。2007 年 1 月 1 日之后出版的新书,必须编配新的 ISBN 13 位书号,即在原 10 位数字前加 978。

图书是一个比较宽泛的概念,基于不同的使用目的可以将图书分为两大类:一类是教科书、专著等提供读者阅读的图书,它们一般都具备完整性、系统性和连贯性;另一类是工具书,帮助读者进行检索的图书,如指南、手册等参考工具书,以及词典、百科全书等检索工具书,这些书籍广泛搜集特定领域的知识和信息,并按照特定的体例进行编排,提供基础知识和文献索引,以便于读者查找和参考。

2. 连续出版物 连续出版物一般都有统一名称、统一开头、固定版式、连续编号,每一版中汇集多位著者的多篇著述,定期或不定期编辑发行,主要包括期刊、报纸、年鉴、指南等。连续出版物出版周期短、速度快，内容新颖，能及时反映最新知识、最新科研成果和最新时事消息，因此对科学研究和制定政策具有重要参考价值。这里主要介绍期刊和报纸。

(1) 期刊：期刊是一种定期或不定期出版的连续性出版物，每期版式基本相同，有固定的刊名，有连续的年、卷、期号，如杂志、学报、通报、综述与述评、索引、文摘等。按出版周期不同可将其分为周刊、旬刊、半月刊、月刊、双月刊、季刊、半年刊、年刊和不定期刊等。期刊具有出版周期短、报道快、数量大、信息内容新等特点。它是科研工作中主要的信息源、情报源。

同图书一样，正式出版的期刊也有国际标准连续出版物号（International Standard Serial Number，ISSN），实现对全世界期刊的管理。ISSN 全长 8 位，前 7 位是刊名代号，末位是计算机校验号，中间的 "-" 只是为了便于阅读而设置的。国内正式出版期刊一般都有 ISSN 和国内统一刊号（CN），CN 是中国的国名代码，只有 ISSN 而无 CN 号的期刊在国内被视为非法出版物。

核心期刊是国内评价期刊质量的重要标准，指刊载某学科文献密度大，载文率、被引用率及利用率较高，深受本学科专家和读者关注的期刊。国内核心期刊的遴选体系主要有北京大学图书馆《中文核心期刊要目总览》、南京大学 "中文社会科学引文索引（Chinese Social Sciences Citation Index，CSSCI）来源期刊"、中国科学技术信息研究所 "中国科技核心期刊"（中国科技论文统计源期刊）、中国社会科学院文献信息中心《中国人文社会科学核心期刊要览》、中国科学院文献情报中心 "中国科学引文数据库（Chinese Science Citation Database，CSCD）核心库来源期刊"、中国人文社会科学学报学会 "中国人文社科学报核心期刊"、万方数据股份有限公司的 "中国核心期刊（遴选）数据库"。

(2) 报纸：报纸是出版周期最短的定期连续出版物。与期刊相比，它的内容更加广泛、时效性更强、出版量更大、发行更快、读者面更广，是传播各种信息的重要渠道。根据刊期，可将报纸分为日报、期报。日报是指每天出版和每周出版六期的报纸；期报是指每周出版五期以下的报纸，其中一周出一期的称为周报，一周出两期的称为周二报，一周出三期的称为周三报……以此类推。报纸具有报道、宣传、评论、教育、参考、咨询等多种社会职能。

3. 特种文献　无法归入图书或者连续出版物的文献，比如科技报告、专利文献、学位论文、产品资料、标准规范、会议文献、政府出版物等，称为特种文献。特种文献亦称丛刊或不定期连续出版物，是一种独特的文献类型。其特点包括：大量且快速增长；内容覆盖广泛，类型丰富多样；出版方式独特，保密性高；出版周期不固定，获取不易；现实性强，检索价值高。许多特种文献涉及最新研究和技术，以及国家的法规、标准定义等信息，也是医学科研的重要信息源。

(1) 学位论文：学位论文是高等院校研究生、本科生所写的作为评定学位的论文，用以介绍他们的研究成果和所得结论的调查研究报告。学位论文是对某一特定问题的研究总结，具有独创性，内容专一，论述详细、系统，是经过一定审查的原始研究成果，是科研工作中必不可少的情报源。这类文献大多不公开出版发行，故不易收集，但历来被高校图书馆所重视。有些高校图书馆不仅收藏本校纸质学位论文，还会自建学位论文数据库，以供后续的研究者查阅和使用。

(2) 会议文献：会议文献是科技工作者在各种学术会议上，交流科研新成果、新进展及发展趋势的论文、讨论记录或研究报告等。会议文献具有很高的情报价值，获得信息直观，反馈迅速，能及时反映科学技术的最新发展水平和趋势，已成为科研人员获取最新研究动态和成果的关键途径，是期刊论文强有力的补充。但这类文献无固定出版方式，部分发表在学会期刊的专栏、特辑或增刊上，也有部分出现在专门收录会议录或论文摘要的期刊中，很难收集。会议文献的组成部分非常丰富多样，除了会前预印本、议程、发言提要等，还包括会议开幕词、讲话、报告和讨论记录，此外会议决议及闭幕词也是不可或缺的一部分。会议结束后，还可将这些文献汇编成论文集、报告和学术讨论报告，并出版成会议专刊。

(3) 科技报告：科技报告是关于某项科学研究成果的正式报告，或是对研究和试验过程中各阶段进展情况的实际记录，通常以进度、阶段、成果和总结等形式发布。其内容比较专深、具体，能代表一个国家和专业的发展水平与动向。科技报告是不定期出版物，一个报告为一单行本，有统一编码。科技报告具有很高的时效性，最新的科研成就或者高级技术通常先在科技报告中发布；发行渠道受到严格管理，初次亮相以保密资料的形式在内部交流，随着时间的推移，逐步解密并公开发布。科技报告是了解学科发展的重要信息来源，具有极高的情报价值。根据研究进程，科技报告可以分为初期、进展、中期和最终报告；依据流通范围，又可分为绝密、机密、秘密、非密限制、公开和解密报告等类别。

(4) 专利文献：专利是一定时期内独自享有的权利，是各国政府用法律形式保护科学技术发明创造的一种制度，也是通过经济措施奖励发明创造的一种手段。专利文献既是技术文献，也是法律文献。专利文献涉及的技术内容广泛，比较具体可靠，能较快地反映世界各国科学技术的发展水平，有统一格式，文字简练。专利文献包括专利申请书、专利说明书、专利公报、专利分类表、专利检索工具，以及从申请到审批结束全部过程中的文件和资料，有较高的经济效益和社会效益，可转让、购买，需要者也可以从失去保护的废旧专利文献中获得有价值的信息。专利文献如实地记录了某项科技在当时所取得的最新成果，是科技领域中不可或缺的信息源。

(5) 标准文献：是指由技术标准、管理标准、经济标准及其他具有标准性质的类似文件所组成的一种特种文献。这类文献具有一定的法律效力，是人们从事生产和各项技术活动的依据，每一件技术标准都是独立且完整的文献。它反映了特定时期的经济技术和生产工艺水平。这些文献能为产品开发和革新提供指导与参考。标准文献具有针对性、时效性、准确性和法律约束力，一件完整的标准文献一般应该包括标准级别、分类号、标准号、标准名称、标准提出单位、审批单位、批准年月、实施日期及具体内容项目。根据标准的适用范围可将其划分为国际标准、国家标准、行业标准、地方标准、团体标准和企业标准；根据标准的内容可将其划分为基础标准、产品标准、方法标准、安全卫生标准等；根据标准的成熟程度可将其划分为强制性标准、推荐性标准、试行标准和标准草案。

(6) 政府出版物：又称官方出版物，具有官方性质，是各国政府部门及其所属机构发表、出版的文献资料，内容广泛，主要包括行政性文件和科技文献。行政性文件涵盖了国会议事录、各级政府颁布的法令与政策、会议决策及各类调查统计数据等；而科技文献则包括科技研究报告、技术创新、调研报告及科技政策等。

(7) 产品资料：一般指厂商或贸易机构为宣传和推销其产品而印发的免费资料，包括产品样本、产品目录、产品说明书、厂商介绍等，这些资料会深入解析产品的性能、原理、制作工艺、规格、应用、使用指南和注意事项。产品样本以单页或册子的形式分发，部分会穿插在刊物中。这些样本以其介绍的产品技术稳固、数据可靠、具有丰富的外观图片和结构图等特色，成为科技、商业和竞争情报的关键来源。对于设计师、制造商、采购员、销售员和外贸员等专业人员来说，产品资料对于其了解厂商产品状况、把握市场动态和发展趋势具有极高的参考意义。

(8) 技术档案：是项目建设过程中所形成的具有保存价值的图纸、照片、报表、文字材料等，按归档制度集中保管起来的有关技术、经济的文件材料。技术档案一般为内部使用，不公开出版发行，有些有密级限制，因此极少出现在参考文献和检索工具中。

(三) 按照文献的加工深度划分

1. 零次文献　零次文献是形成一次文献之前的信息，是未被记录下来或公开的最原始文献，或没有正式发表的文字材料。它们通常记录在非正规物理载体上，内容涵盖了科研领域的最新发现、最新的科研成果或经验，可以揭示某个领域或主题的研究前沿，为研究者提供新的思路和方法。零次文献对一次文献的形成具有重要的作用。与公开出版或传播的文献相比，零次文献的内容更加及时、直接，具有启发性，能够为人们提供更深入的思考和研究，还能弥补公开文献在信息形成到公开传播过程中的时间差。零次文献一般可分为两部分：一是未经记录、未形成文字的口头交谈，这种非文献型的情报信息直接作用于人的感官；二是未公开的原始文献，如书信、手稿、笔记等，目前互联网中的论坛、博客等实质上也是种零次信息。零次文献的获取途径包括口头交谈、访问学者个人网站、查阅学术机构数据库和参加学术报告会等。

2. 一次文献　一次文献，即首次记录的科研成果、新技术，是指记录原始的创造、新知识、新发明、新见解的文献。一次文献也称原始文献，是科研人员为展示其学术成果而创作的具有创新性的初始文献。这些文献涵盖了专著、研究报告、期刊文章、学位论文、专利文献、会议资料、技术规范等。此外，数字文献资源中的事实数据库、电子期刊、电子书籍，以及发布一次文献的学术网站等，也被视为一次文献的子类。这些文献直接阐述了某领域的研究进展、观点和发现，具有独特创新、详尽叙述、发表分散、老化较快等特点，并且由于全文数据库和电子期刊日益增多，用户可以通过网络和光盘等载体方便地获取一次文献，使得一次文献数字型与印刷型长期并存。

3. 二次文献　二次文献又称二级文献或者检索工具，是按一定规律和方法编制成的查找原始文献的检索工具，是知识体系的组成形式。二次文献记录内容包括书名、期刊名、文献中的题名与著者，以及主题、原文的出处（刊登的期刊名称、年、卷期、页码、网址等）。二次文献的主要作用是帮助检索者更快地找到与自己研究领域相关的文献，从而节省查找文献的时间。在计算机领域，二次文献检索系统（如 Google Scholar、CNKI 等）可以帮助用户在短时间内找到与研究方向相关的论文、专利、报告等文献资源。通过使用这些二次文献检索工具，用户可以更有效地获取所需的信息。例如：图书馆目录就是按一定规律和方法编制成的查找图书馆文献的工具，记录内容包括书名、期刊名、著者、主题、索书号等，可以从题名、著者、期刊号、图书号等途径查找。

二次文献种类很多，主要包括指示性文摘、报道性文摘和指示 - 报道性文摘。二次文献作为一种重要的信息媒介，具备高度浓缩、客观准确、完整独立和可检索性等特点，对于科研工作者在查找和理解文献方面具有重要价值。

4. 三次文献　三次文献是在阅读一次文献的基础上，分析综合归纳信息后，组织形成具有资料性、查考性、阅读性的文献，主要包括综述、专题述评、学科年度总结、进展报告、数据手册、进展性出版物及文献指南等。阅读三次文献可迅速掌握某个主题的研究历程、进展趋势和学术地位，从而更精确地把握该主题的技术环境和创新点。

三次文献可以分为综述研究文献和参考工具文献两大类别。综述研究类文献是作者对某学科近期发展状况的全面概括和总结。它并非只是简单罗列文献，而是通过比较、分析、鉴别大量文献后，将相关内容进行归纳、总结、综合而形成的。参考工具类文献则是通过筛选和整理大量原始文献，提炼出稳定、可靠和有价值的信息，进而编写成便于查阅的工具书文献，如手册、全书、指南、年鉴等。这类文献主要提供参考和指导，协助读者更深入地理解和应用相关领域的知识。

5. 不同加工深度文献之间的关系　零次、一次、二次、三次文献是一个由分散到集中、由无序到有序、由博而精地对知识信息进行不同层次加工的过程，也可以视为科技文献资源的层次结构逐渐由无序走向有序，从一个有序结构转变为另一个更为完善的有序结构的过程。零次和一次文献是最基本的信息源，是科研人员依据自身科学实验与生产实践经验所创作的各类文献，是文献信息检索和利用的主要对象；二次文献是一次文献的集中提炼和有序化，它是检索文献信息的工具，为一次文献的检索提供了线索，但并不包含任何评论内容；三次文献是把分散的零次、一次、二次文献按照专题或知识门类进行综合分析加工而成的成果，是高度浓缩的文献信息，它既是文献信息检索和利用的对象，又可作为检索文献信息的工具。

（四）按照内容公开程度划分

1. 白色文献　白色文献涵盖了一切经过正式出版并在社会范围内广泛传播的文献，包括但不限于图书、报纸、期刊等公开出版物及网络信息资源。这些文献通过诸如出版社、书店、邮局等正规渠道进行发行，对全体社会成员公开透明。其中所蕴含的信息公开可见，可供广大公众随时查阅和利用。在当前社会中，白色文献作为科技人员的重要文献信息资源，其利用率之高不容忽视。

2. 灰色文献　是指未公开出版的内部资料或受限流通的文献，其主要通过官方途径获取，仅限于特定系统或机构内部交流，禁止公开向社会传播。灰色文献种类繁多，包括内部期刊、政府出版物、学位论文、会议记录、专利文献、科技报告、技术档案、产品手册及实验记录等。鉴于其独特的流通渠道和有限的制作数量，灰色文献的收集难度较大。虽然部分灰色文献的信息资料尚不完善，但其所涉及的内容广泛、视角新颖、见解独到，具备较高的参考价值。随着网络技术的不断发展，灰色文献逐渐走向公开，许多机构和个人将过去的灰色文献发布至网络平台，便于公众自由查阅。

3. 黑色文献　是指非公开的、保密的，通常只有特定人员才能访问的文献，如政府文件、军事报告、机密文件等。除个人隐私内容外，大量黑色文献均具备相应的保密等级规定，并针对读者群体实施明确的界定。在黑色文献的创作、存储及传播过程中，严格受到管理控制，通常禁止复制。其核心特征为高度保密性，非特定读者难以获取及利用。

第二节　图书馆文献资源保障

图书馆文献资源保障是指一个地区或机构的图书馆可提供足够且优质的文献资料，以满足读者需求，还能推动教学资源的优化和科研成果的产出、增强科技基础能力。它包括藏书量和藏书质量两个方面。藏书量，即藏书保证率，是图书馆文献资源保障的重要指标，反映了读者人均拥有的藏书量，体现了图书馆馆藏的丰富程度。然而，仅仅追求藏书量的增长并不能保证图书馆提供的文献资源满足读者需求，因为巨量的藏书可能包含许多与图书馆任务无关的、过时无价值的或大量无人问津的复本。藏书质量，即图书馆文献的质量，是另一个重要指标。一些小型专门图书馆虽然藏书总量不多，但针对性强，新书比例高，能满足特定信息需求。这表明，新时期图书馆发展应面向读者，根据需求调整馆藏，提高馆藏质量，从而提高文献保障水平。总之，图书馆文献资源保障不仅要求有足够的藏书量，还要求藏书质量高。新时期图书馆应注重提高馆藏质量，满足读者需求，实现高效保障。

一、图书馆文献资源保障的主要目的

(一) 永久保存文献

图书馆作为社会文化的重要载体，承担着永久保存文献的重要任务。通过有效收藏、保护和管理，图书馆能够确保文献的完整性和安全性，以便后人能够继续利用和研究。高校图书馆作为知识传递服务体系的重要组成部分，需要为读者提供全面、准确、及时的信息服务，以满足读者的学术研究、教育教学、休闲阅读等需求。

(二) 促进教育和科研发展

图书馆还是教育和科研发展的重要支撑。通过提供各种形式的资源和服务，图书馆能够支持学校、科研机构等开展教育和科研活动，提高公众的文化素质和科学水平。

(三) 推动知识传播

图书馆是知识传播的重要渠道，通过各种方式向公众提供阅读、学习、研究等服务。在信息化社会，图书馆还应当积极开展数字化建设，提供在线资源和服务，以适应读者的需求和习惯。

（四）促进知识创新

图书馆通过提供多元化的文献资源和服务，能够激发读者的创新思维和创造力，推动知识创新和社会进步。无论是学术研究、教育教学还是休闲阅读，图书馆都应提供全面、准确、及时的信息服务，帮助用户解决信息获取和利用的问题。

（五）维护和传承人类文明

图书馆作为人类文明的重要载体，承担着维护和传承人类文明的责任。通过收藏、保护和管理各种文献资源，图书馆能够保护和传承人类文化遗产，为后人留下宝贵的精神财富。

（六）提升国家文化软实力

图书馆作为国家文化软实力的重要组成部分，通过加强自身建设和提高服务水平，能够提升国家的文化影响力和国际竞争力。通过各种方式向公众提供阅读、学习、研究等服务，图书馆能够促进知识共享和学术交流，推动社会文明进步和经济发展。

（七）促进社会发展

图书馆还是社会发展的重要推动力量。通过提供多样化的服务，有助于提高公众的文化素养和科学水平，从而促进社会文明的进步和经济的发展。总的来说，图书馆文献资源保障旨在为读者提供丰富、优质的文献资源服务，促进知识的传播与创新，并满足公众的阅读和学习需求。要实现这一目标，需要从多个方面进行努力和持续改进。

二、图书馆文献资源建设保障措施

（一）组织保障

为了确保图书馆的各项业务能够正常运转，图书馆管理者务必高度重视文献资源建设工作，积极拓展获取渠道，确保馆藏资源丰富、新颖、实用，以满足读者需求，提升服务质量，发挥图书馆在教育事业和文化传播中的重要作用。为此，应该成立专门的图书馆文献资源建设部门，负责文献资源的搜集、筛选、整理和收藏，以此来打造独特的馆藏资源，满足读者的多元化需求。根据图书馆内部的文献资源发展目标和需求，图书馆需要拟定一个全面的文献资源建设总体规划。在按照整体方案开展工作的时候，要积极与地方其他职能部门、企业等建立联系，为建设特色馆藏资源提供有利条件。另外，图书馆的文献资源建设部门需要不断拓宽采购途径，密切关注出版社的最新动向及互联网上的相关文献资源，以确保馆藏资源及时更新。通过这一过程，图书馆能够确保其文献资源的更新和多样性，从而更好地满足读者需求。总的来说，有效开展图书馆文献资源建设工作对于保障图书馆运营至关重要。

（二）人力保障

数字化图书馆的建设对图书馆员的专业能力提出了更高的要求。他们的角色不再局限于传统的文献资源收集、组织和存储，还需要熟练运用数字技术进行操作，如数字高清相机、扫描仪、计算机等设备，以及将纸质文献转换为电子文档并导入图书馆数据库的技能。此外，他们还需要具备数据挖掘的能力，运用大数据技术对图书馆的馆藏资源进行详尽分析，以发掘和提供有价值的文献资源。为了使图书馆员能够适应这些新的要求，图书馆应主动组织培训活动，提升图书馆员应用现代信息技术的水平。同时，图书馆还需要依据数字资源的特点，选择适当的文献搜集、记录和整理策略，充分利用网络上的文献资源库，检索和整合有用的文献资源，并将其添加到图书馆的数据库，以丰富图书馆的收藏。通过培训和支持，图书馆可以确保图书馆员具备必要的技能和知识，从而更好地推动图书馆的数字化建设。

（三）资金保障

图书馆的文献资源建设是一项持久且系统的工程，同时也是图书馆运营和发展的基础。为了进行数字化改造和建设特色馆藏，图书馆需要充足的经费支援。因而，图书馆应当主动申请专门的文献资源建设经费，以便于进行文献资源的采购、数字化资源的建设与管理。确保这些关键领域的经费充足，可更好地服务于读者和社区。

（四）文献资源保障

图书馆也可以采取以下方法来增强文献资源的保障：

1. 保证核心学科文献资源充裕　图书馆需要关注各自服务范围内的重要学科，深入了解相关教学与科研情况，针对性地购买对口资源，全面掌握服务对象的需求，确保覆盖所有相关学科需求。同时，关注相关学术资源和前沿资讯，提高资源利用效率。通过制度保障，确保重点学科资源的有效利用，并对资源使用情况进行分析，明确成本，进行效益评估，建立评估和反馈机制。

2. 打造地域特色的馆藏资源　图书馆应结合自身馆藏，打造具有地域特色的馆藏资源，支持当地高校的专业设置，并为当地经济和文化事业提供指导和支持。积极融入地方社会建设，实现互利共赢。通过实体和虚拟馆藏资源，图书馆可以共同建设和发展文献信息资源，打破地域限制，构建特色或专题共享网络。

3. 组建图书馆联盟　图书馆可以参与组建图书馆联盟，以优化文献资源的配置和采购，确保必要的品种，避免重复浪费。通过集体采购，可降低电子信息资源的价格，节省各图书馆在数字资源上的投入，包括硬软件购置和维护费用，同时实现资源共享。云联盟是更优的方式，能够更好地发挥联盟的优势，整合文献资源，实现区域互补，真正实现馆际互借与原文传递服务。同时，通过整合不同图书馆的资源和人员，建立一套协同工作流程和管理机制，以确保在馆际互借和原文传递过程中能够高效、有序地进行服务，并提供相应的保障体制。

三、图书馆医药文献信息资源保障体系建设

（一）资源整合与共享

整合各图书馆、医学信息机构等资源，建立统一的医药文献信息资源平台。通过共享资源，提高文献的覆盖率和利用率。同时，加强与其他相关机构的合作，共同推动资源共享的进程。

（二）标准化与规范化建设

制定医药文献信息资源的采集、加工、存储、检索等标准与规范，确保资源的规范化和标准化。这有助于提高资源的可利用性和共享性，为后续的数据分析和管理提供基础。

（三）数字化与元数据管理

将医药文献信息资源进行数字化处理，方便存储、检索和传输。同时，构建元数据管理体系，对资源进行详尽描述和分类，以提升资源的可发现性和可获取性，从而增进信息管理的效率和价值利用。

（四）安全保障措施

保证医药文献信息资源的网络防护、隐私保护和数据安全，必须建立完备的技术防护体系和安全管理制度，以防止信息泄露、数据损坏和非法访问等安全问题的出现。

（五）评估与持续改进

定期对医药文献信息资源保障体系进行评估和改进。经由搜集用户意见、评估资源应用状况等方式，发觉存在的问题和缺陷，快速地进行调控和完善。同时，紧密关注医药领域的最新趋势，不断更新和扩充资源内容，保持体系的先进性和有效性。

通过以上措施的实施，图书馆可以建立起完善的医药文献信息资源保障体系，为医药科研、教育和实践提供全面、准确、及时的信息支持和服务。同时，也有助于提高图书馆的核心竞争力和社会影响力，促进医药行业的进步和发展。

第三节　图书馆信息服务

随着信息技术不断进步，图书馆职能也在拓展和升级。数字图书馆的出现，为图书馆现代化信息服务注入了强大活力。特别是高校和科研型专业图书馆，它们是服务于科研、教学和教育等工作的文献信息、知识甚至决策支持机构。除了采购和整合资源，图书馆的核心任务是为读者提供文献信息资源与咨询服务、传播信息知识、开展读者教育等。作为医学图书馆，面对专业背景深厚的读者，图书馆员不仅需精通图书馆知识，还应具备一定的医学知识。这样，医学图书馆才能更好地发挥作用，传播医学知识，推动医学创新，支援医疗教学和实践活动。

一、大众化的信息服务类型

（一）导读服务

导读服务是图书馆的基础服务，其通过各种媒介向读者展示图书馆环境、馆藏资源和功能区域。在图书馆的入门区域，通常会配置一个概览区域，概览区域的内容包括图书馆的发展历程及其整体的资源状况。在每一个楼层和特定的功能区域内，也会有详尽的导览信息，这些信息会解析特定区域的特性、使用规则和需要特别注意的事项。这是读者了解、认识和使用图书馆的重要途径。

（二）文献阅览

文献阅览是图书馆为读者提供的服务之一。图书馆利用其空间、设备和人员，为读者营造一个优良的阅读氛围，读者可在指定时间和阅览室内查阅文献。综合考虑资源和图书馆环境的因素后，图书馆对馆藏资源进行有序整理及合理布局是必要的。依据文献的载体形式可将阅览室分为阅览室和电子阅览室两种。依据服务性质和功能可将阅览室划分为普通文献阅览室和特殊文献阅览室。依据流通服务模式则可将阅览室分为闭架式阅览室和开架式阅览室等不同类型。总之，文献阅览是图书馆的重要服务之一，图书馆可为读者提供方便的阅读环境。

（三）文献借阅

图书馆的主要服务之一便是借阅服务。文献借阅服务，又称流通服务，这一服务使读者能通过简单的手续将文献资料带出馆外，从而不受限于地点和图书馆开放时间自由阅读，但需在规定期限内归还文献资料。大多数图书馆对持有有效借阅证的读者提供借阅服务，可借阅的文献主要为图书。至于珍贵文献，例如善本、孤本、大型多卷工具书等，一般不对外借阅，以确保这些资源的妥善保存和充分利用。为确保更多读者的权益，图书馆对文献的借阅权限、期限、数量及连续借阅次数有所限制。读者在享受借阅权益的同时，也需承担相应义务，如爱护文献、妥善保管并按期归还。若发生文献遗失、污损或逾期未归等情况，读者需根据实际情况进行赔偿。若想更好地体验文献借阅服务，应明确以下几点：

1. 馆藏资源组织　图书馆的藏书是根据学科领域进行分类的，并且按照索书号的规定顺序进行排列。对于读者来说，理解并掌握图书分类、索书号的含义及排架的规定，将有助于提高他们在查找文献时的效率。

（1）索书号的构成：索书号是馆藏图书的唯一识别码，它在图书排列和检索过程中起着关键作用。索书号由图书分类号和书次号两部分构成。图书分类号是根据图书的学科主题内容按照某种分类法赋予图书的标识符号，它的存在有助于同类别的图书被统一排列。书次号则是在分类号相同的情况下，用来区分不同种类的图书的编号，以保证每种图书都有其独特的识别码。在我国，书次号的使用尚未形成统一标准，主要采用的是种次号、著者号或二者同时使用的方式。种次号是图书收藏的顺序号，用于标识图书的收藏顺序。著者号则是按照图书著者姓名排列的号码，通常是根据作者姓名的汉语拼音首字母或四角号码进行编码，这有助于同一著者的同一学科主题的图书被集中在一起。当结合使用著者号和种次号时，可以方便地查找同类书数量较多的图书。另外，有些索书号还包括文种号、卷次号、年代号、版本号、复本号或其他附加号，这些辅助区分号有助于更细致地进行图书分类和标识。例如：某图书馆馆藏《基于知识图谱的生物医学论文临床转化分析》书籍，其索书号为 R318/68，这里的 R318 是图书分类标识，68 是种次号。到书库索取图书时，读者可根据图书的索书号到书库中相应的排架位置快速查找。

(2) 图书分类：也被称为书籍分类或文献分类，其基础在于科学分类。这种分类方式根据文献内容的学科特点或其他特性，对藏书进行系统的整理和归类。这种分类的依据被称为分类法。在全球范围内，存在多种知名的分类法，其中我国常用的包括《中图法》《科图法》和《人大法》。在这些分类法中，《中图法》优势明显而被广泛应用。

(3) 图书排架：在图书馆中，各类文献都经过科学方法的整理，有序地摆放在书架上，每一种文献都能够准确地找到其特定的位置，方便查找、归还及管理。在我国，图书馆主要采取分类排架的方式，依据学科体系对图书进行归类，使得同一主题的图书能够聚集在一起，性质相近的则毗邻摆放，便于读者根据自身的专业需求寻找图书。对于期刊，它们会被按照特定的规则进行组织，有序地陈列在书架上，确保每种期刊都有一个明确的摆放位置。图书馆会把期刊分为过刊和现刊，过刊是出版一年后整理成册的合订本，存放在过期期刊库，依据分类排架或刊名字顺排架。现刊则是指当年出版的期刊，提供最新的资讯，其利用价值最高，摆放在阅览室。现刊同样采取分类和字顺两种排架方式，但以分类排架为主。

2. 书刊目录检索系统　图书馆馆藏目录是图书馆为了方便读者查询馆藏资源而建立的一种检索工具。这是对图书馆、文献中心或其多个部分或全部藏书的索引。图书馆馆藏目录详细列举了图书馆收藏的所有文献信息，如书名、作者、出版商、出版日期及藏书地点等。图书馆馆藏目录通常有两种形式：纸质版和电子版。纸质版馆藏目录通常放置在图书馆的目录室内，供读者查阅。电子版馆藏目录则可以通过图书馆的网站或数据库进行查询，更加方便快捷。图书馆馆藏目录是图书馆服务不可或缺的一部分，它充当着读者与图书馆丰富资源之间的桥梁。一方面，通过馆藏目录，读者能够迅速定位并获取他们所需的文献，极大地提升了图书馆的利用率和服务水平；另一方面，图书馆的藏书清单在图书馆进行文献收集、参考解答、珍藏保存等环节中具有关键性的作用。藏书清单，通常被称为目录，它展示了某一图书馆、文献库或多个图书馆、文献库的部分或全部收藏的文献清单。如若清单涵盖的是多个图书馆或文献库的收藏文献，那么它就被视为联合清单。藏书清单的核心职责是揭示、辨别和查找馆藏文献，已成为图书馆进行文献管理的关键工具。图书馆遵循特定的著录准则，对收藏的图书资料的内容和外观属性进行记录，如标题、作者、版次、出版日期、形态、系列、附言、文献编号、摘要、主题词和分类号等，从而构建起完整的图书馆清单。通过图书馆目录，图书馆可以有效地组织和管理馆藏文献，并向读者展示馆藏文献的内容、数量、位置等信息，便于读者查找和利用馆藏文献。

图书馆自动检索系统是以机读目录为基础发展出的一种新型检索方法，从而实现了馆藏目录的自动化搜索。其中，联机公共检索目录（online public access catalog，OPAC）是主要用于搜索特定图书馆收藏文献的工具，它能够通过互联网向用户提供图书馆馆藏信息查询服务。伴随着互联网服务的广泛应用，在线公共查询目录（web-based OPAC，WebPAC）这种用户界面更加友好的系统应运而生。除了图书馆目录查询系统外，联合目录查询系统也是一种常见的检索工具，它能够检索多家图书馆的馆藏文献目录资料。利用这些系统，用户能够检索到图书馆的多种文献资源，如光盘、期刊、图书等。馆藏目录的检索方式包括作者、关键词、标题、分类、主题词、ISBN、

ISSN 和索书号等。搜索结果将以书目记录的形式呈现，包含文献的书目信息、馆藏地点、流通状况、复本数量等。用户可以根据这些记录获取到文献资料的相关信息，并进一步获取所需文献资料。

（四）文印服务

图书馆提供文印服务，便于读者查阅和学习科研资料。对于文献资源，我们可以通过影印、扫描等方法将其转化为可在馆外阅读的形式。然而，全面的复制或大规模恶意复制行为是被严格禁止的。需要注意的是，复制费用会根据文献的数量、尺寸和种类而有所差异。

（五）馆际互借和文献传递

馆际互借是一种解决图书馆资源短缺问题的合作策略。通过这一方式，各图书馆能够在一定区域内共享所收藏的文献，从而满足读者的需求。当某个图书馆无法提供特定种类的文献时，可以向其他拥有该文献的图书馆申请代借，实现文献资源的共享。这种策略不仅提升了图书馆的服务品质，同时也增强了读者的满意度。文献传递是在馆际互借基础上发展起来的服务，与馆际互借不同的是，文献传递是将用户所需的文献直接传递给用户，而馆际互借则是将用户所需文献的复本从一个图书馆借出，再转借给另一个图书馆。文献传递系统根据用户提交的详细文献信息，如书名、出版年份、卷号、页码、作者及起止页码等，为用户检索并递送所需的文献。这种无需归还的文献共享策略通过一站式网络系统，可以远程发送文献，或者直接发送到用户的邮箱、实验室、科室或办公桌，从而便于用户获取所需的信息。这种服务旨在为读者提供方便快捷的文献获取方式，避免了到图书馆或通过邮寄等传统方式获取文献的繁琐程序，同时也提高了文献的传递速度和读者的阅读效率。全文传递服务是图书馆现代化信息服务的重要一环，也是图书馆为读者提供更高效、更便捷服务的重要举措之一。目前，中国国家图书馆、大学的图书馆、国家科技图书文献中心（National Science and Technology Library，NSTL）及高等教育文献保障系统（China Academic Library & Information System，CALIS）等机构已经开始推行馆际互借和文献传递服务，并推出了相应的文献传递服务平台。另外，数字图书馆平台同样具备文献传递的功能，用户在搜索后可直接在线提交文献传递的申请，系统会自动将需要的文献发送至用户的电子邮箱。

（六）文献检索

在各学科领域的科研探究中，图书馆利用其大量藏书资源和专业数据库，基于用户提供的关键词、主题词、同义词等及其相互关联方式，可进行全面的文献信息检索服务。该服务旨在辅助用户在专业课题研究中实现高效的文献搜索，涵盖项目立项、研究执行和成果评估等各个研究阶段。通过电子阅览服务，用户能够快速、全面、精确和及时地获取相关文献资料，并可查询图书馆馆藏目录、浏览新书通报并在线上预约图书等。此外，利用互联网技术，用户能够便捷地访问国内外大型图书馆的官方网站，以便更加快捷地获取丰富多样的文献资源。图书馆通过电子阅览服务充分发挥文献情报服务功能，根据内容进行精确编制，以提供更精确、高效的文献检索服务。为满足用户在不同研究阶段的需求，图书馆定期更新和优化数据库，确保用户能够获取最新的文献资料。此外，图书馆还提供个性化服务，如定制文献推送和专业资讯解读，帮助用户更好地了解研究领域的发展动态。图书馆通过开展各类培训活动提高用户的信息素养和检索技能，使他们能够更熟练地运用文献资源进行科研。总而言之，图书馆致力于利用现有资源和技术，为用户提供全面、高效、精确的文献检索服务，助力他们在各学科领域的科研探究中取得优异成果。

（七）参考咨询与读者培训

图书馆咨询服务作为信息服务体系的核心部分，为读者在使用图书馆资源和电子资源时遇到的困难提供解决方案和支持。咨询方式多样，如现场咨询、电话咨询、邮件咨询、在线实时咨询、主页留言板及常见问题解答等。伴随着互联网的发展，虚拟参考咨询已逐渐被广大读者接受，其利用邮件、实时交流、社交媒体平台（微信公众号、微博、抖音）等手段为读者提供随时随地的咨询服务。读者可以在线提出问题，等待在线馆员给予解答。读者教育是图书馆有策略、有针对性地进行的教育活动，目的是增强用户的信息意识，提升检索技巧，帮助他们充分利用图书馆及其信息资源。在大学图书馆中，读者教育主要通过为新生提供基础图书馆利用知识教育和组织针对特定资源进行讲座的一系列推广活动来实现。

（八）定题服务

图书馆信息服务中的一种重要形式为定题服务，该服务针对科研人员提出的特定研究主题，定期搜集和传递相关领域的最新研究文献信息。其主要目标在于减轻科研人员在资料查找方面的负担，使他们能够紧跟课题研究发展趋势，解决研究过程中所遇到的问题，并助力他们调整研究策略。此外，定题服务还提供与课题密切相关的文献信息分析报告，以协助科研人员构建专题文献数据库。此类数据库有助于用户更好地组织和管理专题信息，实现随时随地的检索功能。为了更好地满足科研人员的需求，图书馆会密切关注相关领域的最新动态，及时更新所收集的文献资料。定题服务能够为科研人员提供一站式的信息服务，使他们在研究过程中能够更加专注于学术探究，提高研究效率。同时，定题服务还关注用户的需求反馈。根据科研人员的反馈意见，图书馆不断优化服务内容和方式，以提升服务质量。综上所述，定题服务作为图书馆信息服务的重要组成部分，旨在为科研人员提供专业、高效、精准的文献检索支持，助力他们在各研究领域取得更好的成果。通过定题服务，图书馆积极履行其文献情报服务职能，为我国科研事业发展贡献力量。

（九）科技查新

科技查新，简称查新，是一种情报研究工作，通过系统全面的文献检索，对课题、研究内容或科研成果的创新性进行评估，并生成查新报告。此过程以文献为依据，应用文献检索和情报调查方法，对检索结果和课题研究角度进行对比。查新旨在为科研项目的立项、科技成果的评估和认证、专利申请等提供客观参考，同时为科技从业者的研究与开发提供信息支持。在实施查新工作时，查新项目的新颖性会受到详尽的分析和评估，并撰写具备依据、分析、比较和总结的查新报告。查新通过客观事实的文献检索来评估项目的独创性。由于查新工作具有严格的时间限制、范围要求和程序规定，要求全面准确地检索文献，提供清晰的结论，所以其结论具有客观性和证据支持。然而，查新结论并非完整的成果评审结论，这导致查新工作与单纯的文献检索有所不同，与专家评审亦有所不同。总之，科技查新是一种综合运用文献检索和情报调研手段的情报研究工作，旨在为科研工作提供有力的信息支持和客观依据。

（十）学科馆员与学科化服务

学科馆员与学科化服务是知识经济时代图书馆服务的核心部分。信息资源的不断增长和分布的分散性，导致学者与专家通常难以全面并且及时地获取和运用他们所在学科领域的信息资源。因此，有必要聘请专门负责信息管理和服务的人员来协助他们收集、筛选和整合相关的信息和知识。学科馆员制度的目的是提供这样的个性化服务，以推动教学和科研活动的进行。学科馆员不仅具备深厚的学科专业知识，还熟悉图书情报学的理论与实践，掌握先进的信息处理技术，这使得他们能够为读者提供高质量、个性化的学科知识服务，如咨询建议、数据库检索、参考资源建设和读者使用指导等。近年来，我国图书馆的学科馆员服务逐渐普遍化，清华大学、中国科学院等借鉴国外成功经验，率先实行学科馆员制度。这种以学科馆员为核心的学科化服务主要包括两大方向：院系联络和专业咨询服务。院系联络是指学科馆员与各院系、科研院所、研究小组建立沟通渠道，深入了解各学科的信息需求，从而优化图书馆服务，促进图书馆发展。学科馆员制度的实施对于促进图书馆信息资源交流、提高利用率、实现服务创新和提高教研服务水平具有重要意义。而学科化服务是一种基于学科特点和用户需求的全新图书馆服务模式，它将图书馆的资源和专业服务深入到各院所，实现“资源到所，服务到人”的目标。这种服务模式注重针对性、个性化和知识化，为科技创新和科研教学等提供有力的学科信息支持。这也是图书馆适应知识经济时代、深化服务层次、推动知识创新的必然途径。

二、个性化的信息服务类型

个性化信息服务是图书馆信息服务的一个重要类型，它以满足读者的个性化需求为目标，通过提供定制化的信息内容和信息服务，提升读者的阅读体验和学习效果。以下是图书馆个性化信息服务的几种主要类型：

（一）个性化推荐服务

个性化推荐服务是图书馆个性化信息服务的重要组成部分，其通过分析读者的阅读历史、借阅记录等数据，了解读者的阅读偏好和需求，为读者推荐可能感兴趣的文献资源或知识内容。这种服务有助于提高读者的阅读质量和阅读体验，帮助他们更好地发现和获取所需的文献资源。

（二）个性化定制服务

个性化定制服务是图书馆根据读者的具体需求和兴趣，为读者提供定制化的信息资源和服务的一种方式。读者可以根据自己的喜好和需求，定制个性化的图书馆服务，例如定制个人图书馆、个性化学科导航服务等。通过个性化定制服务，读者可以更加轻松地管理和获取自己需要的文献资源，从而提高学习和研究效率。

（三）移动图书馆个性化服务

随着移动互联网的普及和发展，移动图书馆已成为图书馆信息服务的重要发展方向之一。移动图书馆个性化服务通过移动设备为读者提供定制化的信息服务。例如，提供个性化的书单推荐、借阅提醒和图书到期通知等服务。此外，根据读者的位置信息，移动图书馆还可以提供附近图书馆的位置和服务信息。这些个性化服务有助于读者更便捷地获取图书馆资源和服务，从而提升阅读体验和学习效果。

（四）个性化咨询服务

个性化咨询服务是图书馆向用户提供的一种针对性的咨询服务。读者可以选择通过在线咨询、电话咨询、邮件咨询等多种方式，向图书馆咨询馆员提出个人的疑问和要求。咨询馆员会根据读者的问题和需求，提供专业的解答和建议。这种服务可以帮助读者更好地解决学习和研究过程中遇到的问题，提高他们的学习效果和研究能力。

（五）个性化培训服务

个性化培训服务是图书馆为提升读者的信息素养而提供的一项服务。图书馆可以根据读者的喜好和爱好，开设定制化的培训课程和研讨会。例如，针对新生的入馆教育、针对毕业生的求职技能培训、针对教师的教育技术培训等。通过参与这些培训课程和讲座，读者将能够更加高效地掌握信息检索和应用的技巧，从而提升自身信息素养水平。这种服务不仅有助于读者更充分地利用图书馆的资源和服务，还能够提高他们的信息获取和应用能力。

（六）智能化信息服务

随着人工智能技术的不断发展，智能化信息服务已成为图书馆个性化信息服务的显著趋势。智能化信息服务通过处理和分析数据、挖掘信息和知识，为读者提供服务。例如，智能问答系统可以根据读者的问题提供准确的答案，智能推荐系统可以根据读者的兴趣和需求为其推荐相关的文献资源或知识内容。这些智能化信息服务可以帮助读者更加方便地获取必要的知识和信息，以提升他们的学术研究和学习效果。

【结语】

图书馆提供了多种多样的个性化信息服务类型，包括个性化推荐服务、个性化定制服务、移动图书馆个性化服务、个性化咨询服务、个性化培训服务和智能化信息服务等。这些服务可以根据用户的需求和偏好来进行定制，通过提供定制化的信息内容和信息服务，提升读者的阅读体验和学习效果。随着信息技术的发展和应用，图书馆个性化信息服务将会不断创新和完善，更好地服务于广大读者。

图书馆是知识的宝库，其文献资源保障系统是维持这个宝库持续运转的关键。图书馆通过系统地收集、整理和保存各类文献资源，为学者、学生和研究人员提供了丰富的知识库。这些资源不仅包括传统的纸质书籍，还有电子书、期刊、报纸及特种文献等多元化的资源类型。这些资源跨越各个学科领域，满足了不同层次读者的需求，从基础学习到深入研究，都能在图书馆中找到合适的资料。除了资源类型的多样性，图书馆还注重文献资源的准确性和及时性。图书馆员定期对馆藏进行评估和更新，确保资源与学术研究的最新动态保持同步。这不仅保证了资源的学术价值，还为读者提供了最新的知识和信息。然而，图书馆的文献资源保障并不仅仅依赖于馆藏本身。图书馆的信息服务同样重要。通过参考咨询、文献传递等服务，图书馆员充当了读者与文献资源之间的桥梁。他们不仅为读者提供快速、准确的文献检索和获取服务，还能够帮助读者解决学术研究和教学中的信息需求问题。这种个性化的信息服务极大程度地提高了读者的学习效率，使他们能够更好地利用图书馆的资源。此外，随着信息技术的进步，图书馆的信息服务也在更新和改进。譬如，很多图书馆公布了在线咨询、远程文献传递等服务，使得读者无论身处何地都能获得图书馆的支持。这不仅扩展了图书馆的服务范围，也使得知识传播更加便捷和高效。总之，图书馆的文献资源保障、文献资源类型和信息服务是相互关联的。只有这三者有机结合，图书馆才能真正发挥其作为知识宝库的作用，为学术研究和个人学习提供有力的支持。

（戴那日苏　罗海霞）

习题

1. 在网络时代，如何创新图书馆文献资源保障体系？
2. 图书馆在文献资源保障中面临的主要挑战是什么？请列举两个并给出应对策略。
3. 我国整个图书馆事业的三大支柱是什么？
4. 学位论文是什么？在图书馆中如何获取学位论文？
5. 请列举三种常见的图书馆文献资源类型。
6. 参考咨询是指图书馆提供的哪种服务？它的目的是什么？

第四章 中文医学文献检索系统

第一节 中文文摘型文献检索系统

一、中国生物医学文献服务系统

(一) 概况

中国生物医学文献服务系统(SinoMed)是中国医学科学院医学信息研究所 / 图书馆研制开发的生物医学文献服务系统,2008 年首次上线服务,2019 年 3.0 版本正式上线服务。该系统整合了中国生物医学文献数据库(Chinese Biomedical Literature Database,CBM)、中国生物医学引文数据库(Chinese Biomedical Citation Database,CBMCI)、西文生物医学文献数据库(Western Biomedical Literature Database,WBM)、北京协和医学院博硕学位论文库(Chinese Dissertation Database of Peking Union Medical College,PUMCD)、中国医学科普文献数据库(Chinese Popular Medical Literature Database,CPM)等多种资源,是集文献检索、引文检索、开放获取、原文传递及个性化服务于一体的生物医学中外文整合文献服务系统。

SinoMed 涵盖资源丰富、专业性强、功能全面、学科范围广泛、年代跨度大、更新及时,可快速反映国内外生物医学领域研究的新进展。SinoMed 是立足中国医学科学院医学信息研究所 / 图书馆的丰富馆藏,依托国家科技图书文献中心(National Science and Technology Library,NSTL)及与维普等数据服务商的合作,建立起的强大的全文服务系统。用户能在线阅读协和医学院硕、博士学位论文,查文献时可通过链接到维普、万方数据知识服务平台 / 万方医学网、编辑部、出版社等获取文献原文(含 OA 期刊),或通过申请付费方式进行原文索取。全文服务方式多样,快捷高效。

SinoMed 数据库中,CBM 收录了 1978 年至今国内出版的生物医学学术期刊 3 120 余种,文献题录 1 290 余万篇。全部题录均进行主题标引、分类标引,同时对作者、作者机构、发表期刊、所涉基金等进行规范化加工处理;2019 年起,新增标识 2015 年以来发表文献的通讯作者,全面整合中文数字对象唯一标识符(digital object identifier,DOI)链接信息,以更好地支持文献发现与全文在线获取。CBMCI 收录了 1989 年以来中国生物医学学术期刊文献的原始引文 3 350 余万篇,引文总量 1 050 余万篇。所有期刊文献引文与其原始文献题录关联,更好地支持了多维度引文检索与引证分析。WBM 收录了世界各国出版的重要生物医学期刊文献题录 3 630 余万篇,含北京协和医学院图书馆馆藏期刊 9 000 余种,免费全文 640 余万篇,年代跨度大,部分期刊可回溯至创刊年,全面体现了北京协和医学院图书馆悠久丰厚的历史馆藏。PUMCD 收录了 1981 年以来北京协和医学院培养的博士、硕士学位论文全文 1.8 万篇,涉及医学、药学各专业领域及其他相关专业，内容前沿丰富；CPM 收录了 1989 年以来近百种国内出版的医学科普期刊，文献总量达 60 万余篇，重点突显养生保健、心理健康、生殖健康、运动健身、医学美容、婚姻家庭、食品营养等与医学健康有关的内容。

SinoMed 注重数据的深度揭示与规范化处理：根据美国国立医学图书馆《医学主题词表（MeSH）》中译本（目前更新至 2021 版），同步全面更新收录文献的主题标引数据；利用中国中医科学院中医药信息研究所《中国中医药学主题词表》及《中国图书馆分类法·医学专业分类表》对收录文献进行主题标引和分类标引，以更加深入、全面地揭示文献内容。同时，CBM 还对作者、作者机构、发表期刊、所涉基金等进行规范化处理，标识第一作者、通讯作者，持续提升作者、机构、期刊、基金检索的准确性与全面性。

（二）检索途径与方法

SinoMed 检索功能强大、方便易用，主要为用户提供跨库检索、快速检索、高级检索、智能检索、主题词表辅助检索、主题与副主题扩展检索、分类表辅助检索、多维限定检索、多维筛选过滤、多知识点链接、通讯作者检索、通讯作者单位检索等文献检索功能，还为用户提供被引文献主题、被引文献作者、被引文献出处、被引文献机构、被引文献基金、检索词智能提示等引文检索功能。

1. 检索规则

（1）逻辑组配检索：又称布尔逻辑检索，是指利用布尔逻辑算符实现检索词或代码的组合检索。常用的逻辑运算符有三种，分别为 AND（逻辑与）、OR（逻辑或）和 NOT（逻辑非），三者间的优先级顺序为 NOT>AND>OR。用户可以通过以下两种方法进行逻辑组配检索。

1）直接输入法：快速检索框中的检索词或检索表达式之间直接使用 AND、OR 或 NOT（不区分大小写），高级检索框中的检索词或检索表达式之间直接使用 AND、OR 或 NOT（只能采用大写）。另外，需要注意检索词或检索表达式与逻辑组配符号之间需要有空格。

2）组配检索法：在“检索历史”界面，依次选中欲组配的检索式，选择“AND”或“OR”按钮即可实现操作。

（2）截词检索：又称通配符检索，指在检索词中使用通配符的一种检索方式，可用于提高检索效率。支持单字通配符（?）和任意通配符（%）两种通配符检索方式。

（3）模糊检索：又称包含检索，与精确检索（检索词与命中检索字符串完全等同）相比，模糊检索能够扩大检索范围，提高查全率。如无特殊说明，SinoMed 中默认进行的是模糊检索。

（4）短语检索：又称词组检索、精确检索，即用英文半角双引号来标识检索词，SinoMed 会将其作为一个不可分割的短语词组在数据库的指定字段中进行检索。在检索过程中如果出现含有“-”“(”“,”等特殊符号的检索词，这些特殊符号也会被检索。例如：检索“1,25-(OH)2D3”。

（5）字段检索：SinoMed 支持检索词加英文半角中括号标识字段名称的形式进行检索，格式为：检索词[字段名称]。如“肺肿瘤”[常用字段：智能]、“肺肿瘤”[中文标题]。

（6）常用字段：为方便用户在多个字段中进行检索，SinoMed 根据各个数据库的特点，对常用检索字段进行组合后设置了“常用字段”检索入口。不同数据库中“常用字段”的具体含义如下。

1）CBM“常用字段”内涵：中文标题、中文摘要、关键词、主题词。

2）CBMCI“常用字段”内涵：被引文献题名、关键词、主题词、出处、出版社。

3）CPM“常用字段”内涵：中文标题、中文摘要、关键词、主题词。

4）PUMCD“常用字段”内涵：中文标题、中文摘要、关键词、主题词。

5）WBM“常用字段”内涵：英文标题、英文摘要、关键词、主题词[中/英]。

2. 检索方法　SinoMed 按检索资源不同，可分为多资源的跨库检索和仅在某一资源（中文文献、西文文献、博硕论文或科普文献）的单库检索，均支持快速检索、高级检索、主题检索和分类检索。同时,其将智能检索、精确检索、限定检索、过滤筛选等功能融入相关检索过程。下面主要以 CBM 为例介绍 SinoMed 的检索功能与方法。

(1)跨库检索:进入 SinoMed,首先呈现的即是跨库检索。跨库检索能同时在 SinoMed 平台集成的所有资源库进行检索。首页的检索输入框即是跨库快速检索框,其右侧是跨库检索的高级检索,点击后进入跨库高级检索。检索历史支持检索表达式逻辑组配功能,支持多个检索式间的逻辑组配查询,支持一定数量(检索表达式有最大长度限制)的检索词进行智能扩展检索,如图 4-1 所示。

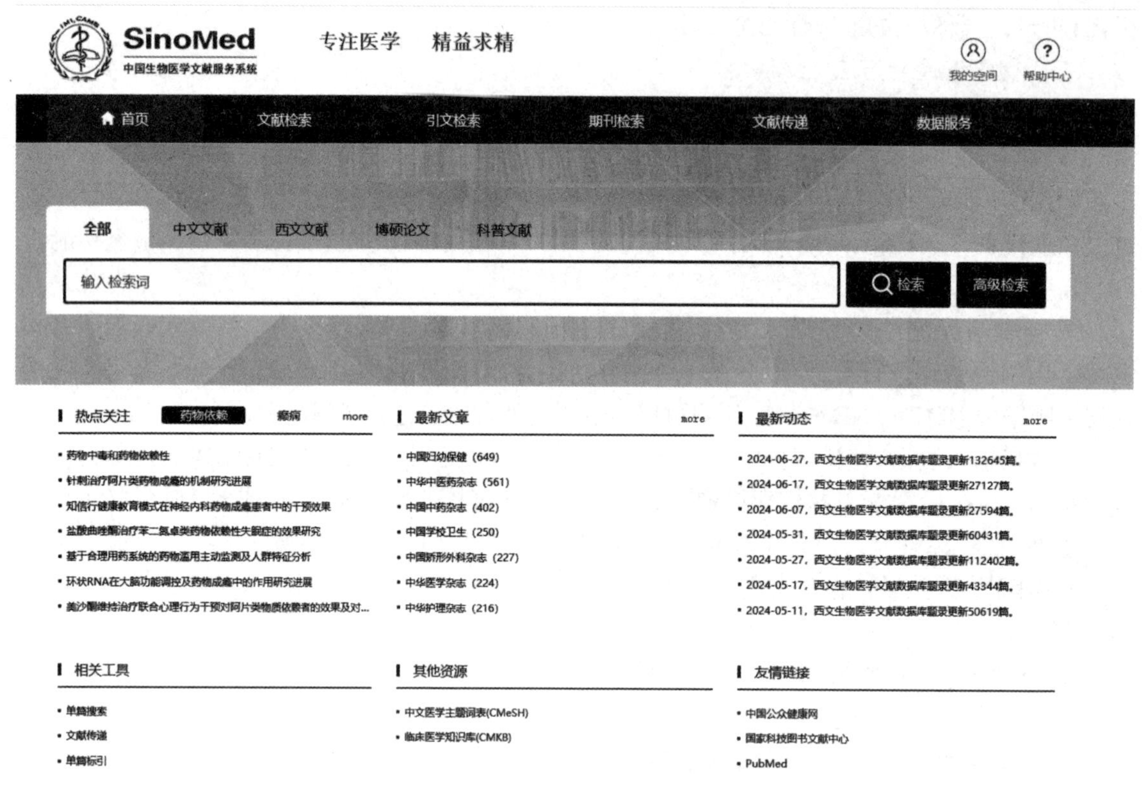

图 4-1　SinoMed 首页跨库检索界面

(2)快速检索:在搜索框中输入检索词后直接进行检索,也称简单检索、基本检索或一键式检索。默认在常用字段内执行检索,且集成了智能检索功能。输入多个检索词时,词间用空格分隔,默认为"AND"逻辑组配关系。将多个英文单词作为一个检索词检索时,或者检索词含有特殊符号"-""("时,需要用英文半角双引号标识检索词,例如:"hepatitis B virus""1,25-(OH)2D3"。二次检索:检索范围支持常用字段、标题、摘要、主题词、关键词、作者及作者单位字段的选择。

(3)智能检索:是基于词表系统,将输入的检索词转换成表达同一概念的一组词的检索方式,即自动实现检索词及其同义词(含主题词、下位主题词)的同步检索,是基于自然语言的主题概念检索。支持词与词间的逻辑组配检索,对组配检索词无数量限制。例如:在标题中查找出现"AIDS"的文献,通过选择"智能检索",系统自动检出标题中含"艾滋病"和"获得性免疫缺陷综合征"的所有文献。

(4)高级检索:支持多个检索入口、多个检索词之间的逻辑组配检索,方便用户构建复杂检索表达式,如图 4-2 所示。检索表达式实时显示编辑,并可直接发送至"检索历史";构建检索表达式每次可允许输入多个检索词。

图 4-2　CBM 高级检索界面

在中文资源库中，文献检索的作者 / 作者单位、第一作者 / 第一作者单位、通讯作者 / 通讯作者单位、刊名、基金检索途径，以及引文检索的被引文献作者 / 被引文献机构、被引文献第一作者 / 被引文献第一机构、被引基金检索途径，均支持检索词智能提示；西文库中增加刊名智能提示功能。CBM 核心字段：由最能体现文献内容的中文标题、关键词、主题词三部分组成。限定检索把文献类型、年龄组、性别、对象类型、其他等常用限定条件整合到一起，用于对检索结果的进一步限定，可减少二次检索操作，提高检索效率。一旦设置了限定条件，除非用户取消，否则在该用户的检索过程中，限定条件一直有效。

(5) 主题检索：是基于主题概念检索文献，支持多个主题词同时检索，有利于提高查全率和查准率，如图 4-3 所示。通过选择合适的副主题词、设置是否加权（即加权检索）与是否扩展（即扩展检索），可使检索结果更准确。输入检索词后，系统将在美国国立医学图书馆《医学主题词表（MeSH）》中译本及《中国中医药学主题词表》中查找对应的中文主题词。也可通过“主题导航”，浏览主题树查找主题词。

1) 扩展主题：部分主题词之间存在着上下位关系，如主题词“肺炎”的下位词包括“肺炎，吸入性”“肺炎，病毒性”等；选择“扩展检索”，指对该主题词及其下位主题词进行检索，非扩展检索则仅限于当前主题词“肺炎”。

2) 扩展副主题词：一些副主题词之间也存在上下位关系，如副主题词“副作用”的下位词包括“中毒”和“毒性”；选择“扩展副主题词”，指对该副主题词及其下位副主题词进行检索，非扩展检索则仅限当前副主题词“副作用”。

3) 加权检索：主题词“加权”表示主题词的重要程度，反映文章论述的主要内容。加权主题词用“*”表示，如：“* 肝肿瘤”“肝肿瘤 /* 治疗”等；加权检索表示仅对加星号的主题词（主要概念主题词）进行检索，非加权检索表示对加星号主题词和非加星号主题词（非主要概念主题词）均进行检索。加权是反映主题词对文献重要内容表征作用的一种手段。一般来说，加权主题词与文献核心内容的关联性较非加权主题词更为紧密。总之,加权检索是一种缩小检索范围、提高查准率的有效方法;扩展检索是对该主题词及其下位词进行检索,相对而言,是一种扩大范围的检索。

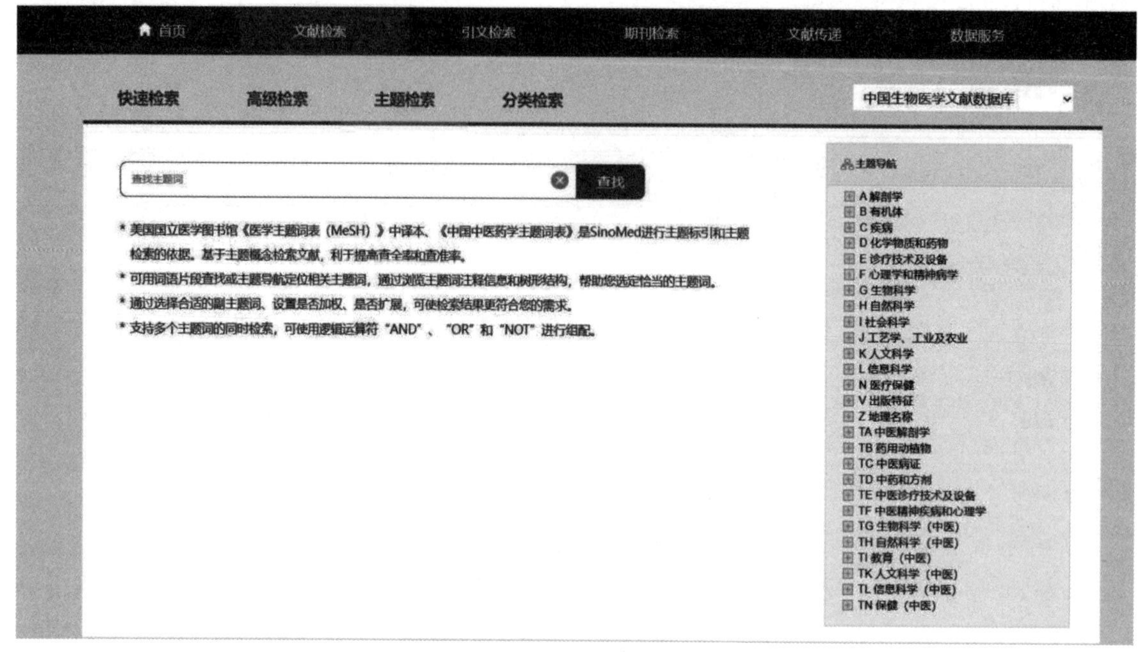

图 4-3　CBM 主题检索界面

例如:查找“肺炎病毒”相关主题词治疗方面的文献(查找“病毒性肺炎”治疗方面的文献),步骤如下。

步骤 1:检索词输入框内输入“肺炎病毒”。

步骤 2:点击“查找”按钮,显示查询结果。

步骤 3:从查询结果中选择主题词。

输入检索词后,系统将在《医学主题词表(MeSH)》中译本及《中国中医药学主题词表》中查找对应的中文主题词;也可通过“主题导航”,浏览主题树查找所需的主题词,如图 4-4 所示。

步骤 4:选择主题词要组配的副主题词。

步骤 5:根据需要选择进行“加权检索”。

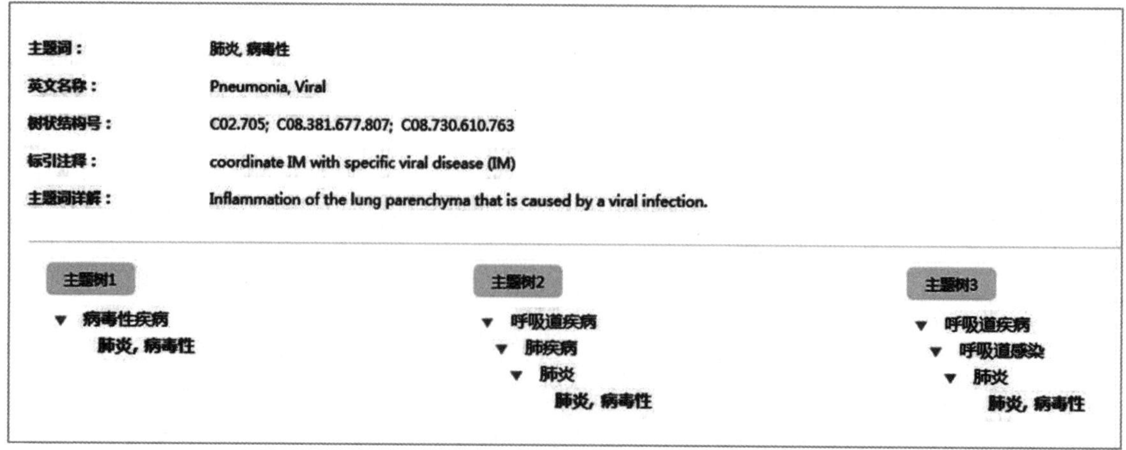

图 4-4　CBM 主题检索主题树检索界面

步骤 6：根据需要选择进行“扩展检索”。

步骤 7：根据需要选择逻辑组配后，点击“发送到检索框”。

步骤 8：点击“主题检索”完成检索。

(6) 分类检索：是从文献所属的学科角度进行查找，支持多个类目同时检索，可提高族性检索效果。可用类名查找或分类导航定位具体类目，通过选择是否扩展、是否复分，使检索结果更加准确。《中国图书馆分类法·医学专业分类表》是 CBM 分类标引和检索的依据。

(7) 引文检索：支持从被引文献题名、主题、作者 / 第一作者、出处、机构 / 第一机构、资助基金等途径查找引文，使用户了解感兴趣的科研成果在生物医学领域的引用情况，针对被引文献作者、机构、出处、资助基金检索项增加智能提示功能。同时，支持发表年代、施引年代的限定检索，亦支持对检索结果从发表时间、期刊、作者、机构、期刊类型维度做进一步聚类筛选。同时，为方便用户查看其中一篇或多篇文献的施引文献，系统将对重复施引文献进行自动去重，并支持对施引文献从发表期刊、第一作者、时间三个维度进一步筛选过滤。支持生成引文分析报告和查引报告。

(8) 期刊检索：支持对中文学术期刊、科普期刊及西文学术期刊进行一站式整合检索，用户可以从“检索入口”处选择刊名、出版地、出版单位、期刊主题词、ISSN 直接查找期刊，也可通过“首字母导航”逐级查找浏览期刊。在期刊详细信息页面若勾选“含更名”，则可在该刊所有卷期及变更刊名前后的所有刊期中进行检索。

（三）检索结果处理与个性化服务

SinoMed 的检索结果界面支持对检索结果的多维度分组显示、聚类筛选、个性化结果输出、多类型统计分析等处理，方便用户利用。同时为用户提供个性化定制服务，满足用户的特定需求。

1. 检索结果处理

(1) 检索结果展示：检索结果界面为用户提供了文献检索结果概览页，可以设置检出文献的显示格式（题录、文摘）、每页显示条数（20 条、50 条、100 条）、排序规则（入库、年代、作者、期刊、相关度、被引频次），并且可以进行翻页操作和指定页数跳转操作。

(2) 检索结果分类：为方便用户查看检索结果，CBM 系统支持对检索结果进行多维度分组显示。CBM 重点对核心期刊、中华医学会期刊及循证方面文献分组集中展示。其中，“核心期刊”指被《中文核心期刊要目总览》或者《中国科技期刊引证报告（核心版）》收录的期刊文献；“中华医学会期刊”指由中华医学会编辑出版的医学期刊文献；“循证文献”则指系统对检索结果进行循证医学方面的策略限定后输出的文献。

(3) 检索结果聚类：检索结果界面左侧列出了按照主题、学科、时间、期刊、作者、机构、基金、地区、文献类型、期刊类型 10 个维度对检索结果进行聚类的信息，点击相应信息可以在检索结果界面中展示统计结果。CBM 与 CBMCI 结果筛选中的“期刊类型”维度：PKU 表示《中文核心期刊要目总览》收录的期刊，即北大核心期刊；ISTIC 表示《中国科技期刊引证报告（核心版）》收录的期刊，即中国科学技术信息研究所（简称中信所）核心期刊；CMA 表示中华医学会主办的期刊；CPMA 表示预防医学会期刊（图 4-5）。

(4) 检索结果输出：在检索结果页面，用户可根据需要进行相关选择，包括输出方式、输出范围、保存格式。输出格式有：SinoMed、NoteExpress、EndNote、RefWorks、NoteFirst。

(5) 文献传递：是 SinoMed 为用户提供的一项特色服务。用户可以对感兴趣的检索结果直接进行原文索取。

2. 个性化服务　个性化服务是 SinoMed 为用户提供的一项非常重要的功能。用户注册个人账号后便能进入“我的空间”，享有检索策略定制、检索结果保存和订阅、检索内容主动推送及邮件提醒、引文跟踪等个性化服务。通过“我的空间”，用户还能向 SinoMed 反馈问题。

图 4-5　CBM 检索结果界面

(1) 我的检索策略：用户登录“我的空间”后，可从检索历史页面勾选一个或多个记录，保存为一个检索策略。保存成功后，可以在“我的空间”里对检索策略进行“重新检索”“导出”“删除”操作。这里的“重新检索”是指对其中的全部检索式进行数据更新。点击策略名称进入策略详细页面，可对策略内的检索表达式进行“重新检索”“删除”“推送到邮箱”操作。通过点击策略详细页面的“重新检索”，可以查看不同检索时间之间新增的数据文献。

(2) 我的订阅：登录“我的空间”后，可以在检索历史页面对历史检索表达式进行邮箱订阅。邮箱订阅是指将有更新的检索结果定期推送到用户指定邮箱，可以设置每条检索表达式的推送频率，并可浏览和删除任意记录的邮箱推送服务。

(3) 我的数据库：登录“我的空间”后，可以在检索结果页面把感兴趣的文献添加到“我的数据库”。在“我的数据库”中，可以对每条记录添加标签和备注信息，并按照标题、作者和标签查找文献。

(4) 引文追踪器：用于对关注的论文被引情况进行追踪。当有新的论文引用此论文时，用户将收到登录提示和邮件提示。登录“我的空间”后，可以对单篇文献“创建引文追踪器”，并发送到“我的空间”，追踪该文献的最新被引情况。在“我的引文追踪”页面，可以对创建的引文追踪进行“重新检索”和“删除”操作。

(5) 我的反馈：登录“我的空间”后，用户可以在“我的反馈”中提交 SinoMed 使用过程中的相关疑问和需求，由专人定期回复，回复结果可在“我要查看”页面进行查询和浏览（最快捷的反馈方式是直接拨打网页下方的技术服务电话）。

二、中国科学引文数据库

(一) 概况

中国科学引文数据库(Chinese Science Citation Database,CSCD)创建于1989年,是我国第一个引文数据库,为中文文摘索引数据库,收录我国数学、物理、化学、天文学、地学、生物学、农林科学、医药卫生、工程技术和环境科学等领域出版的中英文科技核心期刊和优秀期刊千余种,目前已积累从1989年到现在的论文记录6 354 825条,引文记录105 476 222条。CSCD内容丰富、结构科学、数据准确。CSCD系统除具备一般的检索功能外,还提供新型的索引关系——引文索引,使用该功能,用户可迅速从数百万条引文中查询到某篇科技文献被引用的详细情况,还可以从一篇早期的重要文献或著者姓名入手,检索到一系列近期发表的相关文献,对交叉学科和新学科的发展研究具有十分重要的参考价值。CSCD还提供数据链接机制,支持用户获取全文。CSCD具有建库历史悠久、专业性强、数据准确规范、检索方式多样、完整、方便等特点,自提供使用以来,深受用户好评,被誉为"中国的科学引文索引(Science Citation Index,SCI)"。

1995年CSCD出版了我国的第一本印刷本《中国科学引文索引》;1998年出版了我国第一张CSCD检索光盘;1999年出版了基于CSCD和SCI数据,利用文献计量学原理制作的《中国科学计量指标:论文与引文统计》;2003年CSCD上网服务,推出了网络版;2005年CSCD出版了《中国科学计量指标:期刊引证报告》;2007年CSCD与美国Thomson-Reuters Scientific合作,以美国科学信息研究所(Institute for Scientific Information,ISI)Web of Knowledge为平台,实现与Web of Science的跨库检索,CSCD是ISI Web of Knowledge平台上第一个非英文语种的数据库;1989—2001年,收录期刊论文题录及中文(中国人)引文数据;2002年至今,收录期刊论文题录、文摘及全部引文数据,年增长论文记录20余万条,引文记录250万余条。

CSCD数据库已在我国科研院所与高等学校的课题查新、基金资助、项目评估、成果申报、人才选拔及文献计量与评价研究等多方面作为权威文献检索工具获得广泛应用。主要包括:国家自然科学基金委员会国家杰出青年科学基金指定查询库;第四届中国青年科学家奖申报人指定查询库;国家自然科学基金委员会资助项目后期绩效评估指定查询库;众多高校及科研机构职称评审、成果申报、晋级考评指定查询库;国家自然科学基金委员会国家重点实验室评估查询库;中国科学院院士推选人查询库;教育部学科评估查询库等。

目前,主要通过中国科学文献服务系统(Science China,SC)访问CSCD。SC是国家科学数字图书馆(China Science Digital Library,CSDL)的资助项目,目标是建立基于Web的科技文献的文摘、引文、联合目录馆藏的知识服务体系,面向机构和个人提供中文科技期刊文献资源的发现和评价服务,结合对全文数据库的开放链接,建立中文核心科技期刊的全文服务体系,集成国家科技图书文献中心(NSTL)和CSDL的相关数据库服务和馆际互借服务。

(二) 检索途径与方法

CSCD可通过著者、关键词、机构、文献名称等字段进行文献检索。可检索作者论著被引、专题文献被引、期刊与专著等文献被引、机构论著被引、个人与机构发表论文等信息。检索方式分为以下两种:

1. 来源文献检索　来源文献检索是对来源期刊上发表的文章进行检索。检索字段包括:作者、第一作者、题名、刊名、ISSN、文摘、机构、第一机构、关键词、基金名称、实验室、开放研究者与贡献者身份识别码(open researcher and contributor identifier,ORCID)、DOI。

例如:检索第一作者是广州医科大学钟南山的论文,如图4-6所示,步骤如下。

步骤1:进入"中国科学文献服务系统"页面。

步骤2:选择"来源文献检索"。

步骤3:在检索字段下拉框中选择"第一作者"。

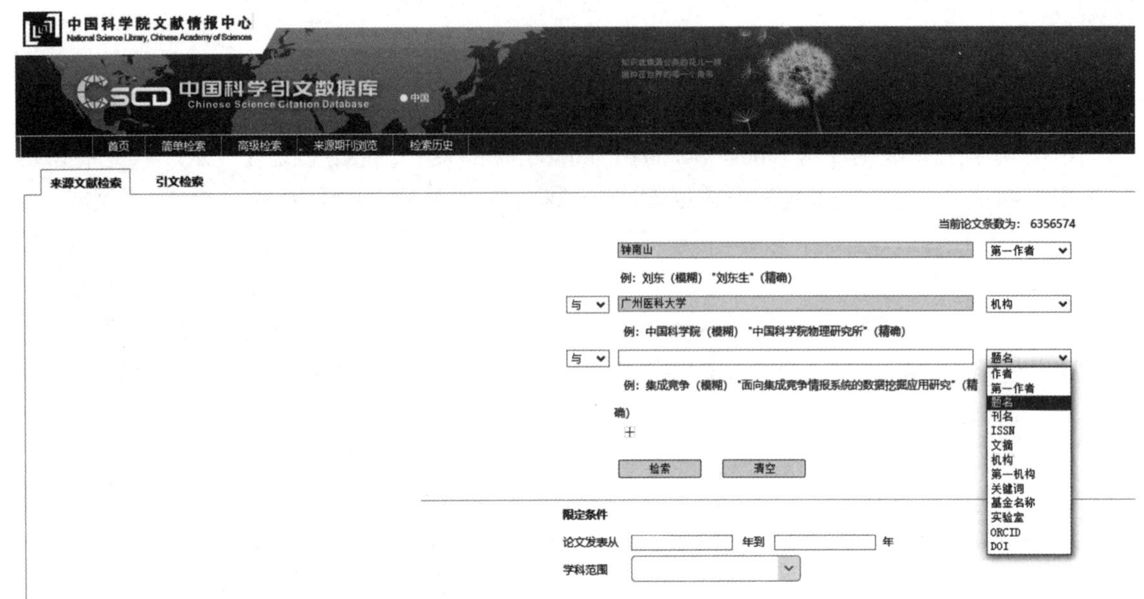

图 4-6　CSCD 来源文献检索界面

步骤 4：在文本框中输入“钟南山”。

步骤 5：选择逻辑运算符“与”。

步骤 6：在检索字段下拉框中选择“机构”。

步骤 7：在文本框中输入“广州医科大学”，点击“检索”。

同理，可在“高级检索”界面下输入检索式，即 AUTHOR_NAME1：钟南山 AND ORGANIZATIONS：广州医科大学。

2. 引文检索　引文检索是对已收录的期刊文章的参考文献进行检索。检索字段包括：被引作者、被引第一作者、被引来源、被引机构、被引实验室、被引文献主编。

例如：检索所有收录文章的参考文献中引用了第一作者为钟南山院士的哪些研究成果（包含但不限于该作者的专著、学位论文、期刊论文、会议论文、报告及其他类型文献），如图 4-7 所示，步骤如下。

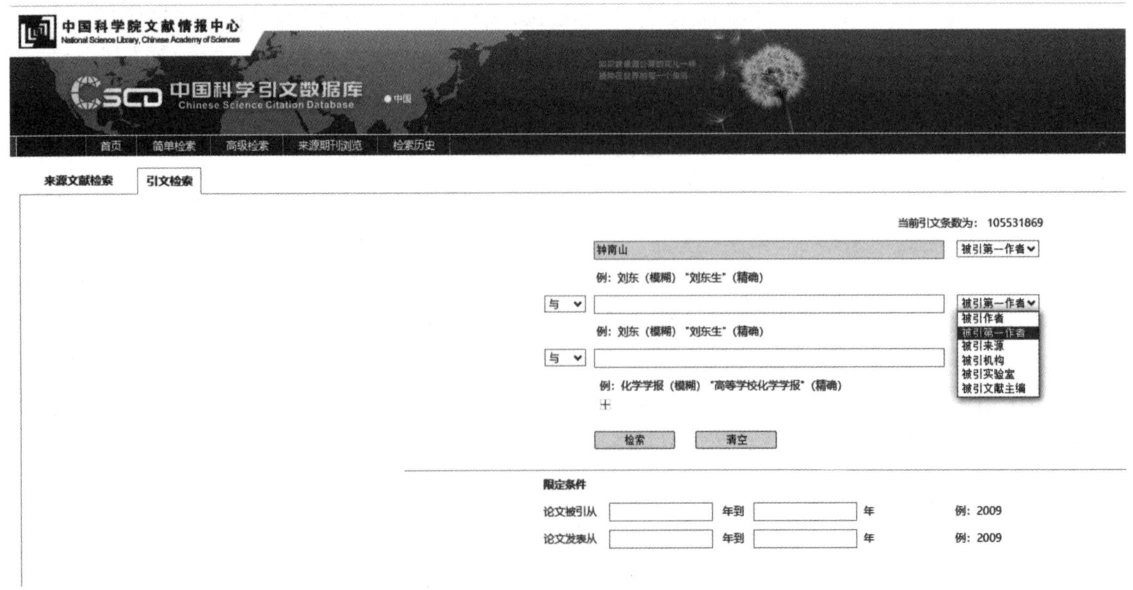

图 4-7　CSCD 引文检索界面

步骤 1：进入“中国科学文献服务系统”页面。

步骤 2：选择“引文检索”。

步骤 3：在检索字段下拉框中选择“被引第一作者”。

步骤 4：在文本框中输入“钟南山”，点击“检索”。

同理，可在“高级检索”界面下输入检索式，即 CITATION_AUTHOR1_EX:“钟南山”。

3. 来源刊浏览　来源刊浏览主要是提供 CSCD 来源期刊浏览服务，页面提供期刊名首字母的选择，以及刊名、ISSN 的检索。系统提供来源刊的来源文献详细信息的细览页面，显示信息包括题名、作者、机构、文摘、出处、ISSN、关键词、学科、基金、参考文献、引证文献和相关文献。

例如：检索期刊“化学学报”，步骤如下。

步骤 1：进入“中国科学文献服务系统”页面。

步骤 2：选择“来源刊浏览”，选择“化学学报”；或在期刊检索的下拉框中选择检索字段“刊名”，在文本框中输入“化学学报”，点击“检索”。

（三）检索结果处理

1. 结果筛选　来源文献检索和引文检索的检索结果可以通过“结果限定”来限定。来源文献检索结果可以从来源、年代、作者和学科四个方面进行限定；引文检索结果可以从被引出处、年代和作者三个方面进行限定。

2. 结果排序　来源文献检索和引文检索的检索结果可以进行排序。点击结果输出列表中相应字段名称，可以实现相应字段的排序。来源文献检索结果可以按照题名、作者、来源和被引频次进行排序；引文检索可以按照作者、被引出处和被引频次进行排序。

3. 结果细览页面查看　点击结果列表中每条记录题名中的“详细信息”，可以查看该条记录的详细信息。结果详细信息页面可以查看该条记录的题名、作者、作者机构、文摘、来源、ISSN、关键词、基金、参考文献、引文文献、相关文献和其他链接。其中，作者、关键词、基金都可以进一步链接，进行检索。

（1）引证文献：通过“结果概览”页面的“被引频次”或者“结果细览”页面右侧的“引证文献”都可以查看来源文献的引证文献。

（2）相关文献：包括作者相关、关键词相关和参考文献相关文献。

1）作者相关文献：作者相关文献指与本文（来源文献）的作者共同发表的文献。可以在作者相关选项的弹出作者列表中选择作者：选择一个作者，表示检索所选择的作者发表的所有文献；选择两个或以上的作者，表示检索所选择的两个或以上作者共同发表的所有文献。

2）关键词相关文献：指与本文（来源文献）的关键词共同出现的文献。可以在关键词相关选项的弹出关键词列表中选择关键词：选择一个关键词，表示检索与所选择的关键词共同出现的所有文献；选择两个或以上的关键词，表示检索与所选择的两个或以上关键词共同出现的所有文献。

3）参考文献相关文献：指与本文（来源文献）具有共同参考文献的文献。直接点击提交即可查看与本文具有共同参考文献的文献。

4. 结果输出　检索结果提供三种输出方式：E-mail、打印和下载（图 4-8）。可以通过勾选每条记录前的选择框，或者直接选中“本页”或者“所有记录”选择输出结果，对选中的结果直接点击 E-mail、打印或下载即可进行相应操作。

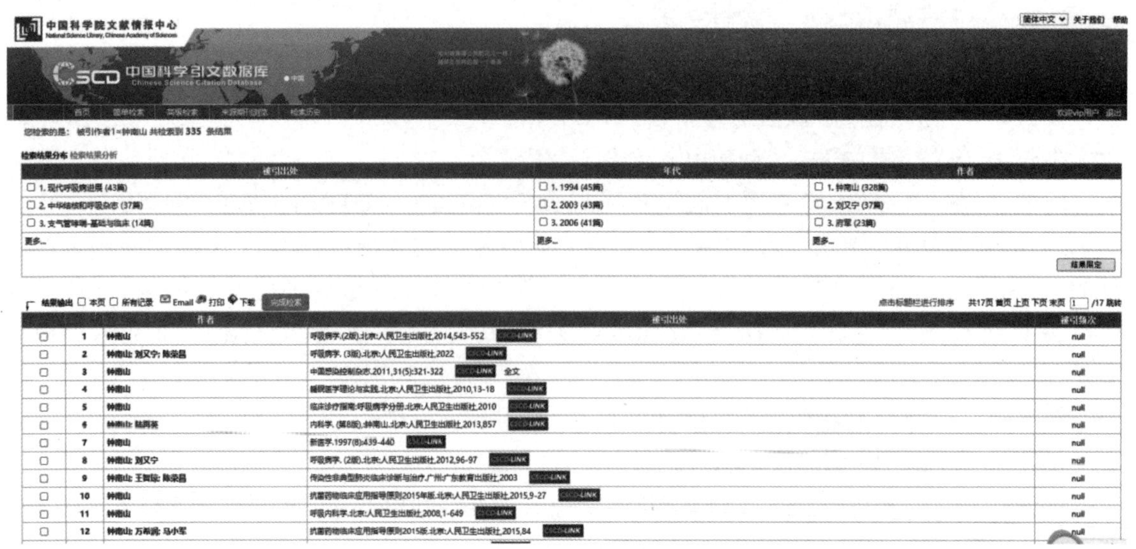

图 4-8　CSCD 检索结果界面

第二节　中文全文型文献检索系统

目前，中文全文数据库主要有中国知网（China National Knowledge Infrastructure，CNKI）、万方数据知识服务平台及维普中文期刊服务平台等。中文全文数据库大多采用 IP 登录方式提供服务，用户可直接联网使用，部分数据库还同时建有镜像网站为用户提供服务。部分中文全文数据库除提供 PDF 格式全文外，还提供 CAJ 格式全文、HTML 格式全文。虽然不同平台的全文数据库检索界面各不相同，但其检索方法基本类似。使用中文全文数据库，应对其收录范围、学科范畴、检索功能予以掌握，这样才能更好地利用中文全文数据库，当然利用好各数据库平台为用户提供的各种个性化服务功能，也可以节省大量的精力与时间。本节主要介绍常用中文综合性全文数据库及医学全文数据库。

一、中国知网

（一）概况

CNKI 中外文文献统一发现平台（学名），又称全球学术快报 2.0（商品名）。平台的总体设计思想是，让读者在“世界知识大数据（GKBD）”中快速地、精准地、个性化地找到相关的优质文献。CNKI 工程是在党和国家领导，以及教育部、中宣部等部门的大力支持领导下，全国学术界、教育界等社会各界的密切配合下，由清华大学、清华同方发起，于 1999 年 6 月建设的以实现全社会知识资源传播共享和利用为目标的信息化建设项目。CNKI 工程集团经过多年努力，建成了世界上全文信息量规模最大的“CNKI 数字图书馆”，并正式启动建设《中国知识资源总库》及 CNKI 网络资源共享平台。

CNKI 提供检索服务的知识发现网络平台核心资源有：学术期刊库、中国博士学位论文全文数据库、中国优秀硕士学位论文全文数据库、中国重要报纸全文数据库、中国年鉴网络出版总库、中国图书全文数据库、中国引文数据库等。文献类型有学术期刊、博士学位论文、专利、标准、科技成果、优秀硕士学位论文、工具书、重要会议论文、年鉴、古籍等。

《中国学术期刊(网络版)》(*China Academic Journal Network Publishing Database*, *CAJD*)是CNKI知识发现网络平台中影响最大和利用率最高的数据库，收录自1915年至今出版的期刊，部分期刊可回溯至创刊。其收录的期刊以学术、技术、政策指导、高等科普及教育类为主，内容覆盖自然科学、工程技术、农业等领域。*CAJD*已实现中、外文期刊整合检索。截至2024年1月，其已收录中文学术期刊8 440余种，含北大核心期刊1 970余种，网络首发期刊2 630余种，共计收录6 210余万篇全文文献；其收录了来自80多个国家及地区的900余家出版社的外文学术期刊7.5万余种，覆盖《期刊引用报告》(*Journal Citation Reports*, *JCR*)的96%，Scopus期刊的80%，最早可回溯至19世纪，共计收录8 670余万篇外文题录，可链接全文。其产品分为基础科学、工程科技Ⅰ、工程科技Ⅱ、农业科技、医药卫生科技、哲学与人文科学、社会科学Ⅰ、社会科学Ⅱ、信息科技、经济与管理科学十大专辑，168个专题。

(二) 检索方法

登录CNKI主页 http://www.cnki.net，如图4-9所示，可进行文献检索、知识元检索和引文检索。其中文献检索系统提供了跨库检索、单库检索、一框式检索、高级检索和出版物检索等多种面向不同需求的检索方式。

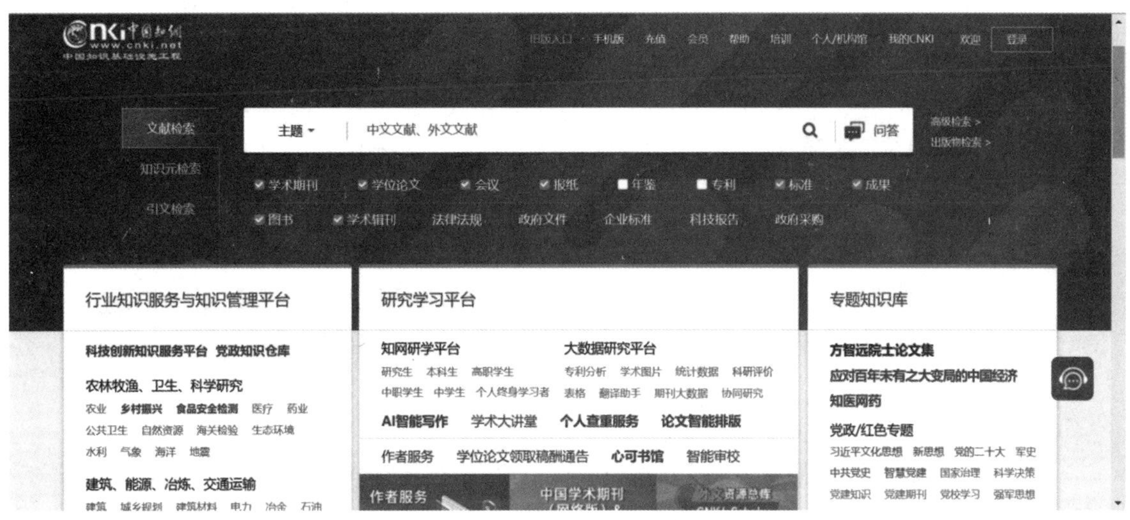

图4-9　CNKI主页

1. 跨库检索和单库检索　CNKI根据检索需求，提供了跨库检索和单库检索方式。系统默认的文献检索，是指在学术期刊库、学位论文库、会议论文库、中国重要报纸全文数据库、中国年鉴网络出版总库、专利库、标准数据总库等数据库进行检索。在CNKI主页选择数据库，同时选择若干个数据库进行组合检索，即为跨库检索。选择某一子库作为检索对象进行检索，如学术期刊库，是指在学术期刊范围内进行检索，即单库检索。以下介绍为学术期刊库和学位论文库的单库检索界面，其他单库界面与其类似，有各自的介绍及出版说明。

(1)学术期刊库：学术期刊库收录中外文期刊，如图4-10所示。首页展示学术期刊库的组成及资源量情况。出版说明展示数据库的出版信息，主要包括：简介、出版内容、专辑专题、收录年限、服务模式、出版时间、主管单位、主办单位、出版单位、国内刊号、国际刊号、地址等。

(2)学位论文库：学位论文库包括中国博士学位论文全文数据库和中国优秀硕士学位论文全文数据库，是目前国内资源完备、质量上乘、连续动态更新的中国博硕士学位论文全文数据库，如图4-11所示。出版说明页面展示学位论文库的组成及资源量情况，右侧展示优秀学位授予单位，点击可进入出版物导航页面。数据库展示的出版信息主要包括：简介、出版内容、专辑专题、收录年限、服务模式、出版时间、主管单位、主办单位、出版单位、国内刊号、国际刊号、地址等。

图 4-10　CNKI 学术期刊库页面

图 4-11　CNKI 学位论文库页面

2. 一框式检索　系统默认的检索方式为一框式检索，在检索词输入框里直接输入自然语言或多个检索短语即可检索。系统不仅可以提供简单智能检索功能，而且能识别大小写字母，并根据选取的检索项提示与之相关的词，具有理解关键词类别（当检索项类型与系统理解的关键词类型不一致时，系统给出相应建议）等智能提示功能，能够快速定位检索词，减少用户的输入时间。

主题词智能提示：输入检索词，自动进行检索词补全提示。适用字段：主题、篇名、关键词、摘要、全文。作者引导：输入检索词，进行检索引导，可根据需要进行勾选，精准定位所要查找的作者。基金引导：输入检索词，下拉列表显示包含检索词的规范基金名称，勾选后用规范的基金代码进行检索，精准定位。文献来源引导：输入检索词，下拉列表显示包含检索词的规范来源名称，勾选后用来源代码进行检索，精准定位。有文献来源引导功能的资源类型包括：期刊、报纸、学位论文、年鉴、辑刊。

同字段组合运算：支持使用运算符“*、+、–、"、" "、( )”进行同一检索项内多个检索词的组合运算，检索框内输入的内容不得超过 120 个字符。输入运算符“*、+、–”时，前后要空一个字节，优先级需用英文半角括号确定。若检索词本身含空格或“*、+、–、( )、/、%、=”等特殊符号，进行多词组合运算时，为避免歧义，须将检索词用英文半角单引号或英文半角双引号引起来。结果中检索：是在上一次检索结果的范围内按新输入的检索条件进行检索。输入检索词，点击“结果中检索”，执行后在检索结果区上方显示检索条件。

系统提供限定字段的选择，默认“主题”。总库提供的检索项有：主题、篇关摘、关键词、篇名、全文、作者、第一作者、通讯作者、作者单位、基金、摘要、小标题、参考文献、分类号、文献来源、DOI。各项字段具体说明如下：

（1）主题检索：主题检索是以 CNKI 标引的主题（机器标引关键词）为核心检索内容，同时涵盖所有内容相关字段，在检索过程中嵌入专业词典、主题词表、中英对照词典、停用词表等工具，并采用关键词截断算法，将低相关或微相关文献进行截断。主题检索旨在提供一种能够涵盖文章所有主题特征并综合时间特征的检索手段，适用于普通用户快速查询和调研。

（2）篇关摘检索：篇关摘检索是指在篇名、关键词、摘要范围内进行检索，具体参见篇名检索、关键词检索、摘要检索。

（3）关键词检索：关键词检索的范围包括文献原文给出的中、英文关键词，以及对文献进行分析计算后机器标引出的关键词。机器标引关键词是在对全文内容分析、结合专业词典的基础上进行的，解决了文献作者给出的关键词不够全面准确的问题。

（4）篇名检索：期刊文献、会议文献、学位论文、辑刊文献的篇名为文章的中、英文标题；报纸文献的篇名包括引题、正标题、副标题；年鉴的篇名为条目题名；专利的篇名为专利名称；标准的篇名为中、英文标准名称；成果的篇名为成果名称；古籍的篇名为卷名；视频的篇名为视频名称。

（5）全文检索：全文检索指在文献的全部文字范围内进行检索，包括文献篇名、关键词、摘要、正文、参考文献等。

（6）作者检索：期刊文献、报纸文献、会议文献、学位论文、年鉴、辑刊文献的作者为文章中、英文作者；专利的作者为发明人；标准的作者为起草人或主要起草人；成果的作者为成果完成人；古籍的作者为整书著者；视频的作者为主讲人。

（7）第一作者检索：只有一位作者时，该作者即为第一作者。有多位作者时，将排在第一个的作者认定为文献的第一责任人。

（8）通讯作者检索：目前，期刊文献对原文的通讯作者进行了标引，可以按通讯作者查找期刊文献。通讯作者指课题的总负责人，也是文章和研究材料的联系人。

（9）作者单位检索：期刊文献、报纸文献、会议文献、辑刊文献的作者单位为原文给出的作者所在机构的名称；学位论文的作者单位包括作者的学位授予单位及原文给出的作者任职单位；年鉴的作者单位包括条目作者单位和主编单位；专利的作者单位为专利申请机构；标准的作者单位为标准发布单位；成果的作者单位为成果第一完成单位；视频的作者单位为主讲人单位。

（10）基金检索：根据基金名称，可检索受到此基金资助的文献。支持基金检索的资源类型包括：期刊文献、会议文献、学位论文、辑刊文献。

（11）摘要检索：期刊文献、会议文献、学位论文、专利、辑刊文献的摘要为原文的中、英文摘要，原文未明确给出摘要的，提取正文内容的一部分作为摘要；标准的摘要为标准范围；成果的摘要为成果简介；视频的摘要为视频简介。

（12）小标题检索：期刊文献、报纸文献、会议文献的小标题为原文的各级标题名称，学位论文的小标题为原文的中英文目录，中文图书的小标题为原书的目录。

（13）参考文献检索：检索参考文献里含检索词的文献。支持参考文献检索的资源类型包括：期刊文献、会议文献、学位论文、年鉴、辑刊文献。

（14）分类号检索：通过分类号检索，可以查找到同一类别的所有文献。期刊文献、报纸文献、会议文献、学位论文、年鉴、标准、成果、辑刊文献的分类号指中图法分类号；专利的分类号指专利分类号。

（15）文献来源检索：文献来源指文献出处。期刊文献、辑刊文献、报纸文献、会议文献、年鉴的文献来源为文献所在的刊物；学位论文的文献来源为相应的学位授予单位；专利的文献来源为专利权利人 / 申请人；标准的文献来源为发布单位；成果的文献来源为成果评价单位；视频的文献来源是视频来源。

(16)DOI 检索：输入 DOI 可检索期刊文献、学位论文、会议文献、报纸文献、年鉴、图书。国内的期刊文献、学位论文、会议文献、报纸文献、年鉴只有在 CNKI 注册 DOI 才支持 DOI 检索。

3. 高级检索　相对于一框式检索，高级检索是一种复杂的检索方式，其提供了更多的组合条件，如文献全文、篇名、主题、关键词等文献内容特征控制条件，以及发表时间、支持基金、文献来源、作者等检索控制条件。此处以学术期刊库为例介绍高级检索：点击“学术期刊”，进入学术期刊库界面，点击主页右侧的“高级检索”按钮进入高级检索界面，如图 4-12 所示。其主要检索途径有高级检索、专业检索、作者发文检索、句子检索。

图 4-12　CNKI 学术期刊库高级检索页面

(1)高级检索途径：高级检索途径能够实现简单的组合检索，通过点击“+”和“–”按钮可以添加或者减少检索条件，同时可以通过填充或勾选年限和期刊的来源类别等进行组合检索，此途径也提供了精确和模糊的选项。精确匹配是指检索词作为一个整体在该检索项进行匹配，检索到的是完整包含检索词的结果。模糊匹配则是检索词进行分词后在该检索项的匹配结果。检索词之间可用“并且”“或者”“不含”，即 AND、OR、NOT 三种布尔逻辑运算符进行连接。

(2)专业检索途径：专业检索是系统检索使用方法中较为复杂的一种检索方法。专业检索需要按照系统规定的语法，使用检索词配合逻辑运算符构造检索式，通过检索式完成课题检索，如图 4-13 所示。图书情报专业人员进行课题查新及信息分析等工作时一般使用专业检索。专业检索需要用户自己输入检索式，并且检索式语法正确，才能检索到想得到的结果。专业检索的一般流程：确定检索字段，构造一般检索式，借助字段间关系运算符和检索值限定运算符构造复杂的检索式。专业检索表达式的一般式：<字段><匹配运算符><检索值>。每个库的专业检索都有其详细语法说明。可以查看右侧专业检索具体使用方法。SU%= 主题，TKA%= 篇关摘，KY= 关键词，TI%= 篇名，FT%= 全文，AU= 作者，FI= 第一作者，RP= 通讯作者，AF= 作者单位，FU%= 基金，AB%= 摘要，CO%= 小标题，RF%= 参考文献，CLC= 中图分类号，LY%= 期刊名称，DOI=DOI，CF= 被引频次。可使用 AND、OR、NOT 等逻辑运算符配合括号的使用，将表达式按照检索目标组合起来。使用 AND、OR、NOT 可以组合多个字段，构建如下的检索式：<字段代码><匹配运算符><检索值><逻辑运算符><字段代码><匹配运算符><检索值>(逻辑运算符前后要有空格)。可自由组合逻辑检索式，优先级需用英文半角圆括号“( )”确定。

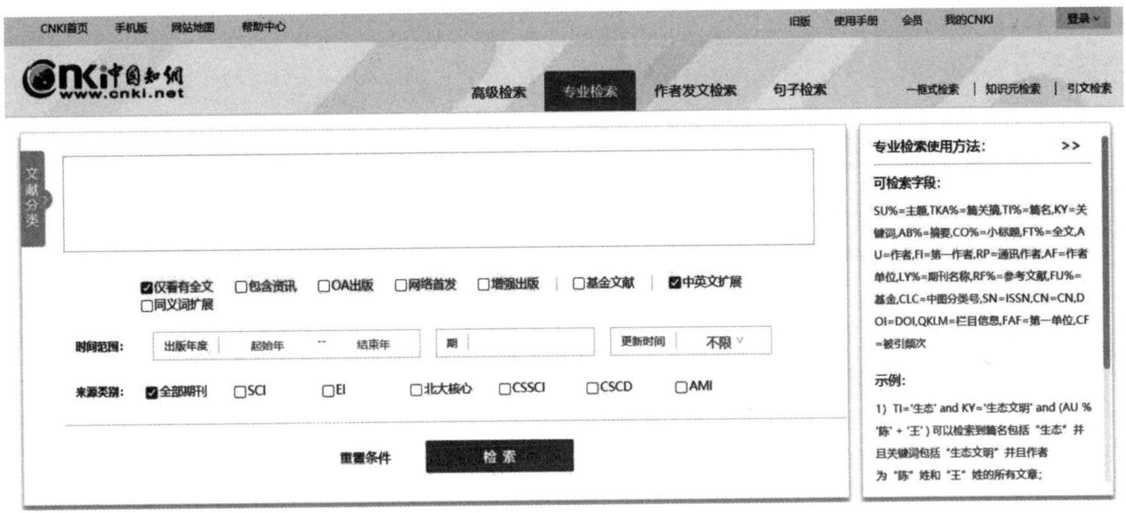

图 4-13　CNKI 学术期刊库专业检索页面

(3) 作者发文检索途径：通过作者姓名、单位等信息，查找作者发表的全部文献及其被引下载情况，如图 4-14 所示。通过作者发文检索：一方面能够检索到该作者所发表的文献；另一方面可以通过对检索结果的分组筛选，全方位地了解该作者的主要研究领域和研究成果等情况。

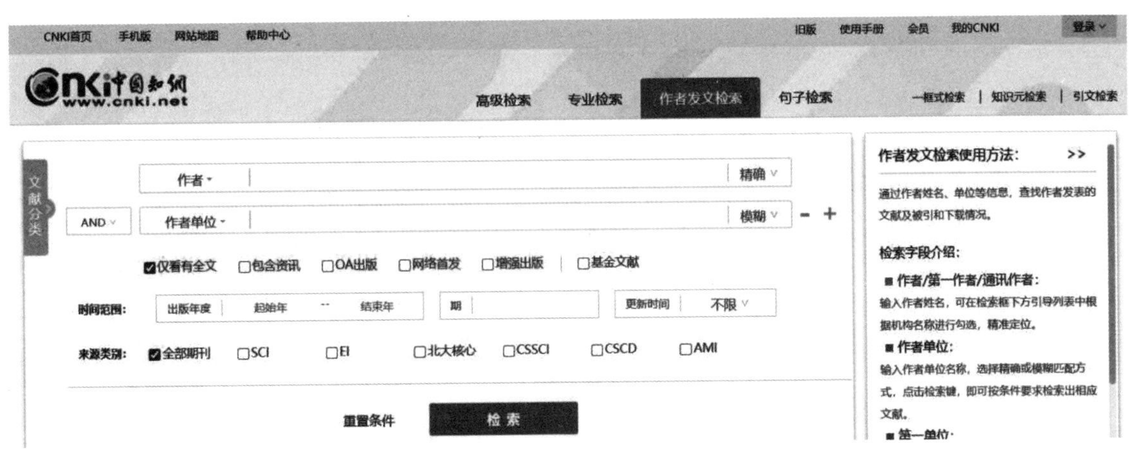

图 4-14　CNKI 学术期刊库作者发文检索页面

(4) 句子检索途径：在高级检索页面，直接切换“句子检索”标签，可进行句子检索，如图 4-15 所示。句子检索是通过输入的两个检索词，在全文范围内查找同时包含这两个词的句子，找到有关事实的问题答案。句子检索不支持空检，同句、同段检索时必须输入两个检索词。句子检索支持同句或同段的组合检索，两组句子检索的条件独立，无法限定于同一个句子或段落。

4. 出版来源导航　出版来源导航提供文献来源出版物的检索、浏览等功能，以整刊或供稿单位为主要对象，帮助用户了解文献来源的出版物详情，或查找权威优质的出版物，按出版物浏览文献。在 CNKI 首页点击“出版物检索”，进入出版来源导航页面。出版来源导航主要包括期刊、辑刊、学位授予单位、会议、报纸、年鉴和工具书的导航。以学术期刊库为例，在 CNKI 学术期刊库页面左侧，学术期刊库简介的下面就是“期刊导航”，点击“期刊导航”即进入期刊导航页面，如图 4-16 所示。期刊导航将期刊作为研究对象，从各种角度对期刊进行分类，供检索特定期刊的信息和特定期刊上发表的文献。可直接在期刊检索项的下拉菜单中选择“期刊名称（含曾用名）、ISSN、CN”后，在检索框中输入相应的检索词进行检索。期刊导航按期刊的不同属性对期刊分类，包括如下内容。

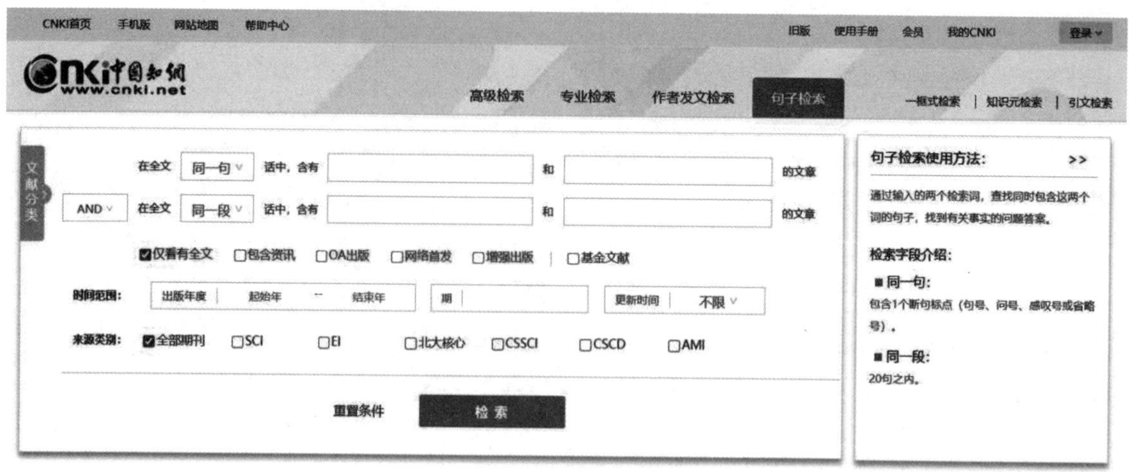

图 4-15　CNKI 学术期刊库句子检索页面

图 4-16　CNKI 学术导航页面

横向设有期刊分类标签：全部期刊、学术期刊、网络首发期刊、世纪期刊、OA 期刊。网络首发期刊是指在纸质刊物出版前，先以 CNKI 网络形式出版的期刊。需要者可以在文章所在页下载和打印网络首发期刊文章，同时 CNKI 会给作者提供相关收录证书（包括姓名、题目、出版时间等），方便作者提供给单位的科研部门。点击期刊图片进入期刊导航页面，可显示所选期刊的详细信息。

左侧导航包括：学科导航、卓越期刊导航、社科资金资助期刊导航、数据库刊源导航、主办单位导航、出版周期导航、出版地导航及核心期刊导航。左侧导航与横向分类可结合使用。

学科导航：以学科分类为基础对期刊进行分类，点击任何专辑（专题）的名称，可以显示该专辑（专题）下的所有期刊。卓越期刊导航：共有 244 种期刊入选“中国科技期刊卓越行动计划”项目。社科资金资助期刊导航：2022 年，国家社科基金资助期刊 176 种。主办单位导航：通过期刊主办单位查找其主办的所有期刊。出版周期导航：根据期刊出版周期查找期刊的方法。按出版周期可将期刊分为年刊、半年刊、季刊、双月刊、月刊、半月刊、旬刊、周刊、周二刊。出版地导航：根据期刊出版地查找期刊的方法。核心期刊导航：将所有核心期刊按学科进行分类，分为七大编，点击任何编的名称，可以显示该编下所有期刊。

(三) 检索结果处理

CNKI 的检索结果界面通过横向排列展示总库所覆盖的所有资源类型，总库检索后，各资源类型下显示符合检索条件的文献量，突显总库各资源的文献分布情况，可点击查看任一资源类型下的文献，如图 4-17 所示。通过点击“中文”或“外文”，可切换查看检索结果中的中文文献或外文文献；点击“总库”则重新回到中外文混检结果。检索单库时，点击检索区单库。例如：选中“学术期刊”，检索结果显示学术期刊结果。另外，可以进行检索结果分组、检索结果排序。

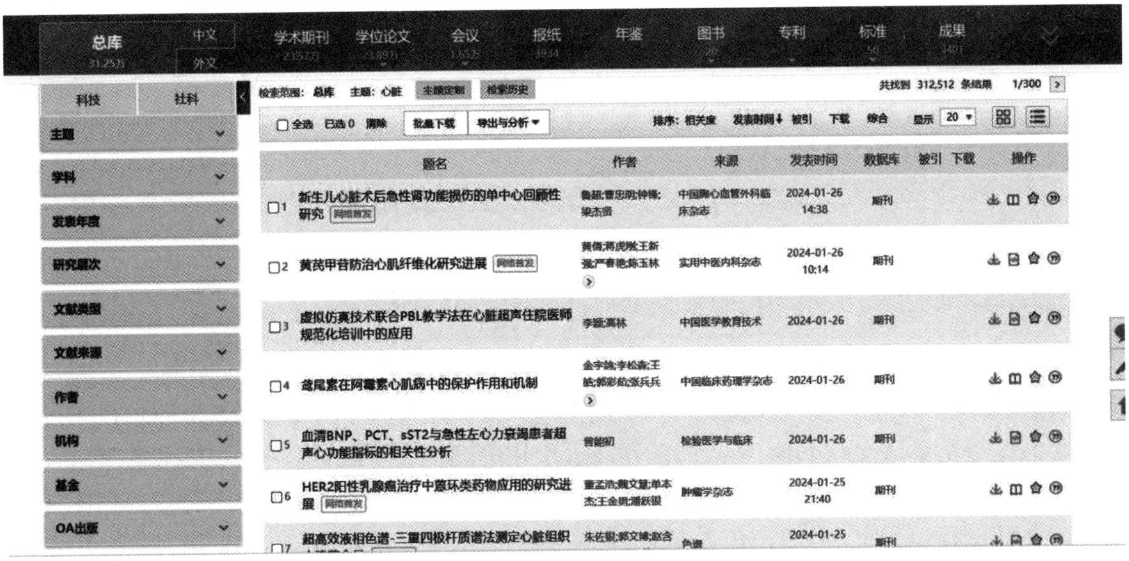

图 4-17　CNKI 检索结果页面

1. 检索结果分组　CNKI 检索结果界面左侧为分组筛选区，方便读者进行分组分析与筛选检索结果，并且可完成多个条件的组合筛选，从而精准、快速地从检索结果中筛选出读者所需的文献。上部进行科技、社科分组，下部检索结果分组类型包括主题、学科、发表年度、研究层次、文献类型、文献来源、作者、机构、基金、OA 出版。“主题”分组细化为主要主题、次要主题(依据某主题词在文献中所占的分量划分)。按“学科”类别分组是按照 CNKI 学科导航专辑和学科类目进行分组，便于根据学科专业进一步筛选。按“发表年度”分组便于了解相关主题的年发文量和变化趋势，并可预测未来的研究热度。按“研究层次”分组有助于了解整个学科领域相关现状。按“基金”分组便于了解国家和地方政府对这一领域的科研投入情况。

2. 检索结果排序　除了分组筛选，CNKI 的检索结果界面还为检索结果提供了多种排序方式，分别是相关度、发表时间、被引、下载、综合等。检索结果默认按相关度排序。相关度排序是在兼顾发表时间的情况下按相关度降序排列。综合排序是根据相关度、重要性系数、时间系数等计算后得到的一个综合值进行排序。发表时间：根据文献发表的时间先后升降序排序，默认降序，即最新的文献排在最前面。下载频次：根据文献被下载次数进行升降序排序，默认降序，即第一篇为下载次数最多的文献。被引频次：根据文献被引用次数进行升降序排序，默认降序，即第一篇为被引次数最多的文献。

3. 显示模式　CNKI 的检索结果界面默认以列表形式显示。点击按钮可切换“列表模式”到“详情模式”。

(1) 详情模式：详情模式显示较为详细的文献信息，可通过浏览题录信息确定是否为所查找的文献，如图 4-18 所示。详情模式的页面布局分为两个部分，左侧为题录摘要区，右侧为操作功能区。

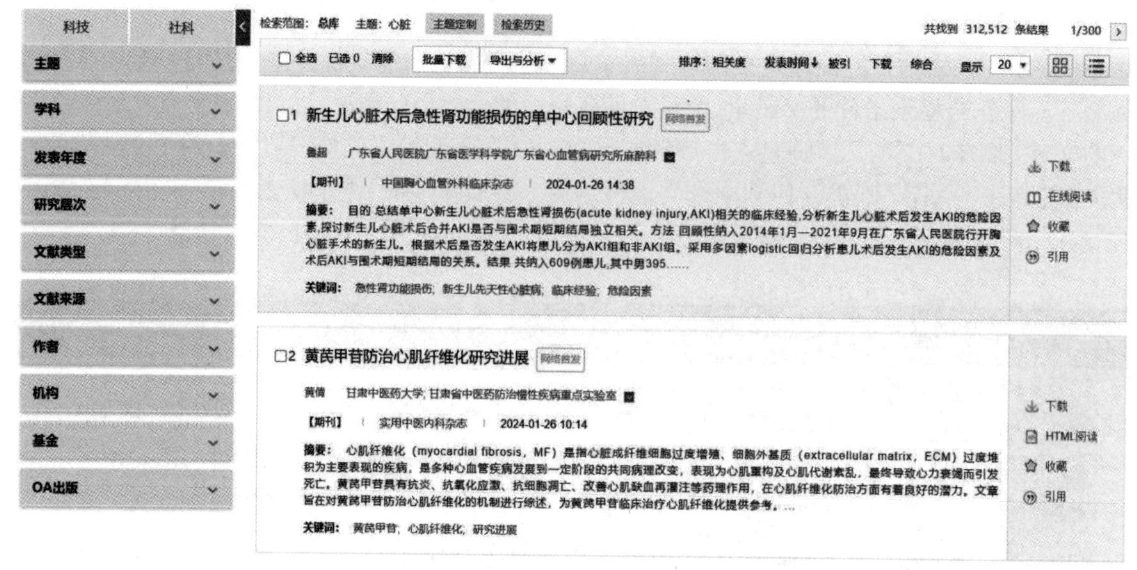

图 4-18　CNKI 检索结果页面详情模式

题录摘要区显示文章题名、作者及单位、资源类型、文献来源、发表时间、文章摘要、原文关键词。其中，默认显示第一作者及其单位，点击向下展开箭头可查看全部作者及其对应单位。

功能区提供单篇文献下载、在线阅读、收藏、引用等功能。下载：有下载权限的账号可点击下载原文。海外合作题录文献（期刊、图书）提供原文链接，可通过该链接访问合作数据库下载全文。在线阅读：已加工为 HTML 格式的文章可直接阅读；未加工为 HTML 格式的文章则提供 CAJ 在线阅读原文。收藏：需要登录个人账号进行收藏操作后，进入“我的 CNKI”，然后进入“我的收藏”中查看。引用：点击后，可复制该篇文献的引文格式。引用单篇文献的，不需再勾选后导出，操作更加便捷。

（2）列表模式：列表模式简洁明了，便于快速浏览和定位。列表模式以列表形式展示检索结果，提供文献题名、作者、来源、发表时间、被引、下载等关键信息，同时也提供下载、阅读等功能，操作及跳转规则与详情模式相同（图 4-17）。

4. 知网节　CNKI 提供的文献知网节，是平台知识网络中相关知识信息交汇节点的简称，其不仅包含单篇文献详细信息，还是各种扩展信息的入口汇集点，它是以一篇文献、一个作者、一个单位或一个概念为节点主题的。知网节所扩展的信息通过概念相关、事实相关等方法提示知识之间的关联特征，提供相关内容链接，相关文献是与节点文献具有一定关系（如引证关系）的文献，知网节显示这些文献的篇名、出处，并提供这些文献知网节的链接，达到知识扩展目的，有助于学习和发现新知识，帮助实现知识获取和知识发现。点击检索结果中文献的题名可进入文献知网节界面，如图 4-19 所示。

节点文献信息包括篇名（中文 / 英文）、摘要（中文 / 英文）、关键词（中文 / 英文）、作者、作者单位、基金、文献出处、DOI、节点文献全文搜索、知网节下载，其中文献出处显示内容为刊名（中文 / 英文）、编辑部邮箱、年期。不同类型知网节包含不同信息。

知网节下载：生成的页面以题录的方式显示参考文献、共引文献、同被引文献、引证文献、二级引证文献、相似文献等文献内容，点击批量下载，即下载当前页内容，如图 4-20 所示。参考文献、共引文献、同被引文献、引证文献、二级引证文献、相似文献都与原文献具有一定关系。各类文献的含义：参考文献反映本文研究工作的背景和依据；二级参考文献是本文参考文献的参考文献，进一步反映本文研究工作的背景和依据；引证文献是引用本文的文献，反映本研究工作的继续、应用、发展或评价；二级引证文献是本文引证文献的引证文献，更进一步反映本研究的继续、发展或评价；共引文献是与本文有相同参考文献的文献，与本文有共同研究背景或依据；同被引文献是与本文同时被作为参考文献引用的文献。

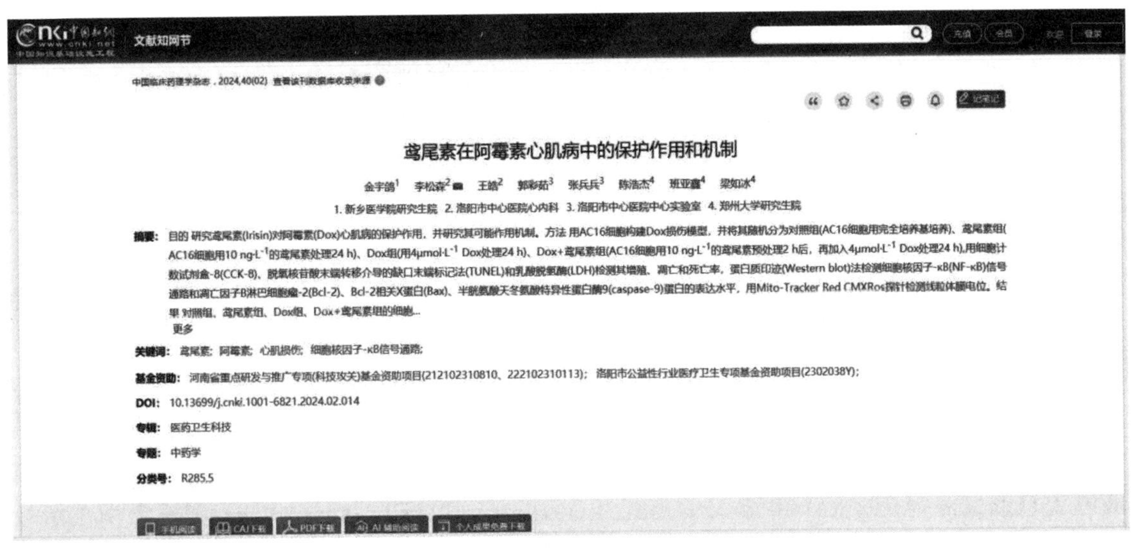

图 4-19　CNKI 知网节首屏页面

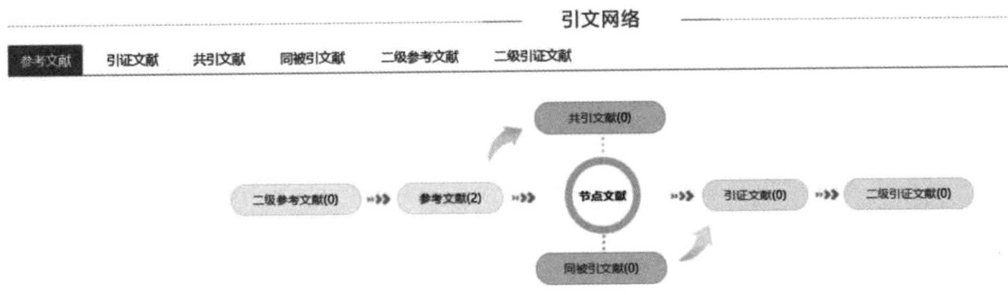

图 4-20　CNKI 知网节引文网络页面

点击任意类型文献的题名，该类文献将在图表下面显示出来。涉及的数据库有学术期刊库、中国博士学位论文全文数据库、中国优秀硕士学位论文全文数据库、中国重要会议论文全文数据库等。

（四）在线预览

CNKI 为读者提供了原文在线预览功能，极大地满足了读者的需求，通过“检索 - 预览”两步走，可以直接预览原文，快捷方便，节省了读者的宝贵时间。

（五）文献导出与全文下载

在检索结果页面选中所需文献（不超过 500 篇），点击“导出与分析”，点击“导出文献”，然后点击对应的文献导出格式[GB/T 7714—2015 格式引文、知网研学、CAJ-CD 格式引文、MLA 格式引文、APA 格式引文、查新（引文格式）、查新（自定义引文格式）、RefWorks、EndNote、NoteExpress、NoteFirst、BibTex 及自定义]，即可导出相关文献的题录。在检索结果页面可以“切换到摘要”或“切换到列表”，“切换到摘要”时可以阅读有关文献的摘要。

CNKI 知识网络服务检索平台提供两种全文格式——CAJ 格式和 PDF 格式，推荐分别用最新版 CAJViewer 和 Acrobat Reader 阅读器进行阅读。在检索结果页面点击即可下载 CAJ 格式的全文，也可以点击题名进入知网节页面选择 CAJ 或 PDF 格式全文。

（六）个性化服务

个人数字图书馆根据使用对象所关注的研究领域不同，CNKI 机构数字图书馆、机构 / 个人馆可以按照机构/个人的个性化知识需求，定制并自动推送CNKI相关的各类文献知识资源、科研情报信息和服务，也可以通过创建自定义栏目，引用、发布个人计算机上的自有资源和互联网上的免费资源。个人馆用户申请加入单位的机构馆可免费下载使用单位订购的资源。

“我的关注”展示读者个性化的内容，在不同状态下为读者展示不同的内容：在读者登录状态下，展示订阅的检索式及最新相关文献、收藏的出版物、检索历史、浏览历史和下载历史；在未登录状态下，展示读者检索历史、浏览历史和下载历史。

二、万方数据知识服务平台

（一）概况

万方数据知识服务平台（http://g.wanfangdata.com.cn/）提供检索、多维知识浏览等多种人性化的信息揭示方式及知识脉络、查新咨询、论文相似性检测、引用通知等多元化增值服务。

目前，万方数据已与国家科技图书文献中心（NSTL）、国家科技报告服务系统、中国科学院文献情报中心、中国社会科学院图书馆、约翰威立国际出版公司（WILEY）、泰勒-弗朗西斯出版集团（Taylor & Francis）、美国世哲出版公司（SAGE）、荷兰威科集团（Wolters Kluwer）、科睿唯安（Clarivate Analytics）、牛津大学出版社（Oxford University Press，OUP）、剑桥大学出版社（Cambridge University Press，CUP）、德古意特出版社（De Gruyter Online）、法国科学传播出版社（Edition Diffusion Press Sciences）、英国物理学会（Institute of Physics，IOP）、新加坡世界科技出版公司（World Scientific Publishing，WSP）、韩国科学技术信息研究院（Korea Institute of Science and Technology，KIST）、日本科学技术信息集成系统（Japan Science and Technology Information Aggregator，Electronic，J-STAGE）、开放获取期刊目录（Directory of Open Access Journals，DOAJ）、PubMed、电子预印本文献数据库（ArXiv）、瑞士多学科数字出版机构（Multidisciplinary Digital Publishing Institute，MDPI）、美国科研出版社（Scientific Research Publishing，SCIRP）、Project MUSE等多家国内外著名学术机构、出版商、OA出版/集成平台及预印本平台达成战略及数据合作，打造全球学术资源发现基地。

万方数据知识服务平台的资源类型包括期刊资源、学位论文资源、会议资源、中外专利数据库资源、科技报告资源、科技成果资源、国内标准资源、国际标准来源、法规资源、地方志资源、万方视频等。

期刊资源包括中文期刊和外文期刊。其中，中国学术期刊数据库（China Online Journals，COJ）收录始于1998年，包含8 500余种期刊，覆盖90%以上各类核心来源期刊，涵盖自然科学、工程技术、医药卫生、农业科学、哲学政法、社会科学、科教文艺等多个学科；外文期刊主要来源于NSTL外文文献数据库及数十家著名学术出版机构，以及DOAJ、PubMed等知名开放获取平台，收录了世界各国出版的40 000余种重要学术期刊。

学位论文资源包括中文学位论文和外文学位论文。中文学位论文收录始于1980年，收录中文学位论文全文420余万篇，涵盖理学、工业技术、人文科学、社会科学、医药卫生、农业科学、交通运输、航空航天、环境科学等各学科领域；外文学位论文收录始于1983年，累计收藏60余万册，年增量6万册。

会议资源包括中文会议资源和外文会议资源。中文会议资源收录始于1982年，收录了国内各学会、协会、高校及科研院所召开的学术会议的论文，年收集约2 000个重要学术会议，年增15万篇论文，每月更新；外文会议资源主要来源于NSTL外文文献数据库，收录了1985年以来世界各主要学协会、出版机构出版的学术会议论文共计1 100万篇全文（部分文献有少量回溯），每年增加论文约20余万篇，每月更新。

中外专利数据库（Wanfang Patent Database，WFPD）涵盖超过一亿条专利数据，覆盖十一国两组织专利，其中中国专利 4 700 余万条，收录时间始于 1985 年；国外专利 1.1 亿余条，最早可追溯到 18 世纪 80 年代。

科技报告资源包括中文科技报告和外文科技报告。中文科技报告收录始于 1966 年，源于中华人民共和国科学技术部，共计 10 万余份；外文科技报告收录始于 1958 年，源于美国政府四大科技报告（AD、DE、NASA、PB），共计 110 万余份。

科技成果源于中国科技成果数据库，收录了自 1978 年以来国家和地方主要科技计划、科技奖励成果，以及企业、高等院校和科研院所等单位的科技成果信息，共计 66 余万项，每两月更新。

标准资源来源于中外标准数据库，涵盖了中国标准、国际标准及各国标准等在内的 260 余万条记录，综合了由浙江省标准化研究院、中国质检出版社等单位提供的标准数据。全文数据来源于中国质检出版社、机械工业出版社等标准出版单位，文摘数据来源于浙江省标准化研究院。国际标准来源于科睿唯安国际标准数据库（Techstreet），包含超过 55 万件标准相关文档，涵盖各个行业。

法规资源涵盖了国家法律、行政法规、部门规章、司法解释及其他规范性文件，信息来源权威、专业。

地方志，简称“方志”，即按一定体例，全面记载某一时期某一地域的自然、社会、政治、经济、文化等方面情况或特定事项的书籍文献。通常按年代分为新方志、旧方志，新方志收录始于 1949 年，旧方志收录年代为新中国成立之前。

万方视频是以科技、教育、文化为主要内容大类的学术视频知识服务系统，与中央电视台、教育部、中国科学技术信息研究所、中华医学会、中国科学院、北大光华、天幕传媒等国内外著名专业制作机构进行广泛的战略合作。现已推出高校课程、学术讲座、学术会议报告、考试辅导、就业指导、医学实践、管理讲座、科普视频等精品视频。

万方数据知识服务平台提供跨库检索和单库检索功能，本节重点介绍中国学术期刊数据库的检索方法。学位论文、会议论文等数据库详见相关内容。

（二）检索方法

1. 统一检索　万方数据知识服务平台 V2.0 首页默认的是统一检索界面，如图 4-21 所示，统一检索界面提供一框式检索和高级检索两种检索方式。一框式检索指在系统默认检索界面输入框中直接输入检索词，可自动在期刊论文、学位论文、会议论文、外文文献等数据库中同时进行检索。使用一框式检索，用户可以方便地检索到全文，实现多种资源类型、多种来源的一站式检索和发现。同时，它还可以对用户输入的检索词进行实体识别，便于引导用户更快捷地获取知识、学者、机构等科研实体的信息。

图 4-21　万方数据知识服务平台主页

在统一检索的输入框内，用户可以选择想要限定的检索字段，目前共有五个可检索字段：题名、作者、作者单位、关键词和摘要。在检索词输入框中输入检索词时，系统可提供智能推荐检索词的功能。检索词输入框中也可以直接输入检索表达式。另外，用户也可以在检索框内使用AND、OR、NOT对检索词进行逻辑组配检索，其中AND可以用空格代替。系统在检索结果界面提供了二次检索、获取范围聚类、资源类型聚类、年份聚类、语种聚类、来源数据库聚类、作者聚类、机构聚类等功能，还提供了含有该词的知识脉络分析，可选取需要进行检索的数据链接。

点击“高级检索”，进入高级检索界面，可在该界面勾选需要检索的数据库，达到缩小检索范围的目的；还可对检索字段、模糊/精确、时间限定等进行选择，三个检索框之间关系可选“与”“或”“非”，系统默认为“逻辑与”的关系，点击“+”或“–”可增加或减少输入行，最多可增加三个输入行。如果输入一段文本，系统可提供推荐检索词的功能。在高级检索的检索结果界面，系统提供各个文献类型库命中的篇数和各年代命中的篇数。

2. 分类检索　万方智搜为用户提供了不同资源的分类检索（单库检索），包括期刊、学位、会议、专利、科技报告、地方志等资源。用户可以通过单击检索框上部的资源类型进行检索范围切换。

期刊检索可以实现期刊论文检索和期刊检索。输入检索词或限定字段并输入检索词，点击“搜论文”按钮，可实现对期刊论文的检索；输入刊名、刊号，点击“搜期刊”，可实现对期刊母体的检索。

学位资源的检索可以通过在检索框内输入检索词直接检索，也可限定字段后检索。可检索的主要字段有题名、关键词、专业、导师、学位授予单位等。

会议资源的检索可以实现会议论文检索和会议检索。在检索框内输入检索词点击“搜论文”，可实现会议论文检索；输入会议名称，点击“搜会议”，可实现会议检索。会议论文可检索的主要字段有题名、关键词、会议名称、主办单位等。

专利资源的检索：可以通过在检索框内输入检索词检索需要的专利。检索的主要字段有题名、分类号、发明人/设计人、申请人/专利权人等。

科技报告资源的检索：可以通过在检索框内输入检索词检索需要的中英文科技报告。检索的主要字段有题名、作者、作者单位、关键词、摘要、计划名称、项目名称。

成果资源的检索：可以通过在检索框内输入检索词检索需要的科技成果。检索的主要字段有题名、完成人、完成单位、关键词、摘要、中图分类号。

标准资源的检索：可以通过在检索框内输入检索词检索需要的中外标准。检索的主要字段有题名、关键词、标准编号、起草单位、发布单位。

法规资源的检索：可以通过在检索框内输入检索词检索需要的法律法规。检索的主要字段有题名、颁布部门、终审法院。

地方志资源的检索：可以通过在检索框内输入检索词检索需要的新旧方志条目或者志书。检索的主要字段有正文、题名、编纂人员、编纂单位。

视频资源的检索：可以通过在检索框内输入检索词检索需要的视频。检索的主要字段有标题、主讲人、机构和关键词。

万方数据知识服务平台首页点击“学术论文”链接，可以进入中国学术期刊数据库进行单库检索。本节主要以期刊文献数据库为例介绍单库检索的功能。系统提供简单检索、高级检索、专业检索和期刊导航等方式。

（1）简单检索：简单检索是万方智搜系统默认的检索方式，如图4-22所示。在该界面可进行“搜论文”和“搜期刊”的切换，系统默认“搜论文”。在输入框中输入一个或多个检索词时，会出现包含该检索词的智能推荐列表，可供选择使用，点击“检索”按钮即可进入检索结果界面；在

图 4-22　万方数据知识服务平台中国学术期刊数据库简单检索界面

检索结果界面，系统提供了二次检索功能，可通过对题名、作者、关键词、刊名和起止年限进行限定，点击“在结果中检索”，进一步缩小检索范围，达到理想的检索效果；检索结果界面还为检索结果提供了按“相关度”“出版时间”“被引频次”“下载量”排序的功能。每条题录都可提供引用通知，当所订阅的论文被其他论文引用时，系统通过 E-mail 或简易信息聚合（Really Simple Syndication，RSS）订阅的方式进行自动通知。

（2）高级检索：高级检索是在指定范围内，通过增加各种条件进行检索的方法。其支持多个检索类型、多个检索字段和条件之间的逻辑组配检索，方便用户构建复杂检索表达式，满足更加复杂的检索要求，从而实现精准检索。万方智搜检索框的右侧有高级检索的入口，点击“高级检索”按钮可进入高级检索界面，如图 4-23 所示。用户可以根据自己需要，选择想要检索的资源类型和语种。三个检索框之间通过“与”“或”“非”连接，系统默认三者之间为“逻辑与”的关系；可通过“+”或者“–”添加或减少检索条件，最多可增加三个输入行。系统还提供起始时间限定，还可以选择文献的其他检索条件，如会议主办方、作者、作者单位等。另外，系统设置了全部、主题、题名或关键词、题名、作者、作者单位、关键词、摘要、中图分类号、DOI、第一作者、期刊 - 通讯作者、期刊 - 基金、期刊 - 刊名、期刊 -ISSN/CN、期刊 - 期、期刊 - 栏目等字段。系统提供模糊和精确两种检索模式，满足用户查准和查全的需求，默认为模糊检索模式。

图 4-23　万方数据知识服务平台中国学术期刊数据库高级检索界面

(3)专业检索：万方智搜检索框的右侧有高级检索的入口，单击进入高级检索界面，然后选择专业检索。专业检索需要检索人员根据系统的检索语法，编制检索式进行检索，如图 4-24 所示。专业检索是所有检索方式里面较复杂的一种检索方法。需要用户自己输入检索式来检索，并且确保所输入的检索式语法正确，这样才能检索到想要的结果。每个资源的专业检索字段都不一样，详细的字段可以单击“展开”进行选择。用户如果不能确定自己想要检索内容的检索词，可以使用“推荐检索词”功能，输入一些语句，单击搜索相关推荐词，得到规范的检索词。可检字段有：主题、题名或关键词、题名、第一作者、作者单位、作者、关键词、摘要、DOI 等。用户可在检索框中直接输入检索式，选择起始时间，点击“检索”按钮执行检索。

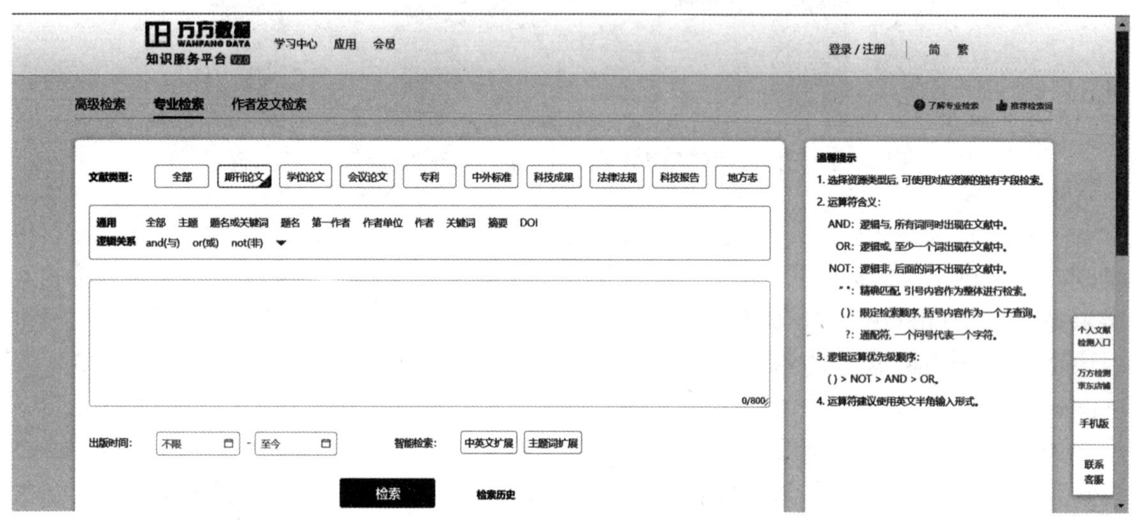

图 4-24　万方数据知识服务平台中国学术期刊数据库专业检索界面

(4)作者发文检索：作者发文检索是通过输入作者姓名和作者单位等字段来精确查找相关作者的学术成果的方法，如图 4-25 所示。用户可以选择想要检索的资源类型，通过“+”或者“–”添加或者减少检索条件，通过“与”“或”“非”限定检索条件进行检索。可以检索第一作者，也可以同时检索多个作者的成果。

图 4-25　万方数据知识服务平台中国学术期刊数据库作者发文检索界面

(5) 智能检索：高级检索和专业检索中添加了智能检索的功能，智能检索包括中英文扩展和主题词扩展（图 4-23、图 4-24）。中英文扩展指的是对检索词进行中文、英文的扩展检索，以扩大检索范围；主题词扩展指的是基于主题词表，对检索词扩展同义词和下位词，在帮助用户保证查准率的条件下，扩大检索范围，提高查全率。

(6) 二次检索：在检索结果页面，还可以对该检索结果进行二次检索。二次检索可对检索字段进行限定检索。二次检索的检索字段在不同资源中有所不同，主要有题名、作者、关键词、起始年、结束年。点击“结果中检索”可对检索结果进行精简，即对检索结果进行二次检索。

(7) 检索历史：万方智搜通过检索历史记录用户的检索行为。检索框的右侧有检索历史的入口，单击进入检索历史界面。在检索历史界面，用户可以导出检索历史，包括检索式、检索结果数量、检索时间等。未登录状态下，用户若没有清除缓存或清空检索历史，最多可保存 50 条检索记录。在个人用户登录状态下，系统默认保存 30 天内最近 500 条检索记录，便于用户快捷地检索、获取文献。另外，用户也可以在检索历史页面单击检索式进行重新检索。

(8) 期刊导航：万方知识服务平台学术期刊数据库提供了学科分类导航、刊首字母、核心收录、收录地区、出版周期等期刊导航方式，以实现期刊快捷地浏览和查找，如图 4-26 所示。在期刊导航的首页以期刊封面的形式列出了本周更新的期刊和全部分类目录，点击目录名称即可查看该分类下的期刊。

图 4-26　万方数据知识服务平台中国学术期刊数据库期刊导航界面

1) 学科分类导航：在期刊导航的主页选择需要查看的学科，进入期刊导航结果界面，系统自动将该学科分类下的期刊全部列出。

查看导航结果：导航结果列表的顶部列出了二级学科分类目录及各类期刊数量，可以点击不同的学科分类，浏览不同学科的期刊。点击“核心收录”相关按钮，可以查看属于该学科的不同核心期刊，如 CSTPCD、北大核心、CSCD、CSSCI、《工程索引》(*Engineering Index*, *EI*)、SCI 等；

点击“出版周期”相关按钮,可以查看属于该学科的不同出版周期期刊,如周刊、旬刊、双周刊、半月刊、月刊、双月刊、季刊、半年刊、年刊、不定期刊等;还可选择是否优先出版期刊。

查看期刊详细信息:在导航结果或检索结果界面上点击期刊名称,进入期刊的详细信息界面,在该界面设置了文章浏览、特色栏目、统计分析、期刊简介、征稿启事和 DOI 服务。系统默认显示的是文章浏览页面,该界面中的“年份刊次”部分提供了系统收录期刊所有年代所发表的各期论文的链接,其中最新一期目录以期刊整本阅读的方式提供给用户浏览;还提供了相关期刊、相关学者等的推荐链接;在检索框中可对选中期刊的全部论文、征稿启事等进行检索。在期刊的详细信息界面点击“期刊简介”,可以查看期刊简介、期刊信息、主要栏目、获奖情况等主要信息;点击“征稿启事”可在检索文献时直接投稿。

2)收录地区导航:收录地区导航将期刊按照发行地进行分类。在期刊首页选择某一地区后,如北京市,系统会自动列出北京出版发行的全部期刊。

3)刊首字母导航:在期刊导航首页将刊名按照首字母 A~Z 排列,选择某一字母,如 B,系统会自动列出以此字母为首的全部期刊。

(三)检索结果管理

万方数据知识服务平台检索结果显示界面分为检索结果排序、检索结果聚类、检索结果智能扩展三部分,如图 4-27 所示。

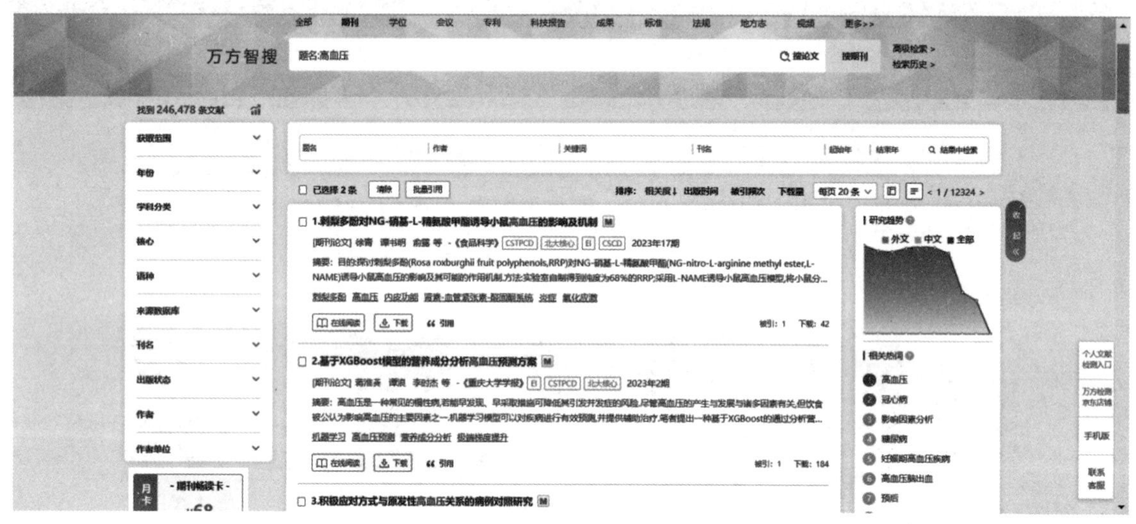

图 4-27　万方数据知识服务平台中国学术期刊数据库检索结果界面

1. 检索结果显示　检索结果可按详情式或列表式两种方式展示,详情式展示文献类型、题名、摘要、作者、关键词、来源、年 / 卷(期)等信息。列表式只展示标题、作者、来源、时间等简要信息。用户可根据需要自由切换检索结果页中每页显示条数,包括每页显示 20 条、30 条或 50 条。

(1)检索结果排序:万方智搜提供对检索结果的多维度排序,中国学术期刊数据库检索结果可以按“相关度”“出版时间”“被引频次”“下载量”进行排序,并可以在不同的排序方式之间进行切换,系统默认按照“相关度”排序。按“相关度”排序是指与检索词最相关的文献优先排在最前面。按“出版时间”排序指的是发表时间最近的文献优先排在前面。按“被引频次”排序是指被引用次数较多或者发表在水平较高的期刊上的、有价值的文献排在前面。按“下载量”排序是指下载次数较多的文献排在前面。而且系统针对不同的资源类型提供了不同的排序指标。例如,针对学位论文资源,系统提供了学位授予时间等排序指标;针对专利资源,提供了专利申请时间和公开时间等排序指标。

(2) 检索结果聚类：结果聚类是在检索显示结果后，通过资源类型、出版时间、语种、来源数据库等限定条件进一步缩小检索结果范围。不同的检索范围，不同的文献类型，系统根据聚类显示的检索结果不同。中国学术期刊数据库检索结果可以按照获取范围、年份、学科分类、核心、语种、来源数据库、刊名、出版状态、作者、作者单位条件分组，选择相关分组标准可以达到限定检索、缩小检索范围的目的。

(3) 检索结果智能扩展：包括研究趋势、相关热词和相关视频等。其采用可视化方式直观展示检索词的知识关系，用户可自由浏览或点击，以此获取更符合需求的准确结果。

(4) 查看期刊论文详细信息：在检索结果界面点击文献题名可进入期刊论文详细信息界面，如图 4-28 所示。该界面不仅包含了单篇文献的详细信息，如题名、作者、作者单位、摘要、关键词、分类号、期刊名称、期刊基本信息等，还提供了参考文献、相关文献、相关主题、相关学者、相关机构等信息和链接，以及作者和关键词等的文献特征链接与文后参考文献的 PDF 链接。

图 4-28　万方数据知识服务平台中国学术期刊数据库期刊论文详细信息界面

2. 检索结果输出　检索系统通过严密嵌接用户检索发现的过程，提供针对文献的多种便捷操作，用户可在检索结果页、文献详情页进行在线阅读、下载、引用、收藏、分享、打印操作。

(1) 题录下载：在期刊文献简单检索结果界面，每一条题录下方都有“引用”按钮，点击“引用”按钮，系统会自动弹出“导出题录”弹框，显示参考文献（GB/T 7714—2015）格式。弹框右上角有个选项“添加到导出列表”，可将此条题录信息加至导出列表，此操作可多次使用。系统提供查新格式、NoteExpress、RefWorks、NoteFirst、EndNote、Bibtex 格式导出文献，系统提供“批量导出”，可以全选或部分勾选所需文献，点击“批量导出”按钮，将勾选文献题录添加到列表中，也可以通过“编辑列表”删除部分或全部题录，点击“导出”按钮，题录按照所选文献格式导出保存下来，最多可导出 50 条；点击“复制”，题录按照所选文献格式保存至剪贴板。

(2) 全文下载：用户点击“在线阅读”按钮，支付成功后即可阅读该篇文献，购买成功的文献也会在万方保留。用户点击“下载”按钮，支付成功后 24 小时内可下载该资源。全文不能批量下载，每次只能下载一篇，全文格式为 PDF 格式。部分期刊论文可以过原文传递获得全文。

三、维普中文期刊服务平台

（一）概况

维普中文期刊服务平台是由原中国科学技术情报研究所重庆分所，现重庆维普资讯有限公司推出的中文学术期刊大数据服务平台。其依托《中文科技期刊数据库》数据支撑，为提供全学科领域海量期刊学术文献的应用平台。《中文科技期刊数据库》诞生于1989年，累计收录期刊15 000余种，现刊9 000余种，文献总量7 000余万篇，是我国数字图书馆建设的核心资源之一，是高校图书馆文献保障系统的重要组成部分，也是科研工作者进行科技查证和科技查新的必备数据库。维普中文期刊服务平台提供在线阅读、PDF下载、HTML阅读、文献传递、OA链接等多种全文获取方式，以有效保障用户需求。其以《中国图书馆分类法》(第五版)为标准进行数据标引，建立了35个一级学科、457个二级学科的分类体系，能够满足全学科、各领域用户的中文期刊服务需要。

（二）检索方法

维普中文期刊服务平台(http://qikan.cqvip.com)主页如图4-29所示，界面默认期刊文献检索。该界面除提供一框式检索、高级检索外，还提供期刊导航功能。

图4-29　维普中文期刊服务平台主页

1. 一框式检索　一框式检索是期刊文献检索默认的检索方式。用户在首页检索框中输入检索词，点击“检索”按钮即可获得检索结果；用户还可以通过设定检索命中字段，从而获取最佳检索结果。平台支持十余个检索字段，包括题名或关键词、题名、关键词、摘要、作者、第一作者、作者简介、机构、基金资助、分类号、参考文献、栏目信息、刊名。

2. 高级检索　点击检索主界面一框式检索右边的“高级检索”按钮，即可进入高级检索界面。高级检索提供两种检索方式：向导式检索和直接输入检索式检索。

(1) 向导式检索：向导式检索亦称“组栏式检索”，如图4-30所示，是指用户可以运用“与”“或”“非”的布尔逻辑将多个检索词进行组配检索。用户可以分别对每个检索词设定检索命中字段，如题名或关键词、题名、关键词、摘要、作者、第一作者、作者简介、机构、基金资助、分类号、参考文献、栏目信息、刊名，并且通过时间范围限定、期刊范围限定、学科范围限定来调整检索的数据范围；还可以选择“精确”和“模糊”两种匹配方式，选择是否进行“同义词扩展”，通过更多的检索前条件限定获得最佳的检索结果。

(2) 检索式检索：检索式检索是提供给专业级用户的数据库检索功能，如图4-31所示。用户可以自行在检索框中通过书写布尔逻辑表达式进行检索，同样支持用户选择时间范围、期刊范围、学科范围等检索限定条件来控制检索命中的数据范围。其中，逻辑运算符AND代表逻辑与、OR代表逻辑或、NOT代表逻辑非；字段标识符U＝任意字段、M＝题名或关键词、K＝关键词、A＝作者、C＝分类号、S＝机构、J＝刊名、F＝第一作者、T＝题名、R＝摘要。

VIP 中文期刊服务平台 | 期刊导航　期刊评价报告　期刊开放获取　下载APP　登录

高级检索　检索式检索　查看更多规则

题名或关键词　请输入检索词　同义词扩展+　模糊

与　摘要　请输入检索词　同义词扩展+　模糊

与　作者　请输入检索词　模糊

时间限定

年份：收录起始年 - 2024　更新时间：一个月内

期刊范围

全部期刊　北大核心期刊　EI来源期刊　SCIE期刊　CAS来源期刊　CSCD期刊　CSSCI期刊

学科限定　全选

检索　清空　检索历史

图 4-30　维普中文期刊服务平台向导式检索界面

图 4-31　维普中文期刊服务平台检索式检索界面

3. 期刊导航　点击维普中文期刊服务平台首页页面顶部导航区的“期刊导航”链接，或各页面上方检索框后的“期刊导航”按钮，均可进入期刊导航页面，如图 4-32 所示。

1）期刊检索：若已经有明确的期刊查找对象，建议用户用期刊检索的方式快速定位到该刊。通过切换检索字段，输入期刊名或期刊名的一部分，点击“期刊检索”，可以实现期刊资源的检索。维普中文期刊服务平台的期刊检索支持的检索字段包括刊名、任意字段、ISSN、CN、主办单位、主编、邮发代号。页面左侧提供聚类筛选，包括核心期刊导航、国内外数据库收录导航、地区导航、主题导航多种期刊聚类方式，方便用户按需进行切换。

2）期刊导航浏览：如果没有明确的期刊查找对象，建议用户使用期刊导航的方式自由浏览期刊。在期刊导航页面右侧的学科细分列表，找到学科大类及学科大类下的分类并点击，查找到目标期刊，点击期刊名链接，即可查看该期刊详细信息。

图 4-32　维普中文期刊服务平台期刊导航界面

点击查看封面目录，即可查看该期刊详情、收录汇总、发表作品、发文分析、评价报告。收录汇总可查看期刊发文作品详情。关注期刊点击期刊关注按钮，进入个人中心即可对以往已关注期刊进行查阅。分享期刊：用户可以将自己感觉有价值的期刊快速分享到微信、微博、QQ 等社交平台。点击“期刊详情”可查看期刊的详尽信息，包括期刊简介、曾用名、主办单位、ISSN 等基本信息，以及期刊的获奖情况、国内外数据库收录情况等。“收录汇总”详细有序地展示了本期刊历年收录文献的期次及每期具体收录内容。“发表作品”则采用文章详情的页面结构，对本期刊收录的所有已发表文章进行详尽的展示，可以根据搜索和聚类查看自己需要的文章。“发文分析”完整地展示了本期刊学术成果及相关发文对象的统计数据，整个分析数据还可一键导出 PDF，供用户使用。“评价报告”整合了近十年来期刊学术评价指标的分析数据。

3）按首字母查找：可以通过期刊刊名首字首字母的方式查找期刊。

（三）检索结果管理

1. 检索结果显示　检索结果显示默认为文摘格式，可以切换详细格式和列表格式。检索结果页面显示检索结果数量及检索文献题名、作者、出处、摘要、关键词等；每页默认显示 20 条检索结果，也可以切换为每页显示 50 条或 100 条检索结果；该界面标有“在线阅读”“下载全文”的链接；点击文献题名可查看文献的详细信息和知识节点链接（图 4-33）。

图 4-33　维普中文期刊服务平台期刊检索结果界面

页面左上有二次检索，二次检索是在已有检索结果的基础上，通过“在结果中检索”选定特定检索内容，或者通过“在结果中去除”摒弃特定检索内容，缩小检索范围，进一步精练检索结果。检索结果聚类平台提供基于检索结果的年份、学科、期刊收录、主题、期刊、作者和机构分面聚类功能，各聚类项执行“且”的检索逻辑，用户可以通过点击相关聚类项进行结果的聚类筛选。检索结果排序平台提供相关度、被引量和时效性排序三种排序方式，用户可以从不同维度对检索结果进行梳理。文献选择平台提供已选文献集合的文献管理功能，用户可以对已勾选内容进行题录导出和计量分析。文献题录导出平台支持文献题录信息的导出功能，支持的导出格式为文本、查新格式、参考文献、XML、NoteExpress、RefWorks、EndNote、NoteFirst、Excel 及自定义。用户可以勾选目标文献，点击“导出题录”按钮后选择适当的导出格式实现此功能。“引用分析”可对单篇或多篇文献题录的参考文献和引证文献进行汇总分析，同样以查询结果的形式返回具体数据，帮助用户有效梳理研究主题。“统计分析”提供对“检索结果”和“已选文献集合”的统计分析功能，分析文献集合的年份、发文作者、发文机构、发文期刊、发文领域等多维度的分布情况。查看视图切换平台支持文摘、详细和列表三种文献查看方式，用户可以按需进行视图切换。不同文献视图下，文献题录显示详略不一，主要有题名、作者、机构、来源和期次等。全文保障服务平台提供在线阅读、下载 PDF 等多途径的全文保障模式。

2. 检索结果下载　在检索结果页面，点击题名，即可查看当前文献的详细信息页面，如图 4-34 所示，并可进一步实现与文献相关的多种操作。

文献详情页提供了文献题录相关字段的中英文对照。用户可通过“在线阅读”“下载 PDF/免费下载”等方式获取文献；用户还可点击收藏按钮将自己需要的文章收藏到个人中心，同时可以进行文章快速分享。文献详情页同样提供题录导出功能，提供文本、查新格式、参考文献等十种导出格式。另外，文献详情页功能还包括：获取该篇文献的详细题录信息，点击字段所附链接，即可获得对应字段的检索内容；提供与本文献研究领域相关的文献推荐，用户可以点击相关文献题名，获取相关文献信息；理清一篇文章从创作到利用的整个引用情况，既能回溯到该篇文章参考文献的参考文献，也能查询到该篇文章引证文献的引证文献；点击相关引文链接，即可定位到相关引文列表。

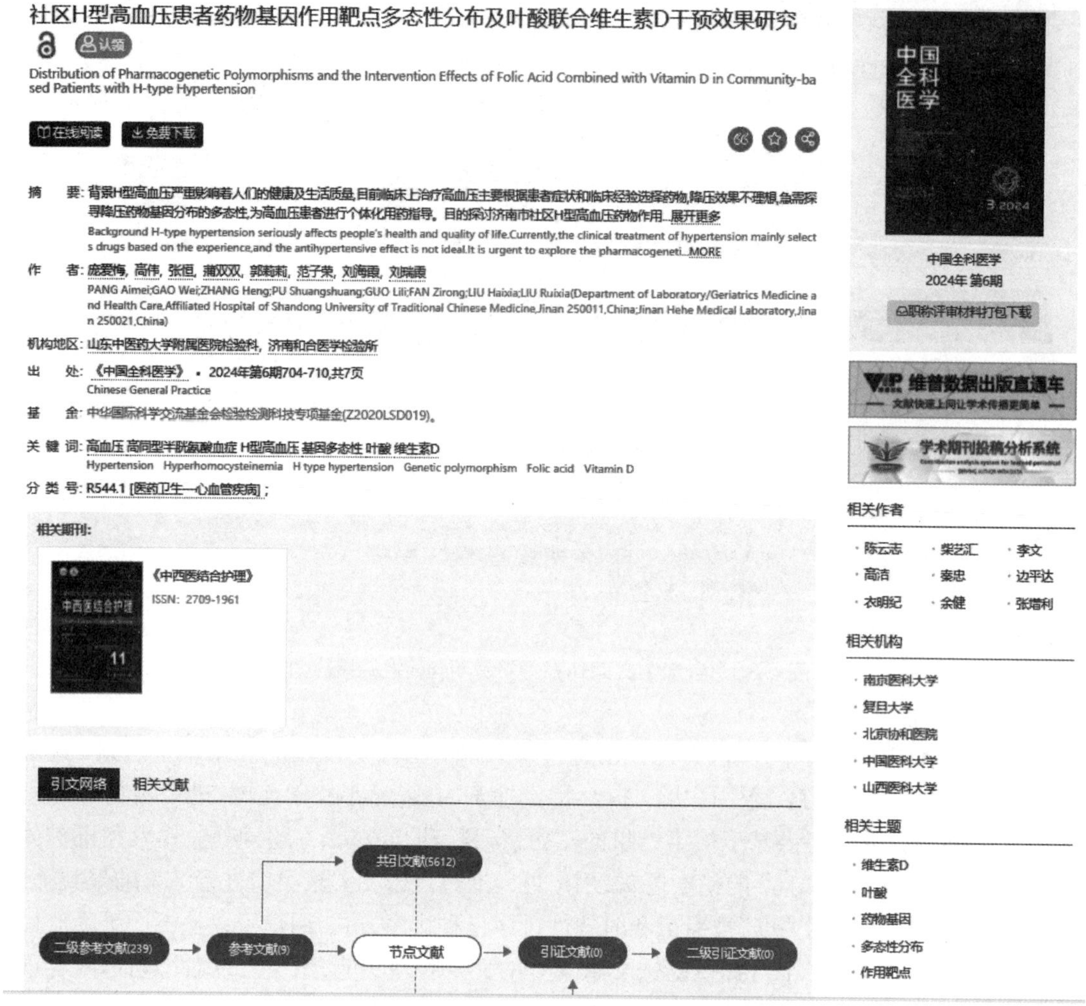

社区H型高血压患者药物基因作用靶点多态性分布及叶酸联合维生素D干预效果研究

认领

Distribution of Pharmacogenetic Polymorphisms and the Intervention Effects of Folic Acid Combined with Vitamin D in Community-based Patients with H-type Hypertension

在线阅读　免费下载

摘　要：背景H型高血压严重影响着人们的健康及生活质量,目前临床上治疗高血压主要根据患者症状和临床经验选择药物,降压效果不理想,急需探寻降压药物基因分布的多态性,为高血压患者进行个体化用药指导。目的探讨济南市社区H型高血压药物作用...展开更多

Background H-type hypertension seriously affects people's health and quality of life.Currently,the clinical treatment of hypertension mainly selects drugs based on the experience,and the antihypertensive effect is not ideal.It is urgent to explore the pharmacogeneti...MORE

作　者：庞爱梅，高伟，张恒，蒲双双，郭莉莉，范子荣，刘海霞，刘瑞霞

PANG Aimei;GAO Wei;ZHANG Heng;PU Shuangshuang;GUO Lili;FAN Zirong;LIU Haixia;LIU Ruixia(Department of Laboratory/Geriatrics Medicine and Health Care,Affiliated Hospital of Shandong University of Traditional Chinese Medicine,Jinan 250011,China;Jinan Hehe Medical Laboratory,Jinan 250021,China)

机构地区：山东中医药大学附属医院检验科，济南和合医学检验所

出　处：《中国全科医学》·2024年第6期704-710,共7页

Chinese General Practice

基　金：中华国际科学交流基金会检验检测科技专项基金(Z2020LSD019)。

关 键 词：高血压 高同型半胱氨酸血症 H型高血压 基因多态性 叶酸 维生素D

Hypertension　Hyperhomocysteinemia　H type hypertension　Genetic polymorphism　Folic acid　Vitamin D

分 类 号：R544.1 [医药卫生—心血管疾病]；

相关期刊：

《中西医结合护理》

ISSN：2709-1961

引文网络　相关文献

共引文献(5612)

二级参考文献(239) → 参考文献(9) → 节点文献 → 引证文献(0) → 二级引证文献(0)

中国全科医学

2024年 第6期

职称评审材料打包下载

维普数据出版直通车

学术期刊投稿分析系统

相关作者

陈云志　柴艺汇　李文

高洁　秦忠　边平达

衣明纪　余健　张增利

相关机构

南京医科大学

复旦大学

北京协和医院

中国医科大学

山西医科大学

相关主题

维生素D

叶酸

药物基因

多态性分布

作用靶点

图 4-34　维普中文期刊服务平台期刊文献详细信息界面

四、中华医学期刊全文数据库

（一）概述

中华医学期刊全文数据库是《中华医学杂志》社有限责任公司的官方期刊搜索引擎，是中华医学会对外服务的首款期刊全文型论文数据库，是汇集中华医学会系列杂志的医学数字文献出版平台，如图 4-35 所示。

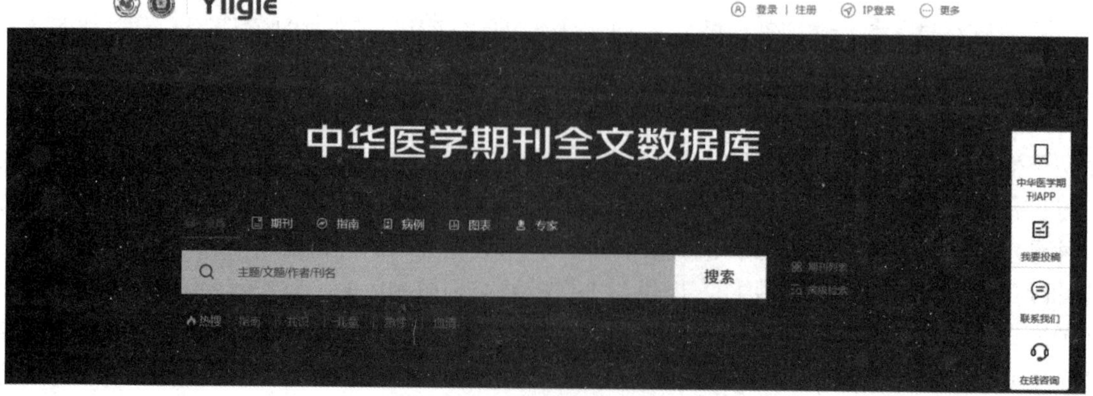

图 4-35　中华医学期刊全文数据库主页

中华医学期刊全文数据库包含期刊库、指南库、病例库、图表库、专家库五个子库。

期刊库：收录中华系列、中国系列、国际系列、英文系列等中华全系列及合作期刊174种，如表4-1所示；包含内外妇儿等20余个领域，内容包括最新权威临床指南类文献、经过同行评议的经典和疑难病例文献、危急重症学文献、医学综合类文献、内外妇儿临床文献、基础医学文献、临床药学文献等，其中指南共识5 000余篇，临床病例报道70 000余篇。

表4-1　中华医学期刊全文数据库期刊库可使用期刊列表

序号	刊名	刊期	ISSN	CN
1	中华医学杂志（英文版）	半月刊	0366-6999	11-2154/R
2	中华医学杂志	周刊	0376-2491	11-2137/R
3	中华儿科杂志	月刊	0578-1310	11-2140/R
4	中华眼科杂志	月刊	0412-4081	11-2142/R
5	中华外科杂志	月刊	0529-5815	11-2139/R
6	中华内科杂志	月刊	0578-1426	11-2138/R
7	中华妇产科杂志	月刊	0529-567X	11-2141/R
8	中华结核和呼吸杂志	月刊	1001-0939	11-2147/R
9	中华耳鼻咽喉头颈外科杂志	月刊	1673-0860	11-5330/R
10	中华口腔医学杂志	月刊	1002-0098	11-2144/R
11	中华放射学杂志	月刊	1005-1201	11-2149/R
12	中华预防医学杂志	月刊	0253-9624	11-2150/R
13	中华病理学杂志	月刊	0529-5807	11-2151/R
14	中华神经科杂志	月刊	1006-7876	11-3694/R
15	中华精神科杂志	双月刊	1006-7884	11-3661/R
16	中华心血管病杂志	月刊	0253-3758	11-2148/R
17	中华检验医学杂志	月刊	1009-9158	11-4452/R
18	中华全科医师杂志	月刊	1671-7368	11-4798/R
19	中华健康管理学杂志	月刊	1674-0815	11-5624/R
20	中华糖尿病杂志	月刊	1674-5809	11-5791/R
21	英国医学杂志中文版	月刊	1007-9742	11-3904/R
22	中华医学信息导报	半月刊	1000-8039	11-5178/R
23	中华医史杂志	双月刊	0255-7053	11-2155/R
24	中华肿瘤杂志	月刊	0253-3766	11-2152/R
25	中华泌尿外科杂志	月刊	1000-6702	11-2330/R
26	中华微生物学和免疫学杂志	月刊	0254-5101	11-2309/R
27	中华流行病学杂志	月刊	0254-6450	11-2338/R
28	中华放射医学与防护杂志	月刊	0254-5098	11-2271/R
29	中华老年医学杂志	月刊	0254-9026	11-2225/R
30	中华医院管理杂志	月刊	1000-6672	11-1325/R

续表

序号	刊名	刊期	ISSN	CN
31	中华神经外科杂志	月刊	1001-2346	11-2050/R
32	中华普通外科杂志	月刊	1007-631X	11-3855/R
33	中华整形外科杂志	月刊	1009-4598	11-4453/R
34	中华胸心血管外科杂志	月刊	1001-4497	11-2434/R
35	中华实验和临床病毒学杂志	双月刊	1003-9279	11-2866/R
36	中华医学科研管理杂志	双月刊	1006-1924	11-3565/R
37	中华航空航天医学杂志	季刊	1007-6239	11-3854/R
38	中华放射肿瘤学杂志	月刊	1004-4221	11-3030/R
39	中华肝胆外科杂志	月刊	1007-8118	11-3884/R
40	中华医学美学美容杂志	双月刊	1671-0290	11-4657/R
41	中华心律失常学杂志	双月刊	1007-6638	11-3859/R
42	中华围产医学杂志	月刊	1007-9408	11-3903/R
43	中华医学教育杂志	月刊	1673-677X	11-5259/R
44	中华现代护理杂志	旬刊	1674-2907	11-5682/R
45	中华口腔正畸学杂志	季刊	1674-5760	11-5797/R
46	中华临床营养杂志	双月刊	1674-635X	11-5822/R
47	中华血液学杂志	月刊	0253-2727	12-1090/R
48	中华骨科杂志	半月刊	0253-2352	12-1113/R
49	中华劳动卫生职业病杂志	月刊	1001-9391	12-1094/R
50	中华消化杂志	月刊	0254-1432	31-1367/R
51	中华传染病杂志	月刊	1000-6680	31-1365/R
52	中华内分泌代谢杂志	月刊	1000-6699	31-1282/R
53	中华手外科杂志	双月刊	1005-054X	31-1653/R
54	中华航海医学与高气压医学杂志	双月刊	1009-6906	31-1847/R
55	中华胰腺病杂志	双月刊	1674-1935	11-5667/R
56	中华创伤杂志	月刊	1001-8050	50-1098/R
57	中华烧伤与创面修复杂志	月刊	1009-2587	50-1225/R
58	中华肝脏病杂志	月刊	1007-3418	50-1113/R
59	中华创伤杂志英文版	双月刊	1008-1275	50-1115/R
60	中华消化外科杂志	月刊	1673-9752	11-5610/R
61	中华内分泌外科杂志	双月刊	1674-6090	11-5807/R
62	中华医学教育探索杂志	月刊	2095-1485	11-6021/R
63	中华麻醉学杂志	月刊	0254-1416	13-1073/R
64	中华超声影像学杂志	月刊	1004-4477	13-1148/R
65	中华风湿病学杂志	月刊	1007-7480	14-1217/R

续表

序号	刊名	刊期	ISSN	CN
66	中华皮肤科杂志	月刊	0412-4030	32-1138/R
67	中华消化内镜杂志	月刊	1007-5232	32-1463/R
68	中华核医学与分子影像杂志	月刊	2095-2848	32-1828/R
69	中华急诊医学杂志	月刊	1671-0282	11-4656/R
70	中华临床感染病杂志	双月刊	1674-2397	11-5673/R
71	中华物理医学与康复杂志	月刊	0254-1424	42-1666/R
72	中华小儿外科杂志	月刊	0253-3006	42-1158/R
73	中华器官移植杂志	月刊	0254-1785	42-1203/R
74	中华实验外科杂志	月刊	1001-9030	42-1213/R
75	中华医学遗传学杂志	月刊	1003-9406	51-1374/R
76	中华眼底病杂志	月刊	1005-1015	51-1434/R
77	中华显微外科杂志	双月刊	1001-2036	44-1206/R
78	中华肾脏病杂志	月刊	1001-7097	44-1217/R
79	中华胃肠外科杂志	月刊	1671-0274	44-1530/R
80	中华创伤骨科杂志	月刊	1671-7600	11-5530/R
81	中华神经医学杂志	月刊	1671-8925	11-5354/R
82	中华生物医学工程杂志	双月刊	1674-1927	11-5668/R
83	中华眼视光学与视觉科学杂志	月刊	1674-845X	11-5909/R
84	中华实验眼科杂志	月刊	2095-0160	11-5989/R
85	中华眼外伤职业眼病杂志	月刊	2095-1477	11-6022/R
86	中华实用儿科临床杂志	月刊	2095-428X	10-1070/R
87	药物不良反应杂志	月刊	1008-5734	11-4015/R
88	国际病毒学杂志	双月刊	1673-4092	11-5394/R
89	国际耳鼻咽喉头颈外科杂志	双月刊	1673-4106	11-5395/R
90	国际儿科学杂志	月刊	1673-4408	21-1529/R
91	国际放射医学核医学杂志	月刊	1673-4114	12-1381/R
92	国际呼吸杂志	月刊	1673-436X	13-1368/R
93	国际护理学杂志	半月刊	1673-4351	22-1370/R
94	国际医学寄生虫病杂志	双月刊	1673-4122	31-1961/R
95	国际流行病学传染病学杂志	双月刊	1673-4149	33-1340/R
96	国际麻醉学与复苏杂志	月刊	1673-4378	32-1761/R
97	国际泌尿系统杂志	双月刊	1673-4416	43-1460/R
98	国际免疫学杂志	双月刊	1673-4394	23-1535/R
99	国际内分泌代谢杂志	双月刊	1673-4157	12-1383/R

续表

序号	刊名	刊期	ISSN	CN
100	国际脑血管病杂志	月刊	1673-4165	11-5541/R
101	国际皮肤性病学杂志	双月刊	1673-4173	32-1763/R
102	国际生物医学工程杂志	双月刊	1673-4181	12-1382/R
103	国际输血及血液学杂志	双月刊	1673-419X	51-1693/R
104	国际外科学杂志	月刊	1673-4203	11-5396/R
105	国际眼科纵览	双月刊	1673-5803	11-5500/R
106	国际遗传学杂志	双月刊	1673-4386	23-1536/R
107	国际生物制品学杂志	双月刊	1673-4211	31-1962/R
108	国际肿瘤学杂志	月刊	1673-422X	37-1439/R
109	国际移植与血液净化杂志	双月刊	1673-4238	11-5399/R
110	国际中医中药杂志	月刊	1673-4246	11-5398/R
111	国际医药卫生导报	半月刊	1007-1245	44-1417/R
112	中国小儿急救医学	月刊	1673-4912	11-5454/R
113	中国医师进修杂志	月刊	1673-4904	11-5455/R
114	中华地方病学杂志	月刊	2095-4255	23-1583/R
115	中国基层医药	月刊	1008-6706	34-1190/R
116	中国实用眼科杂志	月刊	1006-4443	21-1348/R
117	中华危重病急救医学	月刊	2095-4352	12-1430/R
118	中华行为医学与脑科学杂志	月刊	1674-6554	37-1468/R
119	中国医师杂志	月刊	1008-1372	43-1274/R
120	中国综合临床	双月刊	1008-6315	10-1721/R
121	中国实用护理杂志	旬刊	1672-7088	21-1501/R
122	肿瘤研究与临床	月刊	1006-9801	11-5355/R
123	白血病·淋巴瘤	月刊	1009-9921	11-5356/R
124	中国实用医刊	半月刊	1674-4756	11-5689/R
125	中国临床实用医学	双月刊	1673-8799	11-5570/R
126	中华解剖与临床杂志	月刊	2095-7041	10-1202/R
127	慢性疾病与转化医学(英文)	季刊	2095-882X	10-1249/R
128	健康世界	月刊	1005-4596	11-3251/R
129	世界耳鼻咽喉头颈外科杂志(英文)	季刊	2095-8811	10-1248/R
130	中华心血管病杂志(网络版)	不定期	2096-1588	11-6031/R
131	中国心血管杂志	双月刊	1007-5410	11-3805/R
132	贫困所致传染病(英文)	双月刊	2095-5162	10-1399/R
133	中华神经外科杂志(英文)	季刊	2095-9370	10-1275/R

续表

序号	刊名	刊期	ISSN	CN
134	中华血管外科杂志	季刊	2096-1863	10-1411/R
135	中华疼痛学杂志	双月刊	2096-8019	10-1658/R
136	中华新生儿科杂志(中英文)	月刊	2096-2932	10-1451/R
137	中华生殖与避孕杂志	月刊	2096-2916	10-1441/R
138	中华心力衰竭和心肌病杂志	季刊	2096-3076	10-1460/R
139	中华炎性肠病杂志(中英文)	季刊	2096-367X	10-1480/R
140	生殖与发育医学(英文)	季刊	2096-2924	10-1442/R
141	中华转移性肿瘤杂志	季刊	2096-5400	10-1548/R
142	国际皮肤性病学杂志(英文)	季刊	2096-5540	32-1880/R
143	生物组学研究杂志(英文)	季刊	2096-5672	10-1558/R
144	儿科学研究(英文)	季刊	2096-3726	10-1593/R
145	中国临床案例成果数据库	不定期	9999-999X	11-9999/R
146	胰腺病学杂志(英文)	季刊	2096-5664	10-1560/R
147	中国医药	月刊	1673-4777	11-5451/R
148	母胎医学杂志(英文)	季刊	2096-6954	10-1632/R
149	生物安全与健康(英文)	双月刊	2096-6962	10-1630/Q
150	磁共振成像杂志	月刊	1674-8034	11-5902/R
151	智慧医学(英文)	季刊	2667-1026	10-1714/R2
152	中国全科医学	旬刊	1007-9572	13-1222/R
153	感染性疾病与免疫(英文)	季刊	2096-9511	10-1723/R
154	心血管病探索(英文)	季刊	2096-952X	10-1724/R
155	重症医学(英文)	季刊	2097-0250	10-1765/R
156	放射医学与防护(英文)	季刊	2097-0439	10-1773/R
157	风湿病与自身免疫(英文)	季刊	2767-1429	10-1881/R
158	血液科学(英文)	季刊	2543-6368	10-1880/R
159	呼吸与危重症医学(英文)	季刊	2097-1982	10-1838/R
160	临床小儿外科杂志	月刊	1671-6353	10-1785/R
161	中国研究型医院	月刊	2095-8781	10-1274/R
162	中国医学前沿杂志(电子版)	月刊	1674-7372	11-9298/R
163	门静脉高压与肝硬化(英文)	季刊	2770-5838	22-2222/R
164	癌症发生与治疗(英文)	季刊	2097-2563	10-1882/R
165	骨科临床与研究杂志	双月刊	2096-269X	10-1396/R
166	中国临床解剖学杂志	双月刊	1001-165X	44-1153/R
167	数字医学与健康	双月刊	2097-3349	10-1909/R

续表

序号	刊名	刊期	ISSN	CN
168	神经保护(英文)	季刊	2770-7296	10-2001/R74
169	实用心脑肺血管病杂志	月刊	1008-5971	13-1258/R
170	中华妇幼临床医学杂志(电子版)	双月刊	1673-5250	11-9273/R
171	中国药物与临床	半月刊	1671-2560	11-4706/R
172	中国防痨杂志	月刊	1000-6621	11-2761/R
173	鏡湖醫學	半年刊	2223-4462	
174	中国现代神经疾病杂志	月刊	1672-6731	12-1363/R

指南库是国内较权威、更新较快的诊疗指南类文献仓储，涵盖中华医学会出版的所有指南共识类文献。

病例库中所有病例都已收录到中国临床案例成果数据库(Chinese Medical Case Repository，CMCR)。CMCR是由中国科学技术协会资助、《中华医学杂志》社有限责任公司承建的临床案例成果发布平台，是集病例提交、同行评议、存储发布、临床评价和辅助诊疗于一体的数字化平台，可为各级医务工作者提供安全稳定、权威高效的病例预印本存储方案和临床诊治水平评价方案。数据库的宗旨是鼓励临床医务工作者将其实践诊疗经验总结为规范化的病例报告，通过案例分享提升同行业医务工作者的诊疗服务水平，并借此扩展对医生的多元评价体系，加快分类推进人才评价机制改革的建设。读者免费注册个人账号即可使用该数据库，亦可向该平台投稿。

图表库抽取出文章中的图表，可以通过图表定位到相关具体文章，使用户能够快捷地定位核心知识，即通过感兴趣的相关图表查询到相关文章。

专家库可通过搜索姓名及研究领域查看具体专家学者，使用户迅速了解该专家的个人简介、发表论文、专利及基金项目情况，或了解该研究领域的专家都有哪些。

(二) 检索途径与方法

1. 检索规则

(1) 运算符检索："="表示指定字段、查询指定条件，如"所有作者 = 张三"是检索作者字段中含张三的文献。"?"为单个任意字符的通配，如"张？"是检索含有"张"加一个任意字符的文献；注意不能在检索词起始位置使用"?"；如其仅作为问号检索，需做转义处理，即在问号前加反斜线号"\？"。"AND""&&"表示逻辑运算与，如检索包含"张三"和"李四"的文献，可以表示为"张三 AND 李四"。"OR""||"表示逻辑运算或，如检索包含"张三"或"李四"的文献，可以表示为"张三 OR 李四"。利用"( )"可构成子查询，如"(肿瘤 AND 肝脏) OR (张三)"。

(2) 检索字段：检索字段包括"所有 /ALL""主题 /TM""标题 /TI""关键词 /KW""第一作者 /FA""通信作者 /CA""第一 / 通信作者 /KA""所有作者 /AA""作者单位 /AF""刊名 /JT""基金 /FU""摘要 /AB""出版日期 /PD""DOI/DOI""文献类型 /AT""研究类型 /ST""研究方法 /SM"。

2. 检索方法

(1) 基本检索：中华医学期刊全文数据库的默认检索界面为基本检索界面的全库检索，可直接输入主题 / 文题 / 作者 / 刊名的检索词进行文献检索，如图 4-35 所示。

点击选择"期刊"，可通过输入中英文期刊名称检索相关期刊。

点击选择"指南"，可通过输入主题 / 文题 / 制定者检索出该库相关指南共识类文献。

点击选择"病例"，可通过输入文题 / 作者 / 疾病名称检索出相关病例报告。

点击选择“图表”,可通过输入主题 / 图题检索出相关图片及图表。

点击选择“专家”,可通过输入专家姓名 / 研究领域检索出相关专家学者。点击具体某位专家,可查看该专家的个人简介、发表论文、专利或基金项目情况;可了解该研究领域的专家都有哪些。可依据专家库检索结果界面左边和中间区域的 h 指数、性别、地区、语言、职称、机构对检索结果进一步筛选;还可在最上方的检索框中输入主题、文献标题、作者、关键词或期刊名称进行二次检索,如图 4-36 所示。

图 4-36　中华医学期刊全文数据库专家库检索结果界面

(2) 高级检索:如果需要进行限定性检索,可以在首页或检索结果页中进入高级检索页。在高级检索页,可选择限定字段,包括主题、标题、关键词、第一作者、通信作者、第一 / 通信作者、所有作者、作者单位、刊名、基金、摘要及所有字段。限定的条件分为模糊匹配和精准匹配两种,后者不对检索内容进行切分。各限定条件之间用逻辑词进行衔接,逻辑检索词按照从左到右的顺序执行。可通过筛选文献类型、研究类型、研究方法提高检索效率;还可选择出版日期。为快速定位文献,可以使用文献的 DOI 进行精确检索,即在高级检索页中找到精准检索,输入 DOI 进行检索。该检索方式要求输入完整的 DOI,否则无法返回文献的地址。另外,可以在高级检索页中找到表达式检索,通过编写检索表达式进行专业检索。

(3) 期刊检索:期刊列表中将期刊按照系列、学科等进行了分类,可根据自己的需求选择相关分类进行快速筛选。期刊列表提供了通往百余个“中华医学会系列杂志”期刊的投稿通道,方便用户投稿。可进入意向投稿期刊的主页,点击投稿地址,进入远程投稿管理系统进行投稿。

(三) 检索结果的处理

1. 结果筛选　检索结果界面分为四部分:左侧可对检索结果进一步限制,主要筛选类型包括学科分类、发表年度、文献类型、数据库收录、期刊类型、研究类型、研究方法、关键词、标签、来源期刊、作者、机构、基金;中间上半部分可输入检索词对结果进行二次检索;右侧显示年度分布、相关指南和相关病历;中间显示检索结果(图 4-37)。

2. 历史检索　点击检索结果界面右上方的“历史检索”可查看检索历史。系统仅记录 24 小时以内的检索历史。点击检索内容可查看检索历史具体检索界面。

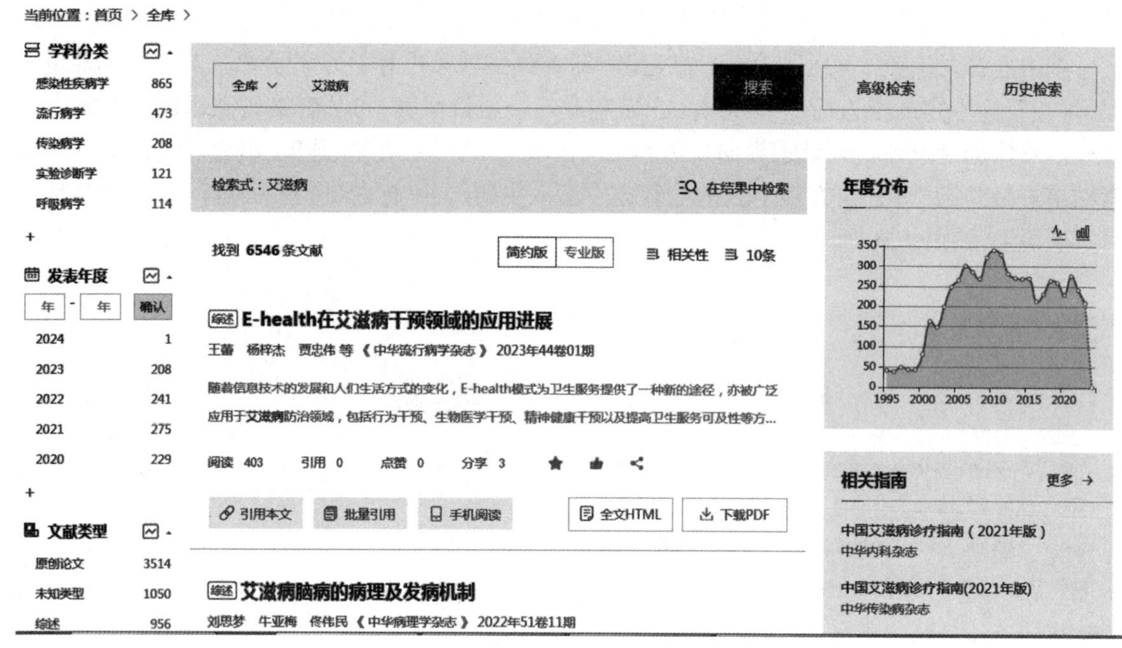

图 4-37　中华医学期刊全文数据库检索结果界面

3. 检索结果的查看及导出　在检索结果界面相关文献下点击“引用本文”可输出其参考文献格式，点击“论文标题”可进入论文详情页面。在论文详情页面：可以在线阅读全文及下载全文 PDF 文件，可以采用一键复制方式引用文献，也可以将文献导出至文献管理软件中。

五、蒙医药学文献检索数据库

（一）概述

目前，我国医药院校图书馆陆续打造了众多医药文献数据库，但专门针对传统医药文献的特色数据库却并不多见。在蒙医药学文献的宝库中，涵盖了丰富的蒙古文、中文及英文文献。然而，针对蒙医药学文献的网络数据库建设尚不够完善，当前仅有一些机构和内蒙古地区高校建立的蒙医药蒙古文献全文数据库、蒙医药名词数据库等。尽管计算机检索在此领域的应用范围较为有限，但随着科技的不断进步，计算机检索技术必将逐渐崛起，成为蒙医药文献检索领域的主要检索方法。此外，随着互联网的普及和信息技术的飞速发展，蒙医药学文献的数字化、网络化进程也将得到加速，为广大研究者提供更加便捷的查阅途径。

《蒙医药古籍知识库发布系统软件》由内蒙古医科大学蒙医药学院蒙医药博物馆与北京世纪科力技术有限公司合作研发，为蒙医药古籍的数字化加工提供了全新的自主创新平台。该平台运用尖端技术，构建了一系列基于“元数据”的“标引模板”，旨在实现对蒙医药古籍内容的快速且精准解析与标引。除此之外，该平台还成功打造了多个重要数据库，包括蒙医药古文献数据库、蒙医医案知识库、蒙医方剂数据库、蒙医药医史文物数据库及蒙药材查询系统等。这些数据库涵盖了蒙医药的各个方面，为蒙医药教育、研究、治疗等领域提供了全面而系统的文献支持。这一合作项目的成功，不仅有助于传承和发扬蒙医药文化，还为国内外相关领域提供了宝贵的借鉴。未来，双方将继续深化合作，进一步优化和完善平台，推动蒙医药事业的繁荣发展。同时，该平台也有利于提高我国在蒙医药领域的国际地位，为全球蒙医药学者提供交流、合作的平台。通过这一创新举措，我国蒙医药事业正朝着现代化、数字化、国际化的方向不断迈进，为全人类的健康事业做出更大贡献。

（1）蒙医药古文献数据库：蒙医药博物馆收藏了丰富的蒙医药学古籍文献，总数达到 2 011

部，主要是清代的木刻版书籍，其中不乏一些珍贵的稀有版本和特殊版本。这些古籍不仅承载着蒙医药学的丰富知识，还为该领域的传承与发展提供了宝贵的资料，它们在学术界和文化遗产领域具有无可替代的地位。为了更有效地利用这些宝贵的蒙医药资源，博物馆自 2010 年底开始重新整理和规范著录重点古籍。在此基础上，博物馆进行了古籍数字化，创建了蒙医药古文献数据库，该数据库共收录了 55 部 19 世纪之前的蒙藏医药古籍，包括 2 部蒙文木刻版、10 部藏文木刻版、40 本蒙文现代版和 3 本中文现代版古籍。数据库具备目录查询、内容简介及全文搜索功能，不仅方便师生进行课程研究，也对社会开放，对蒙医药研究、临床应用和古籍发掘利用等领域具有深远的影响。简而言之，博物馆通过数字化手段保护和利用古籍，促进了蒙医药学资源的传承和发展。

用户可通过登录蒙医药博物馆网站，轻松接入蒙医药古文献数据库，畅享浏览蒙医药学古籍文献的电子版全文。数据库汇集了具有完整性和权威性的蒙医药学珍贵文献，如《蒙古族敖特奇五著》《四部医典》《蒙医金匮》《蒙医甘露四部》《无误蒙药鉴》《金光注释集》《月王药帝》《蒙医药选编》《普济方剂》《识药学》《塔教得》《通瓦嘎吉德》《诀密宗旨》《蓝琉璃》《百验宝珠》《必用药剂诸品》《诃黎勒晶珠解疑难经》等经典之作。此外，数据库还收纳了蒙医药学领域诸多专家的著作和论文、研究报告和学术讲座等，全面关注他们在该领域的独特研究视角、最新动态及重要研究成果，为蒙医药学研究者提供了宝贵的参考资料。数据库还提供了蒙医药学科的综合性信息，涵盖科技成就、获得国家和地方科技成果奖的科研项目，以及民间蒙医药的偏方、医案、治疗方法等。

(2)蒙医方剂数据库：该数据库收录了 240 种常用蒙医方剂，可从剂型分类和功能分类进行蒙、中文两种语言查找，并附了蒙、中文语音讲解视频，每一个方剂都相应的图片。在制剂分类中，可按照传统十种剂型，如汤剂、散剂、丸剂、搅合剂、油剂、酒剂、灰剂、膏剂、珍宝剂、草本剂进行检索。在功能分类中，可按照二十一种功能进行查找，分为赫依病方剂、希拉病方剂、巴达干病方剂、血病方剂、黄水病方剂、虫病方剂、粘病方剂、温病方剂、宝如病方剂、痞症方剂、消肿方剂、五脏病方剂、六腑病方剂、儿科病方剂、妇科病方剂、白脉病方剂、五官病方剂、疮伤病方剂、中毒症方剂、滋补强壮方剂、泻下方剂。选定某一方剂后，系统将呈现其别名、来源、药物组成、功能分析、主治病症、剂量用法等详细信息及相关视频解说。若想深入了解该方剂的组成成分，可点击药物组成中的单味药物名称，进一步查看其别名、药味、药性、功能等介绍及相应视频。此系统为中医药学的学习与研究提供了便捷查询途径，有助于深入理解和掌握中医药知识。

(3)蒙医医案知识库：蒙医医案知识库是一个专门用于存储和检索蒙医医案的数据库。该数据库主要收录了《白清云临床验方》《白清云医案》《包金山医案》《格日勒图医案》《李额尔敦毕力格医案》《罗布桑沙达日布医案》《蒙医治疗肝炎验方》《名老蒙医于庆祥验方选萃》《邱大夫治疗疯病经验》《王永福医案》《伊景格医案》《蒙医大夫阿旺根敦临床经验》《高西大夫的临床验方》等 14 册著名老蒙医的病案与实践经验，涵盖了对蒙医病案的全面阐述、诊断、治疗流程及疗效等方面的知识。其主要目的在于支持临床应用，在面对复杂疾病时，医生或科研人员可借助该数据库查询相关资料，进而探讨著名老蒙医的治疗手段与实践经验。它包含了大量的蒙医医案信息，这些信息都是经过整理和分类的，以便用户能够快速地查找和获取所需的知识。该知识库可以帮助用户深入了解蒙医医案的特点和规律，为蒙医的科研和实践提供有力的支持。

(4)蒙药材查询系统：该系统从古今典籍所记载的 2 294 种蒙药材中选出 200 种常用蒙药材进行数字化，可按照药物来源、药用部位、药物功能进行分类查询。为了给浏览者提供方便，该系统还分别用蒙、中文两种语言进行语音讲解，浏览者可以根据自己的需求进行选择。药物来源类别中可分别按植物类、动物类、矿物类进行查找。药用部位类别中可分别按根、块茎、枝干、叶子、花、果实、种子、地上部分、全草、树皮、树脂等进行查找。药物功能类别中可分别按镇赫依药物、清希拉药物等进行查找。找出要查的某一药物后可点击异名、品种考证、来源、原植物、栽培要点、采收加工、药材鉴别、化学成分、药性功能主治及查看全部等进一步了解。

(5)蒙医药医史文物数据库：该数据库系统收录了50件蒙医药博物馆的珍稀藏品，运用动画方式呈现各项文物的状况、来源、年代、材质和功能等信息。同时，中文与蒙古文的注解结合解说员蒙古文和中文的讲解，生动地勾勒出蒙医药的历史积淀与文化底蕴。

蒙医药学文献数据知识服务平台首页点击“蒙医药古文献数据库”链接，可以进入蒙医药古文献全文数据库进行单库检索和跨库检索。本节重点介绍蒙医药古文献数据库的检索方法。

(二) 检索途径与方法

蒙医药古文献数据库提供多种检索途径，如书名、作者、关键词、摘要及目录等，操作流程简洁；同时，配有用户操作指南，协助用户获取文献资料，如图4-38所示。

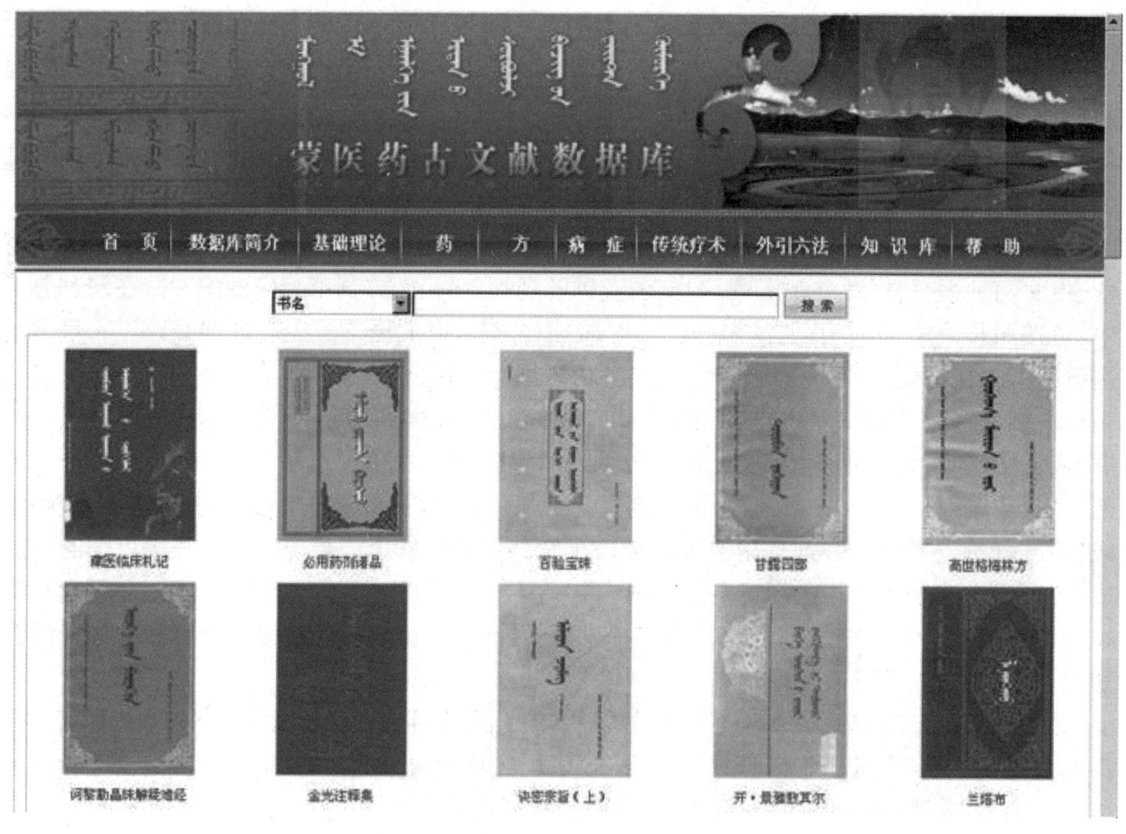

图4-38　蒙医药古文献数据库首页

1. 导航栏　点击导航栏中相应项目进入相应的页面，在这个页面中，用户可以充分利用搜索功能，针对特定的检索项目输入相应的查询内容。在确认搜索条件后，点击搜索按钮，系统将根据设定的条件展示相关记录。若查询内容为空，则会呈现所有记录。每页默认展示15条记录，用户可以通过点击下方的翻页按钮逐页查看，或者直接输入目标页码，点击跳转按钮迅速定位到所需页面。点击记录中相应的项目将跳转到所选择记录的细览页面。导航栏中“药”“方”“病症”“传统疗术”“外引六法”“知识库”操作同“基础理论”，“基础理论”页面如图4-39所示。

图 4-39　蒙医药古文献数据库基础理论页面

2. 跨库检索　针对用户的检索需求，平台配备了跨库检索功能。该功能能够同时涵盖药品、处方、病症、外引六法、基础理论、传统疗法、医案等方面的查询操作。用户在下拉菜单中选择需要查询的项目，并输入相关的关键词即可启动查询操作，如图 4-40 所示。但如果用户没有输入任何关键词，即查询关键词为空，则默认展示所有记录信息。可检索的字段包括：书名、作者、关键词、摘要、目录等。该页面可对记录进行检索操作，选择相应的检索项目并输入检索内容，点击检索按钮，输入的检索内容为空则显示全部记录。每页显示 15 条记录，可点击下方的翻页按钮进行翻页操作，也可输入页码，然后点击跳转按钮直接跳转到相应的页。点击记录中相应的项

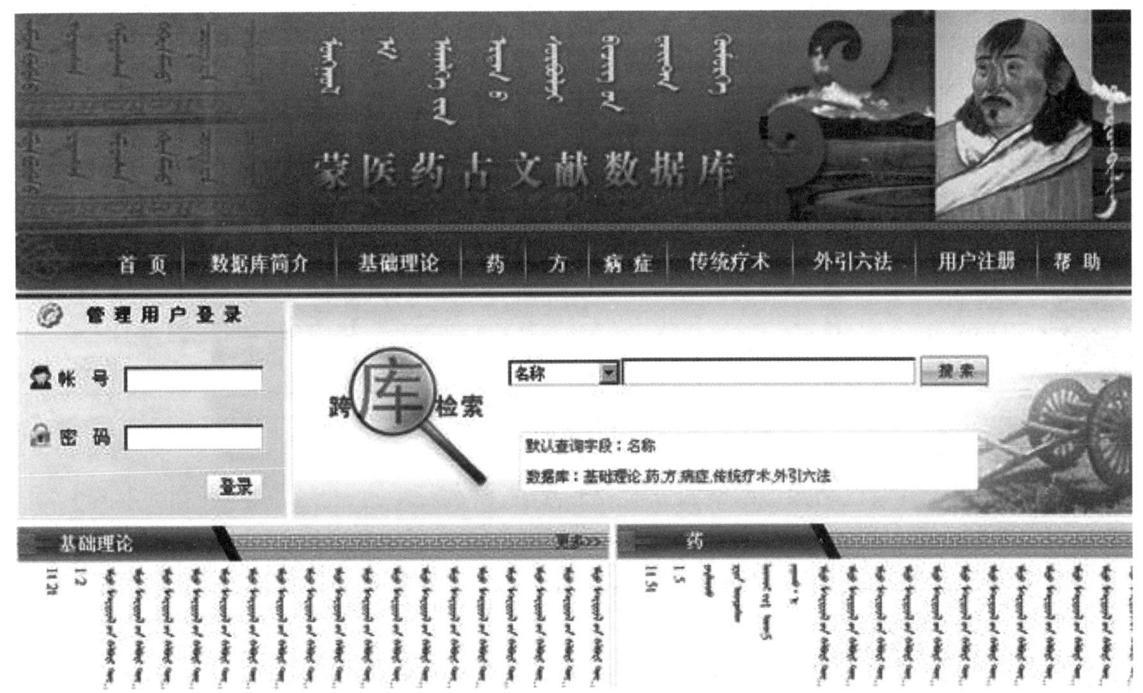

图 4-40　蒙医药古文献数据库跨库检索页面

目将跳转到所选择记录的细览页面，在数据库列表中选择相应的模板名称则显示相应模板里面的记录信息。各项字段具体说明如下：

(1) 书名检索：古籍、医案、蒙古文《大藏经》、蒙医国医大师著作、蒙医药现代文献的书名为标题。古籍的篇名为卷名，医案的篇名为医案名称。

(2) 关键词搜索：该搜索范围覆盖文献中关键词字段，数据库系统会自动应用蒙医药专业词典对全文内容进行剖析，确保全面且准确地获取相关信息。

(3) 作者检索：古籍、医案、蒙医国医大师著作、蒙医药现代文献的作者为整书著者。

(4) 全文检索：全文检索指在文献的全部文字范围内进行检索，包括文献书名、关键词、摘要等。

(5) 目录检索：根据文献类型（如古籍、医案、蒙医国医大师著作等）进行检索，可以找到特定类型的文献。

（三）检索结果处理

1. 在线预览　蒙医药古文献数据库、蒙医药现代文献数据库、蒙医医案知识库须在 IE9 以上版本浏览器打开，并按照提示安装相关阅读器插件。蒙医药学知识网络检索平台为研究者提供了便捷的原文获取和在线阅读功能，充分满足了研究者的需求。通过构建“检索 - 预览”的简易流程，研究者能够快速直接地预览原文，从而节省了宝贵的时间。该系统支持单篇或多篇文章的在线预览，多个检索结果可集中展示并同步预览，极大提高了研究效率，如图 4-41 所示。

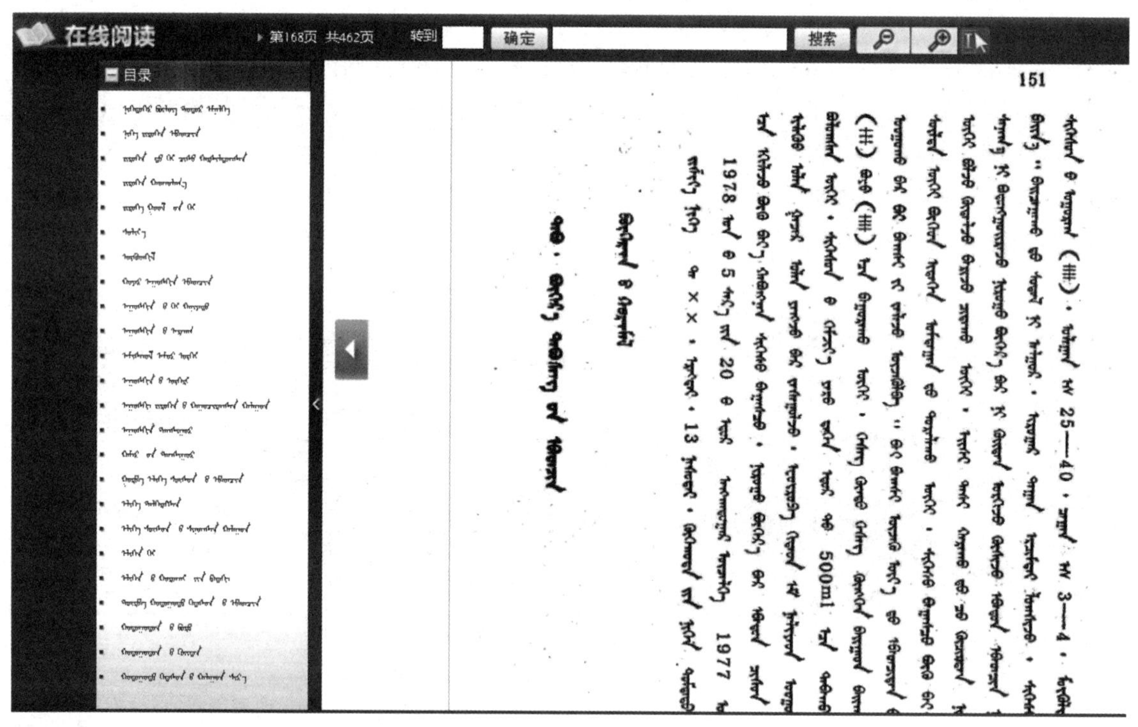

图 4-41　蒙医药古文献数据库在线预览界面

(1) 单篇预览：在蒙医药知识网络服务检索平台中，搜索需要的书名后显示多个版本的书籍，点击之后即进入浏览页面。该页面由书籍封面、书籍的摘要信息和书籍目录组成。点击书籍的封面或摘要信息下方的“点击浏览原文”进入书籍的在线浏览页面，选择下方的相应目录将跳转到与目录所对应的页数上进行浏览。

(2) 组合预览：在蒙医药知识网络服务检索平台的检索结果页面中，用户可选择所需预览的文献目录，并进入相应页面。在该页面中，选取需要预览的文献并点击“阅读”按钮，便可进入组合预览界面。在组合预览页面中，文献以目录形式展示，并按照相同类型进行分类整理。这将有助于用户更高效地查找和阅读相关文献。

2. 全文下载　蒙医药知识网络服务检索平台提供两种全文格式：CAJ 格式和 PDF 格式。建议使用最新版本的 CAJViewer 和 Acrobat Reader 阅读器进行阅读。点击文献标题，可查看文献的详细信息及知识节点的链接。在检索结果页面，标有“下载全文”和“下载阅读”的链接可供用户选择。通过点击“下载全文”和“下载阅读”按钮，用户可以选择将文献保存至本地硬盘或在线阅读全文。

【结语】

本章介绍了查找医学文献常用的中文文摘型文献检索系统（SinoMed、CSCD）与中文全文型文献检索系统（CNKI、万方数据知识服务平台、维普中文期刊服务平台、中华医学期刊全文数据库、蒙医药文献检索数据库）。各检索系统的呈现内容主要包括概况、检索途径与方法、检索结果处理等。

（马　宁　李擎乾　安玉婷　戴那日苏）

习题

1. CBM 常用的检索方法有哪几种？
2. SinoMed 整合的数据库包括哪几种？
3. 如何利用 CNKI 查找近五年“尘肺”发病情况相关文献？
4. 如何利用万方数据知识服务平台查找高血压与心肌纤维化相关关系的研究文献，并下载最近出版时间的那篇文献。
5. 如何利用维普中文期刊服务平台查找《中华流行病学杂志》的期刊信息、主要栏目及获奖信息。
6. 如何在中华医学期刊全文数据库中查找“肺炎支原体”的相关指南？
7. 蒙医药学文献检索数据库系统整合的数据库包括几种？
8. 蒙医药古文献检索数据库系统有哪些检索途径？

第五章 外文医学文献检索系统

第一节 外文文摘型文献检索系统

一、PubMed

（一）概述

1. 历史沿革 PubMed是美国国立医学图书馆（National Library of Medicine，NLM）所属的国家生物技术信息中心（National Center for Biotechnology Information，NCBI）开发的生物医学文献检索系统，可与其他数据库或检索系统实现无缝链接，如在线人类孟德尔遗传（Online Mendelian Inheritance in Man，OMIM）、Nucleotide、PubMed Central（PMC）、Bookshelf数据库。PubMed的前身是1879年NLM出版的《医学索引》（*Index Medicus*，*IM*），1964年NLM开始研制"医学文献分析与检索系统"（Medical Literature Analysis and Retrieval System，MEDLARS），1971年正式建成该系统的联机数据库——MEDLINE，并提供联机检索服务。20世纪80年代，发行MEDLINE光盘版；20世纪90年代，NCBI提供免费的PubMed检索。PubMed具有信息资源丰富、信息质量高、更新及时、检索方式灵活多样、链接功能强大、使用免费等特点，因而深受广大用户的喜爱，是目前使用最广泛的免费MEDLINE检索系统。

2. 文献来源 PubMed的文献来源是MEDLINE、PMC和Bookshelf三个部分。

（1）MEDLINE：MEDLINE是PubMed最重要的组成部分，主要由经过MEDLINE选择的期刊文献组成。这些文献使用MeSH词表进行索引，并配以资助基金、基因、化学和其他元数据进行整理。

（2）PMC：PMC文章是PubMed的第二大组成部分。PMC是由美国NCBI于2000年2月建立的生命科学期刊文献数据库，保存生命科学期刊主要研究论文的全文，供公众免费使用。NCBI同时是GenBank和PubMed的创立者，PMC的所有全文在PubMed中都有相应的条目。在利用PubMed检索时，可以在网上免费获得全文的文献记录都会在检索结果中有相应的链接，其中包括链接到PMC免费获取全文。

（3）Bookshelf：PubMed的最后一个组成部分是图书和图书的部分章节，这些资源可以在Bookshelf上获取。Bookshelf收录了书籍、报告、数据库，以及与生物医学、健康和生命科学有关的其他文件全文的档案。

3. 记录的字段 PubMed中供检索和显示的字段共50多个，其中主要字段如表5-1所示。

表 5-1　PubMed 记录的主要字段

字段名称	字段标识	字段简要说明
Affiliation	ad	第一著者的单位、地址（包括 E-mail 地址）
All Fields	all	所有字段
Author	au	著者
Corporate Author	cn	团体著者
EC/RN Number	rn	国际酶学委员会规定的酶编号或化学物质登记号
Entry Date	edat	文献被 PubMed 收录的日期
First Author Name	1au	第一著者
Full Author Name	fau	著者全称
Grants and Funding	gr	项目资助号或合同号
Issue	ip	期刊的期号
Investigator	ir	对研究项目有贡献的主要调查者或合作者
Journal	ta	期刊全称、编写或 ISSN 号
Language	la	语种
Last Author Name	lastau	排名最后的作者
MeSH Major Topic	majr	主要 MeSH 主题词，主题词后加“*”标记
MeSH Subheadings	sh	MeSH 副主题词
MeSH Terms	mh	MeSH 主题词
Pagination	pg	文献在期刊中的页码
Place of Publication	pl	期刊的出版地
Publication Date	dp	文献的出版日期
Publication Type	pt	文献类型
Subset	sb	PubMed 数据库子集
Text Words	tw	文本词，来自 ti、ab、mh、sh、pt、nm 等字段
Title	ti	文献的题名
Title/Abstract	tiab	文献的题名和摘要
PMID	pmid	PubMed 中文献的唯一识别号
Volume	vi	期刊的卷号

（二）检索途径与方法

1. 基本检索　在 PubMed 主页的检索框中直接输入检索词进行检索，如图 5-1 所示。基本检索支持布尔逻辑检索、字段检索、截词检索、自动词语匹配检索、精确检索和著者检索等功能。另外，在检索框中输入词进行检索时，PubMed 还具有智能拼写检查及词语自动提示功能，帮助用户正确选词。点击“×”，则可清除检索框中的内容。

（1）布尔逻辑检索：PubMed 支持“AND”“OR”“NOT”三种布尔逻辑运算符使用。如在检索框中直接输入几个检索词，系统默认这些词之间是“AND”逻辑组配关系。

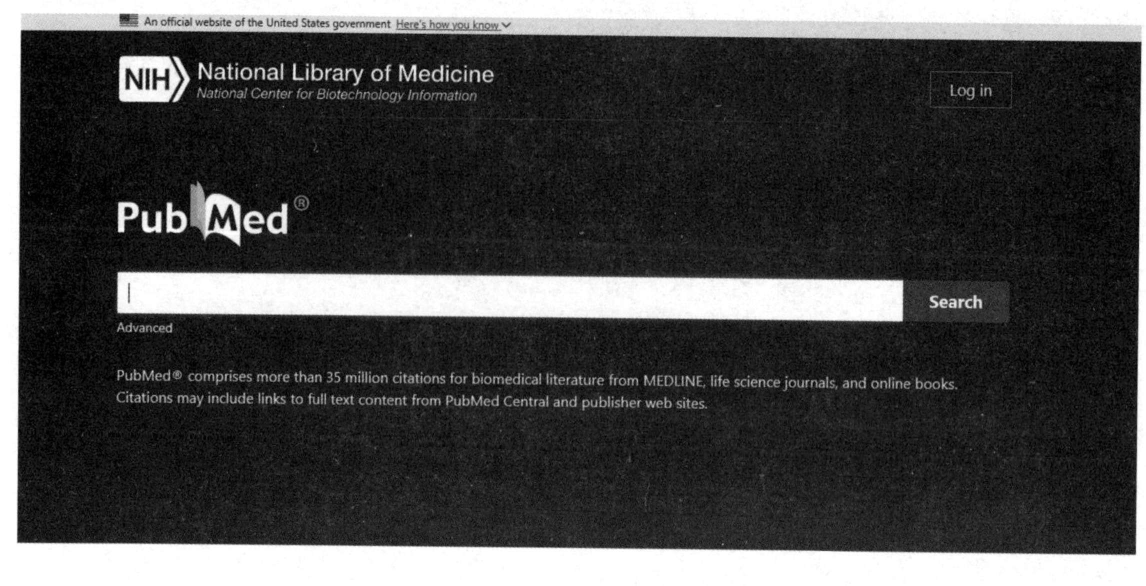

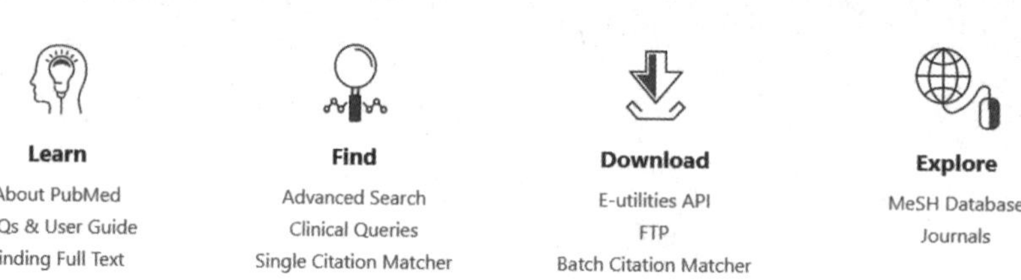

图 5-1　PubMed 主页

(2) 自动词语匹配检索：在检索框中输入未加任何限定的检索词，点击 "Search"，系统会按照自动词语匹配（Automatic Term Mapping）的原理进行检索，并返回检索结果。其检索原理是：输入检索词后，系统会依次在 MeSH 转换表、刊名转换表、著者全称转换表或著者索引等中进行搜索，如果在相应的转换表中找到匹配的词，系统将自动转换为相应的 MeSH 主题词、刊名或著者进行检索，同时将检索词限定在 "All Fields"（所有字段）中进行检索，两者之间执行 "OR" 布尔逻辑运算。如果输入多个检索词或短语词组，系统会继续将其拆分为单词后分别在 "All Fields" 中检索，单词之间的布尔逻辑关系为 "AND"。

例如："brain ischemia AND cerebral angiography"，系统转换后的检索策略为：("brain ischaemia" [All Fields]OR "brain ischemia" [MeSH Terms]OR ("brain" [All Fields]AND "ischemia" [All Fields]) OR "brain ischemia" [All Fields]) AND ("cerebral angiography" [MeSH Terms]OR ("cerebral" [All Fields]AND "angiography" [All Fields]) OR "cerebral angiography" [All Fields])。在 Advanced 界面的 "History and Search Details" 可以查看每个检索词的详细转换情况。

(3) 字段检索：检索语法为检索词[字段标识]，如 leptin [ti]、leptin [mh]。

(4) 截词检索：使用截词符 "*" 来实现。如输入 "flavor*" 可检索出 "flavored" "flavorful" "flavoring" 等以 "flavor" 开头的词语。

(5) 精确检索：将检索词加上双引号进行检索时，PubMed 关闭自动词语匹配功能，直接将该短语作为一个检索词进行检索，避免了自动词语匹配时将短语拆分可能造成的误检，可提高查准率。例如：输入 "gene therapy" 且加上双引号，PubMed 在所有可检索字段中查找含有短语 "gene therapy" 的文献。

(6) 著者检索：在检索框中输入著者姓名，PubMed 会自动执行著者检索。著者检索时，一般采用姓在前用全称、名在后用首字母缩写的形式。2002 年起也可以采用著者全称进行检索。

2. 高级检索（Advanced Search）　在 PubMed 主页点击“Advanced”可进入高级检索界面（图 5-1）。高级检索将检索式构建和检索史整合于同一界面。检索式构建器（Builder）可借助索引功能来辅助构建检索式；检索历史（History）包括检索式序号、检索提问式、检索结果数及检索时间。

3. 主题词检索（MeSH Database）　在 PubMed 主页的“Explore”下点击“MeSH Database”可进入主题词检索界面（图 5-1）。利用主题词检索可查询 MeSH 主题词的相关信息，即主题词含义、可组配的副主题词（Subheadings）、款目词（Entry Terms）、树状结构号（Tree Numbers）及在树状结构体系中的位置等。

主题词检索还可以帮助用户利用 MeSH 主题词来构建检索式以优化检索：①主题词对同一概念的不同表达方式进行了规范，有利于提高查全率；②主题词的树状结构体系可以帮助很方便地进行扩展检索（Explode），有利于提高查全率；③主题词可以组配相应的副主题词，有利于提高查准率；④主要主题词（Major Topic）有利于提高查准率（勾选“Restrict to MeSH Major Topic”）。

目前“MeSH Database”中包含有 29 000 多个主题词。构建检索式时，如果有多个主题词，可以先分别对每个主题词进行检索，再在高级检索的“Search History”中用检索序号进行布尔逻辑检索；也可以通过主题词检索界面的“PubMed Search Builder”进行构建。需要注意的是，主题词检索只对来源于“Indexed for MEDLINE”的文献记录有效，PubMed 中其他来源的文献记录，如 supplied by publisher、in-process citations，不支持主题词检索。

4. 期刊检索（Journals）　在 PubMed 主页的“Explore”下点击“Journals”可进入期刊检索界面（图 5-1）。期刊检索可查询 PubMed 及 Entrez 平台其他数据库所收录的期刊信息。可从 Topic（主题）、刊名全称、MEDLINE 刊名缩写、ISSN 等入手进行查询。

5. 单篇引文匹配（Single Citation Matcher）　在 PubMed 主页的“Find”下点击“Single Citation Matcher”可进入单篇引文匹配检索界面（图 5-1）。单篇引文匹配检索主要用于从文献的基本信息入手查找文献，如刊名、出版日期、期刊的卷与期、起始页码、著者、篇名词。

6. 批量引文匹配（Batch Citation Matcher）　在 PubMed 主页的“Download”下点击“Batch Citation Matcher”可进入批量引文匹配检索界面（图 5-1）。批量引文匹配检索主要用于批量核对文献信息。

7. 临床查询（Clinical Queries）　在 PubMed 主页的“Find”下点击“Clinical Queries”可进入临床查询检索界面（图 5-1）。临床查询是专门为临床医生设计的检索服务，目前包括两种检索方式，如图 5-2 所示。

（1）Clinical Studies：用于查找疾病的 Etiology（病因）、Diagnosis（诊断）、Therapy（治疗）、Prognosis（预后）及 Clinical Predictions Guides（临床预测指南）等方面的文献，“Scope”的下拉列表可选择查询的范围，其中“Broad”表示拓宽检索范围，“Narrow”表示缩小检索范围。

（2）COVID-19（新型冠状病毒感染）：用于查找 COVID-19 的 General（常规）、Mechanism（机制）、Transmission（传染）、Diagnosis（诊断）、Treatment（治疗）、Prevention（预防）、Case Report（病例报告）、Forecasting（预测）等方面的文献。

（三）检索结果的处理

1. 结果显示　PubMed 检索结果的显示格式默认为 Summary 格式，如图 5-3 所示。Summary 格式显示的每篇文献的信息包括篇名、著者、刊名、出版年月及卷期、页码、PMID，如果该篇文献可以免费提供全文，则有“Free article”或“Free PMC article”链接。

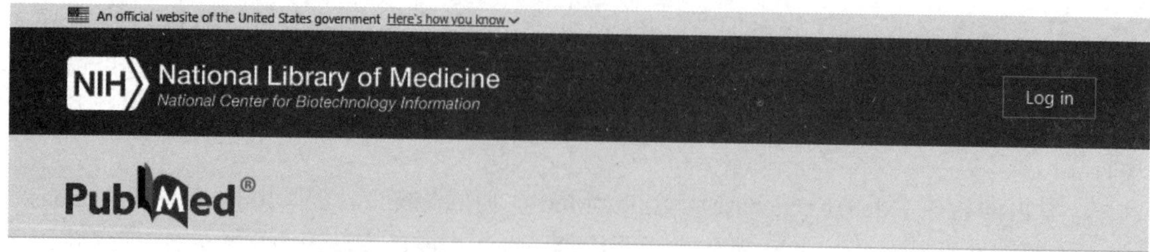

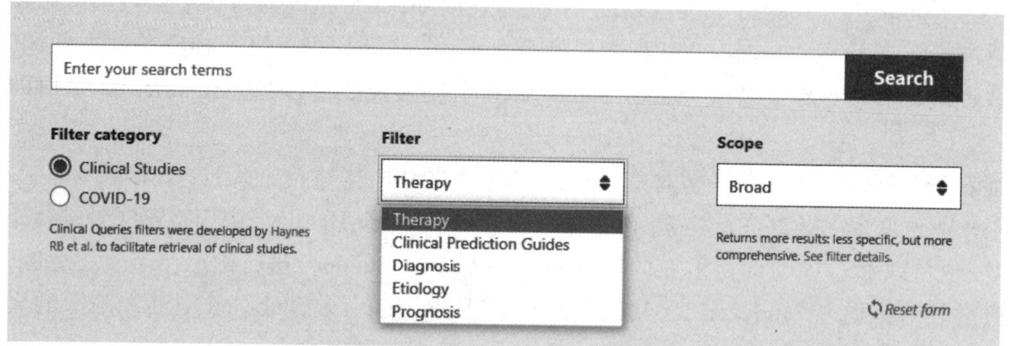

图 5-2　PubMed 临床查询界面

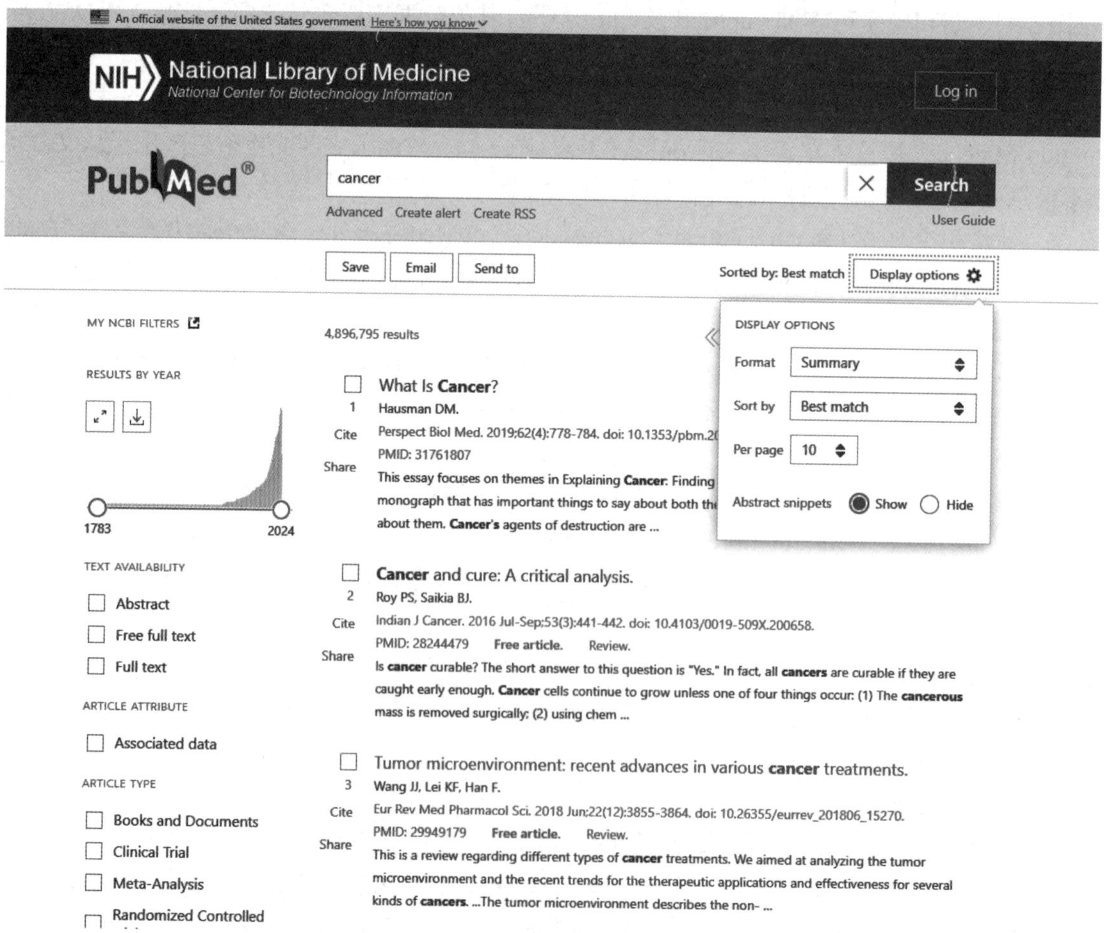

图 5-3　PubMed 检索结果的默认显示格式界面

PubMed 检索结果的显示还可选择其他格式，包括 Abstract、PubMed 和 PMID 格式。其中，Abstract 格式显示的信息最为详细。另外，点击文献标题也可以直接获取某一篇文献的 Abstract 格式。点击文献标题除了显示 “Title & authors” 和 “Abstract” 外，还有 “Similar articles” “Cited by” “References” “Publication types” “MeSH terms” “Related information” 及 “LinkOut-more resources” 的链接。

“LinkOut-more resources” 链接可以进一步获取 PubMed 之外的其他资源，包括在线全文数据库、生物学数据库、图书馆馆藏信息、消费者健康信息和研究工具等。

如果用户所在的图书馆购买了电子期刊的使用权，图书馆可利用 LinkOut 与这些电子期刊所在的全文提供商建立链接，用户在 IP 允许范围内使用 PubMed 时，通过 LinkOut 即可直接链接到这些电子期刊获取全文。

PubMed 默认的检索结果排序方式是 “Best match” （最佳匹配），其他排序方式包括 “Most recent” （最新入库时间）、“Publication date” （出版日期）、“First author” （第一作者）及 “Journal” （期刊），如图 5-4 所示。

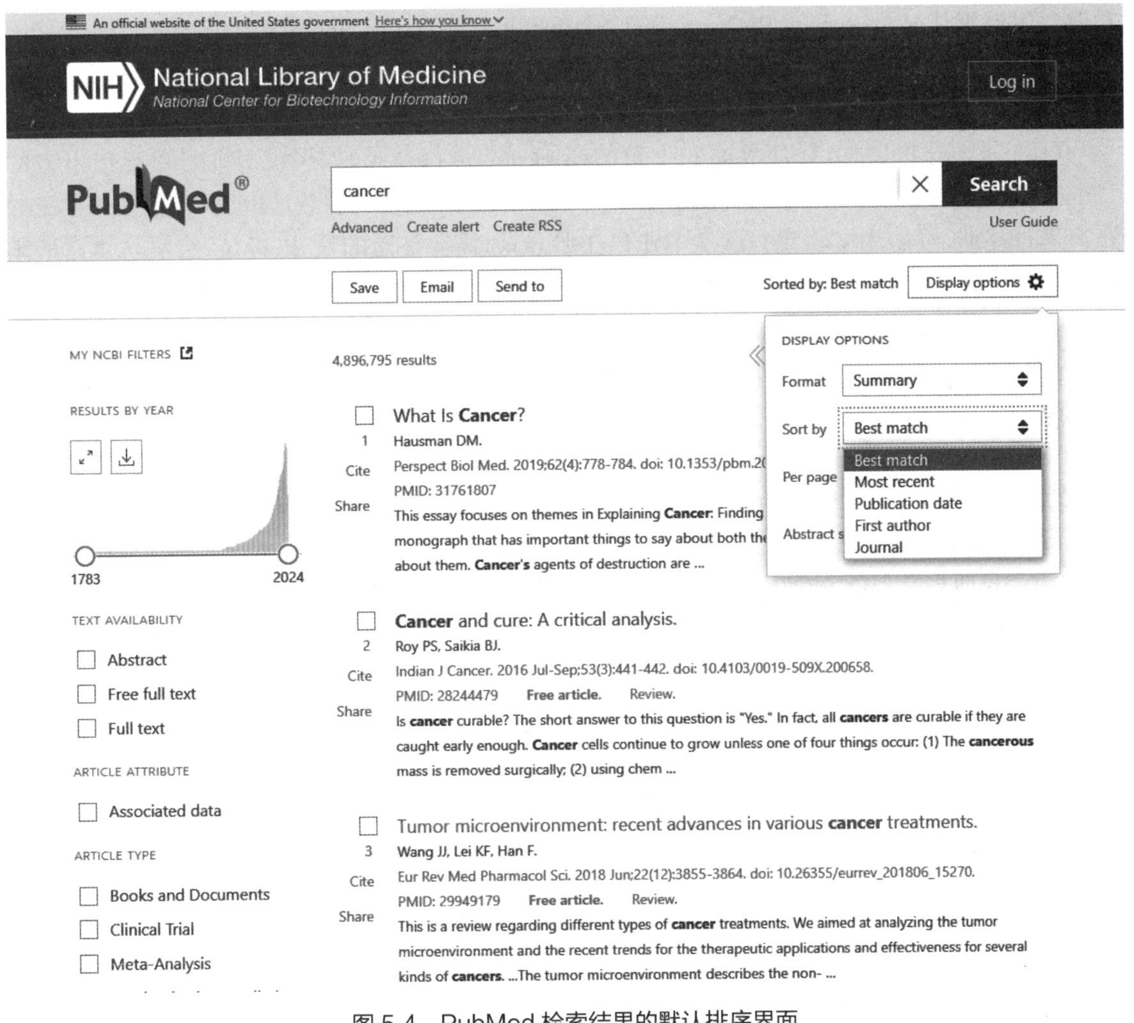

图 5-4　PubMed 检索结果的默认排序界面

2. 引用　在 PubMed 检索结果中每条文献下方都提供了引用功能，对于需要引用的文献，可直接点击文献下方的 “Cite” 复制文献引文。选项中提供了 AMA、APA、MLA 及 NLM 四种参考文献格式，可根据发表期刊的要求进行选择。此外，也可直接下载 “.nbib” 格式文件或导出文献至文献管理软件(如 EndNote)中。如果需要批量导出文献,也可选中需要导出的文献,然后点击 “Send to → Citation manager” 来批量导出。

3. 结果输出 PubMed 检索结果界面有三个选项可进行结果输出,分别是 “Save” “Email” “Send to” (图 5-4)。其中 “Save” (可最多保存 1 000 条记录)是将选中的文献记录以文件的形式保存,格式可以选择 “Summary(txt)” “Abstract(txt)” “PubMed” “PMID” “CSV”。“Email” (可最多发送 1 000 条记录)是将选中的文献记录以邮件的形式发送至用户输入的邮箱,格式可以选择 “Summary” “Summary(txt)” “Abstract” “Abstract(txt)”。“Send to” 里有 “Clipboard” (可最多保存 500 条记录,保存时间为 8 个小时)、“My Bibliography” (需注册成为拥有 My NCBI 账号的用户,供用户进行后续管理)、“Collections” (需注册成为拥有 My NCBI 账号的用户,供用户日后调用)和 “Citation Manager” 四种检索结果输出方式。如果要把检索结果直接转入 EndNote、NoteExpress 等文件管理软件,直接选择 “Citation Manager” 输出。

4. 结果筛选 PubMed 检索结果界面左侧显示筛选类型的选项,主要筛选类型为: Text Availability(文本的可获取性)、Article Attribute(文献属性)、Article Type(文献类型)、Publication Date(出版时间)、Article Language(语种)、Age(年龄)、Species(物种)、Sex(性别) 和 Other(其他)。左侧的过滤默认显示 Results By Year、Text Availability、Article Attribute、Article Type、Publication Date,其他过滤项可以点击 “Additional filters” 添加(图 5-4)。

(四) 注册

可通过点击 PubMed 任何界面右上角的 “Log in” 进行登录,如果没有账号可点击下方的 “Sign up” 进行注册,注册登录后可以享受 My NCBI 提供的个性化服务。PubMed 需使用第三方账户进行注册,可使用微软或谷歌学术账户注册登录,需要注意的是,PubMed 会默认填写的邮箱为今后接收推送文章的邮箱,因此用户尽量使用自己常用的邮箱账户。注册登录后界面右上角会变成你的用户名。

在检索结果界面的检索框下面点击 “Create alert” 按钮,进入之后的选项如下:

Name of search: 即检索结果的名称,默认的名称是检索式,但是可以根据个人习惯更改。

Search terms: 是指自己的检索式,一般不需要更改。

Would you like E-mail updates of new search results: 默认的选项是 “No, Thanks”,此处一定要更改为 “Yes, please”。

E-mail: 即当有新的文献时,PubMed 需要将内容推送至的邮箱。该邮箱一般默认为注册邮箱。当然,个人也可以根据自己的习惯更改邮箱。

Schedule: 表示推送频率,一般建议选择 “daily”,即每日推送。需要说明的是,如果没有文献更新,PubMed 当天不会推送相关内容。

Format: 即推送格式,一般选择 “Summary”,即只推送标题、杂志名、作者等内容。当然,也可以选择 MEDLINE 格式,此时会推送摘要。

Number of items: 这个比较关键,即每次推送的条目数,一般建议设置为 200(即最大值)。如果设置为 5 条,而当天 PubMed 有 10 条更新,则其只会推送前 5 条,因此建议设置为最大。

设置完成后,点击 “Save”,即完成了推送的相关设置。此后,一旦有相关的更新,PubMed 会在 24 小时内向订阅者的邮箱发送相关文献。如果想退订相关内容,直接点击邮件中的 “Unsubscribe” 即可。当然,也可以通过 PubMed 中的 My NCBI 进行退订。

(五) 创建 RSS 追踪

除了 PubMed 网站自己提供的文献追踪功能外,还可以使用 RSS 阅读器来追踪 PubMed 网站的文献更新结果。通过点击 PubMed 检索结果界面检索框下的 “Create RSS” 即可享受 RSS 推送服务,实现检索结果的定期更新,如图 5-4 所示。使用 RSS 阅读器并不需要注册 PubMed 账号，但是需要下载 RSS 阅读器。

二、Embase

（一）概述

1. 历史沿革　Embase 数据库是网络版生物医学与药理学的文摘数据库。它是由 2003 年 Elsevier 公司整合的荷兰《医学文摘》(*Excerpta Medica Database*，*EM*)数据库和美国医学文摘 MEDLINE 构成。收录了 1947 年至今的大量生物医学期刊和学术会议摘要信息，是权威的文摘型数据库，不提供免费检索服务。Embase 是全球最大、最具权威性的生物医学与药理学文摘数据库，为荷兰《医学文摘》的在线版本。Embase 涵盖 1947 年以来纸质版收录的全部期刊，累积超过 4 400 多万条生物医学记录，平均每日有 8 000 个新条目，其中 1 300 万条记录未收录在 MEDLINE 中；囊括了 95 个国家 / 地区出版的 11 000 种刊物，其中 3 000 种期刊在 MEDLINE 中无法检出，收录范围相较于 MEDLINE 更加广泛；还收录了来自 12 000 个会议的 470 万份会议摘要。该数据库特有的 Emtree 主题词表包括约 96 000 个首选术语(包含 MeSH 词表)及近 500 000 个同义词、66 个药物副标题及 14 个疾病副标题等。

2. 学科范围　Embase 收录的学科范围覆盖了荷兰《医学文摘》和 MEDLINE 所包含的学科。Embase 涉及药物研究(药理学、药剂学毒理学等)、基础生物学及人类医学、生物技术、生物医学工程、公共卫生等领域；MEDLINE 包含了临床医学、牙科学、护理学、兽医学、辅助医学等学科。

3. 记录字段　Embase 允许搜索特定的字段，供检索和显示的字段共 60 个。Embase 中的每条记录都使用“题名”“著者”“美国化学文摘服务社(Chemical Abstracts Service，CAS)登记号”和“文摘语种”等字段进行索引。如果想把搜索限制在一个特定的字段，需要在单词或短语后面添加字段代码，如表 5-2 所示。

表 5-2　Embase 的主要字段及其应用举例

字段标识符	字段名称	示例(短语)	示例(精确)
ab	Abstract	heart：ab	n/a
ac	Abstract or citation	heart：ac	n/a
ad	Author address	germany：ad	n/a
af	Author First Name	'mary jane'：af	'mary jane'/af
aid	Associated PUI	1628724382：aid	n/a
an	Accession number	20160043966：an	n/a(author name mapping)
au	Author	smith：au	smith/au
bp	Book publisher	elsevier：bp	n/a
ca	Country of author	germany：ca	n/a
cd	CODEN code	OPHTD：cd	n/a
cl	Embase classification	15：cl	n/a
cn	Clinical trial number	'2006-005504-1'：cn	n/a
ct	Citation	15：ct	n/a
cy	Country of journal	germany：cy	n/a
dc	Conference date	'2019 09 19'：dc	n/a

续表

字段标识符	字段名称	示例(短语)	示例(精确)
dd	Index term(Descriptor-drug terms)	n/a(masked with de)	'heparin'/dd
de	Index term(Descriptor-combined drug and medical)	'aspirin': de	'aspirin'/de
df	Manufacturer('devices')	siemens: df	siemens/df
dm	Descriptor-medical terms	n/a(masked with de)	'breast cancer'/dm
dn	Trade name('devices')	signa: dn	signa/dn
do	Doi	'10.1080/09553006314551561': do	n/a
dtype	dbcollection	'embase classic': dtype	n/a
dv	Descriptor-device terms	n/a(masked with de)	'stent'/dv
ed	Editor	smith: ed	n/a
em	Author Email	'gmail': em	n/a
exp	Exploded Terms	'vioxx': exp(doesn't work)	'vioxx'/exp
ff	Affiliation	university: ff	university/ff
ib	ISBN	9780128165751: ib	n/a
id	Luwak unique id	L2002324214: id	n/a
ii	Publisher item identifier	s1877117319301061: ii	n/a
ip	Issue	1: ip	n/a
is	ISSN	18771173: is	n/a
it	Publication type	article: it	article/it
jt	Source title	heart: jt	heart/jt
kw	Author keyword	aspirin: kw	aspirin/kw
la	Language of article	german: la	n/a
lc	Conference location	london: lc	n/a
lnk	Link	diagnos: lnk	diagnosis/lnk
ls	Language of summary	german: ls	n/a
mn	Manufacturer('drugs')	novart: mn	novartis/mn
ms	Molecular sequence number	J04595: ms	n/a
nc	Conference name	heart: nc	n/a
oa	Original abstract	'le système de laçage nous a permis': oa	n/a
oc	ORCID-Author Unique Identifier	1111: oc	'0000-0003-2962-029X'/oc
ok	Original Author keyword	he: ok	n/a
pd	Publication date	1964-01-01: pd	n/a
pg	Page range	1: pg	n/a
pii	Publisher item identifier(use ii)	s1877117319301061: pii	n/a
pt	Source type	journal: pt	n/a

续表

字段标识符	字段名称	示例(短语)	示例(精确)
py	Publication year	2013: py	[2013-2015]/py
re	Report number	doesn't work	doesn't work
rn	CAS registry number	'437 38 7': rn	n/a
sd	Entry date (since date)	n/a	[31-12-2014]/sd
sp	Start page	1: sp	n/a
ta	Abbreviated journal title	'am j clin h': ta	'am j clin hypn'/ta
ti	Title	heart: ti	n/a
tn	Trade name ('drug')	rital: tn	'ritalin'/tn
tt	Original non-English title	'éventrations': tt	n/a
ui	MEDLINE id	26715567: ui	n/a
vi	Volume	1: vi	n/a

(二) 检索途径与方法

Embase 数据库有多种检索功能,比如快速检索(Quick Search)、PICO 检索、PV Wizard 检索、医疗设备检索(Medical device)、高级检索(Advanced)、药物检索(Drug Search)、疾病检索(Disease Search)等。

1. 检索规则　Embase 使用自然语言检索,检索词之间默认 AND 为运算符,进行词组检索时需加引号或短横线;可用逻辑运算符进行组配检索,逻辑运算符的前后都要有空格,且运算先后顺序为 NOT、AND、OR;支持使用截词符检索,“*”表示 0 至多个字符,“?”表示 1 个字符;也可进行位置检索,位置算符“NEAR/n”“NEXT/n”均表示两个检索词的间隔小于 n 个单词,用“NEAR/n”链接的两个词出现的次序可变,而用“NEXT/n”链接的两个词出现次序是不可变的;支持字段检索,Embase 共有 60 个可检索字段,字段限制符有“:”和“/”两种;支持序号检索,每执行一次检索,系统自动为该检索式赋予一个序号,可通过点击左侧的“Session Results”按钮查看,对已执行的检索式间的逻辑运算,可直接以其序号代替,如“#1 AND #2”“#3 AND #4”等。

2. 快速检索(Quick Search)　Embase 数据库的默认检索界面是“Quick”检索,也就是快速检索(图 5-5)。可直接输入检索词或者词组进行检索,“自动完成功能”将建议索引的单词或短语直接来自 Embase 生命科学词库 Emtree。也可以用布尔逻辑运算符(NOT、AND、OR)或者截词符(*、?)等将检索词或者词组构建成为检索表达式进行检索。例如,想要检索关于慢性阻塞性肺疾病的相关文献,可以直接在检索框中输入“Chronic Obstructive Pulmonary Disease”,然后敲击回车键,查看检索结果页面。

在查看检索结果之前,可以点击“Display full query”,在执行搜索之前可以看到查询数量。要查看结果,点击“Show results”。建立搜索后,系统会自动计算结果数量。如果要完整搜索一个短语,可以给短语加上单引号或双引号,如 'heart attack'。也可以使用“Add field”按钮添加新的文本框。点击文本框旁边的铅笔图标,可以选择想要使用的字段,如图 5-6 所示。

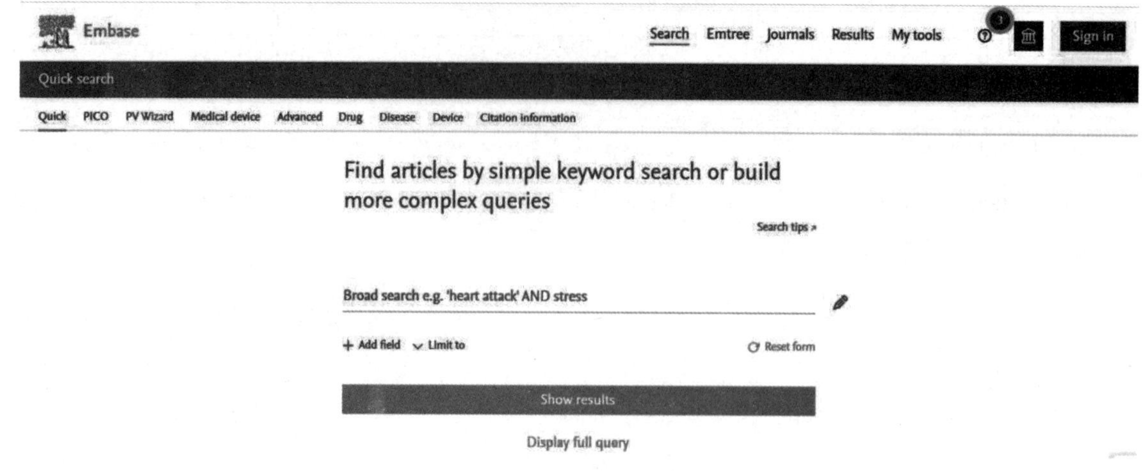

图 5-5　Embase 数据库搜索界面

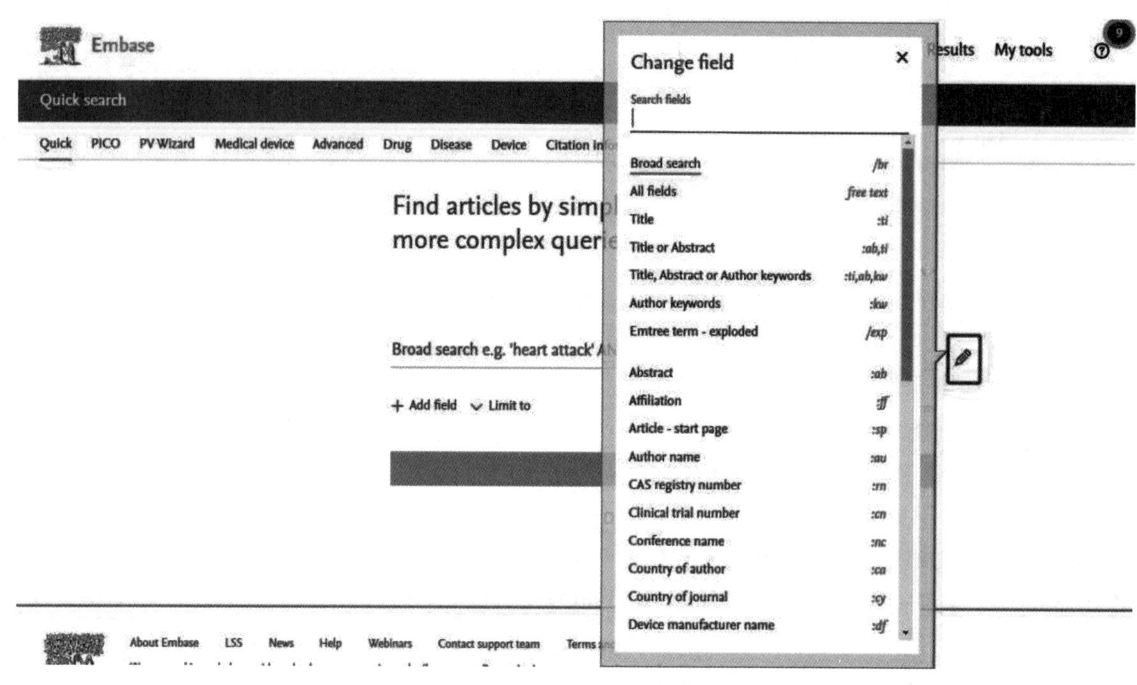

图 5-6　Embase 数据库快速检索选择字段界面

使用最多的前七个字段的含义如下：

宽泛检索（Broad search）是 Embase 默认的搜索策略。它将检索词扩展搜索（/exp）与所有字段的自由词搜索相结合。它将输入的检索词匹配到首选的 Emtree 词，如：aspirin 将被匹配到 acetylsalicylic acid，并搜索相关的主题词或下位词；breast cancer 将包括 basal like breast cancer、breast carcinogenesis、breast sarcoma、breast carcinoma 等。此外，它在所有领域中搜索作为自由词的输入术语，如：hypertension 将被搜索为 hypertension/exp OR hypertension。

所有字段（All fields）是只对所有字段进行自由词检索（排除扩展术语，未检索同义词和子项）。

标题（Title）是在标题字段进行自由词检索。

标题或摘要（Title or Abstract）是在标题或摘要字段进行自由词检索。

标题、摘要、作者关键词（Title, Abstract or Author keywords）是在标题、摘要或作者关键词字段中进行自由文本检索。

作者关键词(Author keywords)是在作者关键词字段中进行自由文本搜索。

Emtree 词 - 扩展(Emtree term-exploded)是指匹配选项,其中相关主题词与首选 Emtree 词相匹配,并添加相关的主题词和下位词。

3. 高级检索(Advanced Search)　在 Embase 数据库搜索界面,点击 "Advanced" 可进入高级检索界面,如图 5-7 所示。

高级检索提供了更多的限定选项来优化用户搜索,以获得更高的精度。按检索规则及字段限制:编制复杂的检索式,如 "'cancer gene therapy'/exp OR((treatment OR therapy)NEAR/5 fluorouracil):ab";给输入的检索词或短语加上单引号或双引号;使用 "自动完成功能" 会从 Embase 的生物医学词库 Emtree 中提示要使用的术语。还可选择选项进行限制,包括 11 项选项,分别为匹配(Mapping)、出版日期(Date)、记录来源(Sources)、字段(Fields)、快速限定(Quick Limits)、循证医学(EBM)、出版类型(Pub.types)、语种(Languages)、性别(Gender)、年龄组(Age)和动物研究类型(Animal),用户可依检索需求选择一项或几项来提高查全率或查准率。

高级检索界面的检索词匹配项(Mapping)共有五个选项:① Emtree 主题词对照检索(Map to preferred term in Emtree),系统将检索词自动转换成主题词进行检索;②当作自由词在全字段中进行检索(Search also as free text in all fields);③扩展下位词及派生词(Explode using narrower Emtree terms),对检索词对应主题词的下位词进行扩展检索;④对检索词进行宽泛检索(Search as broadly as possible),对检索词对应主题词进行扩展检索并同时对检索词的同义词进行检索,提高查全率;⑤主题词加权检索(Limit to terms indexed in articles as'major focus'),仅检索检索词是主要主题词或反映核心内容的文献,提高查准率。

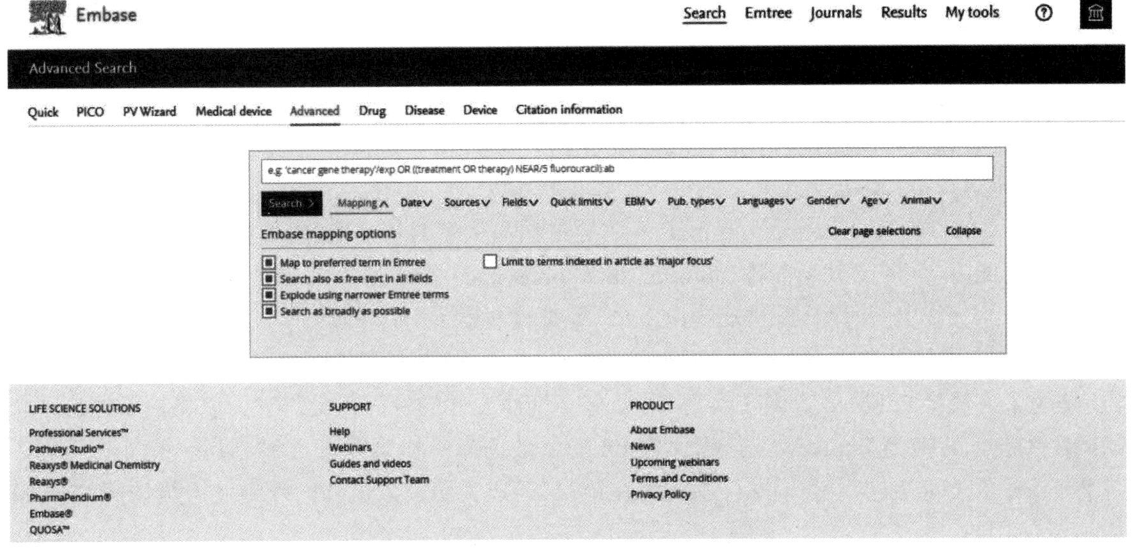

图 5-7　Embase 数据库高级检索界面

4. PICO 循证医学检索　Embase 数据库为了更好地支持循证医学研究,将 "PICO" 引入平台,其中 Population 为研究对象,Intervention 为干预内容,Comparison 为对照内容,Outcome 为结局指标,Study design 为研究设计。用户可以使用 PICO(患者、干预、比较 / 控制、结果)框架构建搜索。可以直接在检索页面上浏览 Emtree,并将最佳 Emtree 术语及同义词应用于 PICO 框架。

5. 药物警戒 PV Wizard 检索　PV Wizard 是目前唯一用于检索个例药品不良反应的数据检索工具,可实现药物不良反应 100% 召回。利用 PV Wizard 检索表可以方便、快捷地构建药物警戒领域文献监测的综合检索查询。检索表包括五个关键要素:药品名称、替代药品名称、药品不良反应、特殊情况、人为限制。

6. 医疗器械检索(Medical device)　可通过医疗器械检索(Medical device)界面的器械名称(Device Name)、副作用(Adverse effect)、限制选项(Limit options)进行进一步检索。可直接输入器械名称(Device Name)或通过Emtree浏览设备名称来添加设备名称。可以从Embase建议的预填列表中选择设备的同义词或者自定义同义词。限制选项(Limit options)中的研究限制(Study limit)是对临床或临床前研究的不同组合的人和动物的限制;可以限定检索结果的发表年份(Publication years)。可以使用日历对检索结果添加到Embase(Records added to Embase)时的实际日期进行限制。

7. 药物检索(Drug Search)　通过药物名称查找文献。其检索界面类似于高级检索,主要增加了高级检索中没有出现的药品字段(Drug Fields)、药物副主题词(Drug Subheadings)、药物使用方式(Routes)。

药品字段(Drug Fields)通过选择药品生产厂家或药品商品名进行检索,并可设置搜索范围,即短语搜索、精确搜索和匹配Emtree。

药物副主题词(Drug Subheadings)是为药物选择概念限定词,如药物副作用(adverse drug reaction)、药物治疗(drug therapy)等术语,其与药物或设备术语相关联时,可以非常精确地了解文章所涵盖的内容。若要搜索多个子标题,可选择多个链接,并可以选择它们之间的布尔逻辑运算符(AND或OR)。

药物使用方式(Routes)是通过限制给药的具体部位(例如:鼻内、局部、口腔)进行检索。若要搜索多个子标题,可选择多个链接,并可选择它们之间的布尔逻辑运算符(AND或OR)。

8. 疾病检索(Disease Search)　通过疾病名称或与疾病症状相关的检索词查找文献。检索界面类似于高级检索,主要增加了高级检索中没有出现的疾病副主题词(Disease Subheadings)。

疾病副主题词(Disease Subheadings)是为疾病选择概念限定词以细化其含义,如疾病管理(disease management)、康复(rehabilitation)等术语,当用疾病、药物或设备术语索引时,可以非常准确地了解一篇文章所涵盖的内容。若要搜索多个子标题,可选择多个链接,并可选择它们之间的布尔逻辑运算符(AND或OR)。

9. 引文信息检索(Citation information)　通过输入文献的基本信息,如标题(Title)、作者姓名(Authors' names)、刊名/刊名简称(Journal title/Abbreviated Journal Title)、DOI、ISSN、CODEN号、卷、期、起始页码、出版时间(Publication Years)等查找文献。

10. 查询翻译器(Query translator)　Query translator是新增的PubMed到Embase的翻译工具,是为了方便将PubMed查询转换为Embase查询而设计的专门工具。它可以将检索词自动从MeSH主题词转换为Emtree术语,确保在Embase数据库中检索时查准率更高。该工具简化了流程、节省了时间、减少了查询翻译中的潜在错误,已成为研究人员和医疗专业人员访问Embase时广泛使用的工具。

11. 主题词检索(Emtree)　Emtree词库是生物医学和相关生命科学领域的一个层次结构的受控词汇表,是Elsevier的权威生命科学词库。借助Emtree索引,可以使用自然语言以精确、高查全率的方式搜索数千种期刊和数百万份会议摘要。其是包括药品、疾病、医疗器械和基本生命科学概念等的一整套术语。Emtree主题词表包括约96 000个首选术语(包含MeSH词表)及近500 000个同义词、35 400种药物和化学品(与近26 800个CAS登记号相关联)、6 000个通用和医疗设备专用术语(如内窥镜、导管)、16 000个医疗器械商品名称(来自2 500多家制造商)、66个药物副标题和14个疾病副标题。

Emtree涵盖了世界卫生组织(World Health Organization,WHO)注册的所有新的国际非专有药名(International Nonproprietary Names,INN),以及美国食品药品监督管理局(Food and Drug

Administration，FDA）和欧洲药品管理局（European Medicines Agency，EMA）列出的所有药物的通用名。Emtree 还涵盖了药物、疾病和生物功能、医疗器械和医疗过程的术语，包括中国传统习俗、研究类型等。

当我们需要查询 Embase 的主题词时，可通过点击页面右上角的“Emtree”标签（图 5-5），进入主题词检索界面。主题词检索界面由 Emtree 主题词浏览区（Browse Emtree）和文献检索区（Query Builder）两部分组成。

Emtree 主题词浏览区（Browse Emtree）可以查找主题词。可以在“Browse Emtree”下方的检索框中输入要查找的检索词（不需加引号），“自动完成功能”会从 Embase 的生物医学词库 Emtree 中提示需要的主题词，选择并点击需要的主题词即可。

例如：输入主题词 osteoarthritis（骨关节炎）进行检索，如图 5-8 所示，图左侧显示与 osteoarthritis 相关的下位词，右侧默认扩展检索（Explosion/exp），也可选择主要主题词检索（Major focus/mj）、Index term/de、扩展和主要主题词检索（Explosion and Major focus/exp/mj）、对检索词进行宽泛检索（As broad as possible/br）、扩展和同义词检索（Explosion and all synonyms/syn）。

点击“Add to Query Builder”按钮，可将选中的主题词添加到本页面右上方文献检索区（Query Builder）检索框中。当向该框中再添加其他检索词时，默认与前一个检索词的关系为 OR 关系，可为检索框中编辑生成的检索式更改布尔逻辑运算符或检索词，确认无误后可点击“Take to Advanced search”进入高级检索界面进行进一步编辑，也可点击“Show results”直接到检索结果页面查看文献。

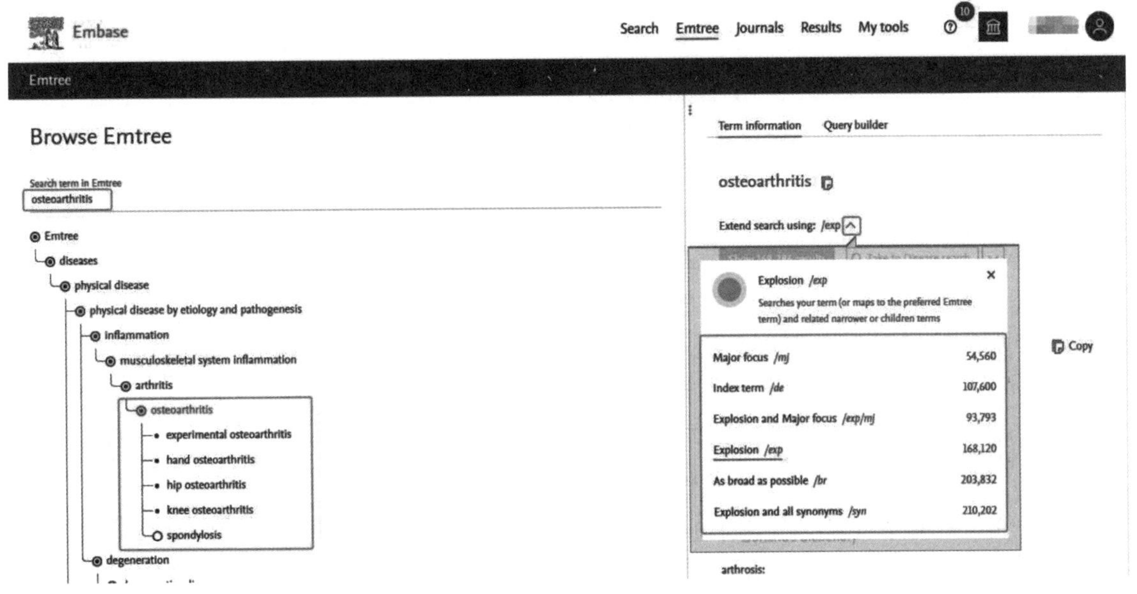

图 5-8　Embase 数据库 Emtree 检索界面

12. 期刊检索（Journals）　在 Embase 数据库页面点击右上角的“Journals”（图 5-5），可进入期刊检索界面。在期刊检索界面可按 A~Z 顺序浏览期刊，选中某一期刊名称，可按卷、期显示其某期文章。还可按期刊名称或 ISSN 号进行期刊筛选。

（三）检索结果的处理

1. 结果筛选　检索结果界面（Results）如图 5-9 所示，分为三部分。左侧显示结果过滤器（Results Filters），可对检索结果进一步限制，其主要筛选类型为：数据来源（Sources）、药物（Drugs）、疾病（Diseases）、医疗设备（Devices）、浮动副主题词（Floating Subheadings）、年龄（Age）、性别(Gender)、研究类型(Study types)、出版类型(Publication types)、刊名(Journal titles)、出版时间(Publication years)、作者(Authors)、会议摘要(Conference Abstracts)、药品商品名称(Drug Trade Names)、药品生产商(Drug Manufacturers)、设备商品名称(Device Trade Names)、设备生产商(Device Manufacturers)。选择相应筛选类型后点击“应用(Apply)”,右侧可显示检索结果。

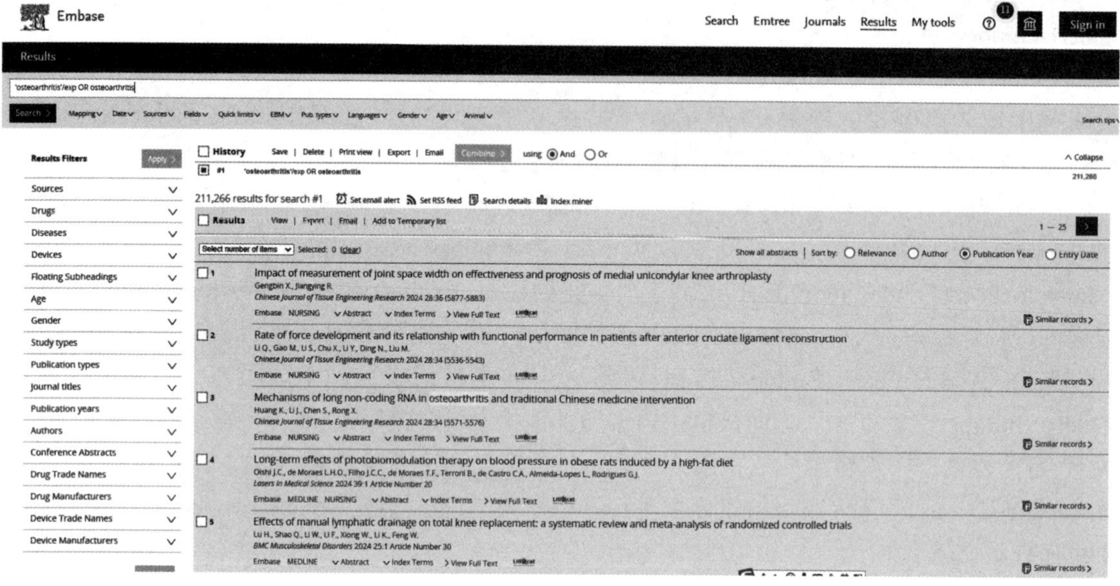

图 5-9　Embase 数据库检索结果界面

2. 检索历史　检索结果界面右上方为检索历史区(History)。检索历史区显示相应检索式及其检索结果条数。检索历史区中功能键有如下作用:

Save:选中一条或多条检索式进行保存(此操作需要登录已注册的账号),保存后显示检索式、检索结果条数、检索时间及更新检索结果时间。

Delete:删除一条或多条选中的检索式。

Print view:打印一条或多条检索式。

Export:选中一条或多条检索式进行导出,导出的是检索式、命中条数及检索时间。可以导出 HTML 文件、TEXT 文件或 CSV 文件。

Email:将一条或多条选中的检索式结果发送至邮箱。

Combine:对检索式进行逻辑运算,选中两条或两条以上检索式,选中“And”或“Or”,点击“Combine”执行选中检索式之间的逻辑组合检索。

可对每一条检索式进行编辑(Edit)、设置电子邮件提醒(Email Alert)、创建订阅接收最近的 20 条搜索结果(RSS Feed)。

3. 检索结果　检索结果界面右下方为检索结果显示区(Results)。检索结果显示区显示命中的记录,并可对命中记录进行浏览、打印、输出、订购全文及将选中的记录存贮到剪贴板中。检索结果显示区中功能键有如下作用:

View:选中一条或多条、一页或多页检索结果进行文献查看。

Export:导出选中的检索结果,导出格式可以选择 RIS format(Mendeley,EndNote)、RefWorks Direct Export、CSV、Plain Text、XML、MS Word、MS Excel、PDF,导出时可对引文信息(Citation information)、书目信息(Bibliographical information)、摘要、检索词和关键词(Abstract,index terms and keywords)、附加选项(Additional options)等具体内容进行选择。

Email:将选中的检索结果,如检索词、摘要、全文链接等,发送至邮箱。

Add to Clipboard：点击加入剪贴板可将选中检索结果临时保存到剪贴板中。

检索结果可以按照相关度（Relevance）、作者（Author）、出版时间（Publication Year）、收录时间（Entry Date）排序。

在每条记录中，点选文章题名可进入该文章的全记录格式，显示所有字段的信息。在检索结果显示区每条记录下显示的有该文献的来源（Embase、MEDLINE 或 NURSING），可分别点选：摘要（Abstract）、检索词（Index Terms）、全文链接（View Full Text）、Lillocat。点击 “Lillocat” 可查看文献的篇名、作者、来源期刊、ISSN、出版时间等信息。导出参考文献格式可选择该页面的 “CITATION”，选择一种标准即可，如图 5-10 所示。

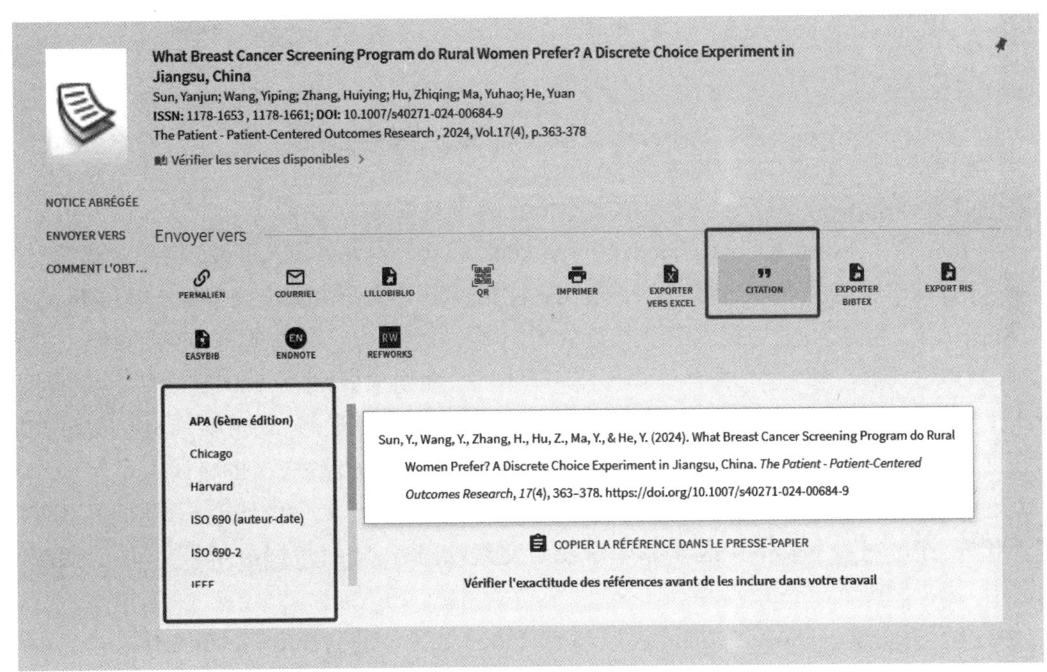

图 5-10　Embase 数据库导出参考文献格式界面

（四）注册

Embase 还可提供一些个性化信息服务。在主页点击 “Sign in” 按钮可进行免费注册，获得一个用户账号。通过账号登录后，可保存检索式和剪贴板中的记录，对保存的内容可进行编辑；还可对选中的检索式设置电子邮件提示（Email Alerts），设置后系统将定期以电子邮件方式发送最新检索结果。

三、其他外文文摘数据库

（一）Web of Science 核心合集

1. 概述　Web of Science 核心合集是含有引文检索的文摘型数据库和检索会议文献、化学结构和化学反应的数据库集合，如图 5-11 所示。Web of Science 核心合集收录了 21 900 多种世界权威的、高影响力的学术期刊，内容涵盖自然科学、工程技术、生物医学、社会科学、艺术与人文等领域。Web of Science 核心合集还收录了论文中所引用的参考文献，并按照被引作者、出处和出版年代编制成索引。通过独特的被引参考文献检索，科研人员可以用一篇文章、一个专利号、一篇会议文献或者一本书的名字作为检索词，来检索这些文献的被引用情况，从而了解引用这些文献的论文所做的研究工作。科研人员可以轻松地回溯某一课题的起源与历史，或者追踪其最新进展，既可以越查越深，又可以越查越新。

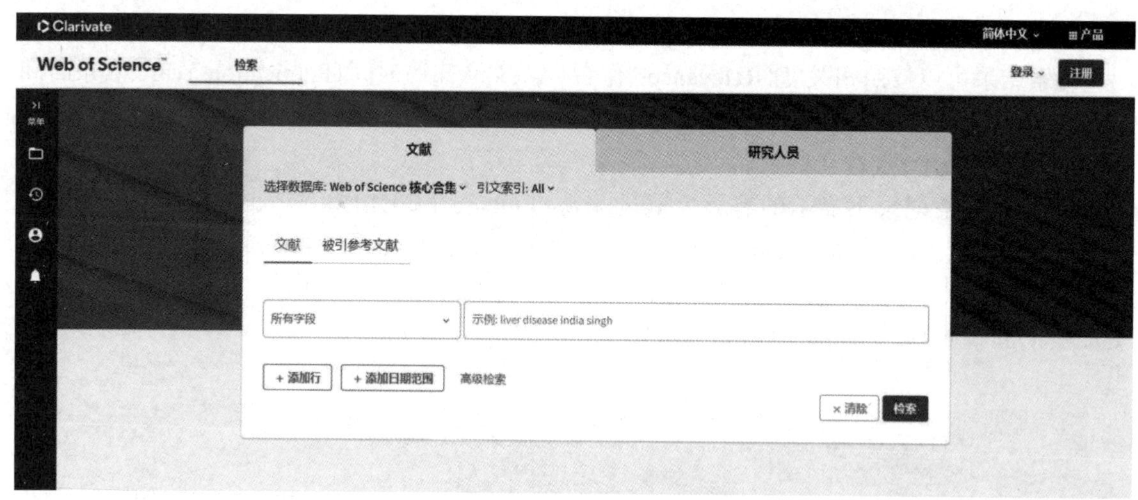

图 5-11　Web of Science 核心合集检索界面

Web of Science 核心合集是全球获取学术信息的重要数据库,由以下几个重要部分组成:

科学引文索引(Science Citation Index-Expanded,SCIE)是 Web of Science 核心合集的一个核心子库,该数据库收录了全球自然科学、工程技术、临床医学等领域内的 178 个学科(如农业、天文学、生物化学、生物学、生物技术、化学、计算机科学、材料科学、数学、医学、神经科学、肿瘤学、小儿科、药理学、物理、植物学、精神病学、外科、兽医学、动物学等)的 9 500 多种有影响力的高质量学术期刊,数据可回溯至 1900 年。使用 SCIE 能够轻松破解最新、最重要的科技文献在期刊与期刊之间、数据库与数据库之间,以及出版社与出版社之间的壁垒,帮助科研人员轻松地找到世界范围内,自己研究领域最前沿、最相关的科技文献,激发科研人员的研究思想,使其获取研究思路。此外,还可通过 Email、RSS 定制主题及引文跟踪服务,随时把握最新研究动态,跟踪国际学术前沿。

社会科学引文索引(Social Sciences Citation Index,SSCI)是 Web of Science 核心合集中的另一个核心子库,它是覆盖社会科学范围的多学科综合数据库,涵盖了来自不同国家主要科研机构和基金会出版的社会科学刊物,最大程度地体现了社会科学所具有的国别与地域特征。SSCI 共收录了 3 500 多种社会科学领域的权威学术期刊,覆盖了 58 个学科领域(如人类学、历史、行业关系、信息科学与图书馆科学、法律、语言学、哲学、政治科学、精神病学、心理学、公共卫生学、社会问题、社会工作、社会学、滥用药物、城市研究、女性研究等),数据可回溯至 1900 年。

艺术与人文引文索引(Arts & Humanities Citation Index,AHCI)是 Web of Science 核心合集中的一个子库,共收录 1 800 多种艺术人文领域的世界权威期刊,覆盖了多个学科领域(如考古学、文化研究、人类学、音乐建筑学、舞蹈、语言和语言学、哲学艺术、电影、广播、电视、文学、文学评论、诗歌亚洲研究、民俗、文学理论和批评、宗教古典希腊和罗马文学、历史、中世纪和文艺复兴研究等),总记录数超过 537 万多条,总参考文献数超过 5 600 万篇,数据可回溯至 1975 年。

会议论文引文索引 - 科学版(Conference Proceedings Citation Index-Science,CPCI-S)和会议论文引文索引 - 社会科学与人文版(Conference Proceedings Citation Index-Social Sciences & Humanities,CPCI-SSH)是 Web of Science 核心合集中的两个会议论文引文索引,通过 CPCI-S 与 CPCI-SSH 可检索国际著名会议、座谈会、研讨会及其他各种学术会议中发表的会议文献。众所周知,会议文献是国际学术交流的重要组成部分,新的理论、新的解决方案和新发展的概念通常最早出现在会议文献中。CPCI 收录自 1990 年以来全球超过 20 万种国际会议的会议文献,涵盖了 250 多个学科领域的 1 200 多万条记录,总参考文献数超过 1.3 亿篇。

图书引文索引（Book Citation Index，BKCI）是 Web of Science 核心合集的一个子库，包括自然科学、社会科学和人文科学领域超过 139 000 种由编辑选择的图书，并以每年 10 000 种新书的速度递增，数据可回溯至 2005 年。所涵盖学科包括农业、生物学、化学、临床医学、计算机科学、经济学、教育学、工程学、历史、生命科学、物理、心理学、社会科学与行为科学、应用科学。教科书、百科全书和参考书不包含在 BKCI 中。

化学反应数据库（Current Chemical Reactions，CCR）是 Web of Science 核心合集的一个子库，包含 1985 年至今摘自知名期刊和 36 家专利授予机构的单步骤或多步骤新合成方法，总计超过 1 060 000 个反应数据。所有方法均带有总体反应流程，且每个反应步骤都配有详细和准确的图形表示。另外，还包含来自法国国家工业产权局（L'Institut National de la Propriété Industrielle，INPI）的 140 000 个反应，最早可追溯到 1840 年（INPI 是法国负责管理专利、商标和工业设计权的主要部门）。

化学物质索引（Index Chemicus，IC）是 Web of Science 核心合集的一个子库，收录了 1993 年以来新的化学物质事实性的数据。记录内容包括结构式、反应式、书目信息和著者文摘，许多记录还包括从原料到最终产物的反应流程。IC 是关于生物活性化合物和天然产物新信息的重要来源。

新兴资源引文索引（Emerging Sources Citation Index，ESCI）是 Web of Science 核心合集的一个子库，于 2015 年被 Web of Science 数据库纳入，指的是拥有潜力，且在学术界已经产生一定影响力的新刊。ESCI 收录了 2005 年至今的 254 个学科的 7 800 多种国际性、高影响力的学术期刊，且这个数据每个星期都在增加。ESCI 将帮助用户了解科学研究的新兴趋势，帮助科研人员获取更加丰富、经过严格选刊标准筛选的同行评议期刊资源。

2. 检索途径与方法

（1）检索规则：输入检索词时不区分大小写，可以使用大写、小写或混合大小写来进行检索，如输入 AIDS、Aids 及 aids 可查找到相同的结果。使用检索运算符时不区分大小写，如 OR、Or 和 or 连接检索词时检索到的结果相同。

在各个检索字段中，检索运算符（AND、OR、NOT、NEAR 和 SAME）的使用会有所变化。例如：在主题字段中可以使用 AND，但在出版物名称或来源出版物字段中却不能使用；可以在多数字段中使用 NEAR，但不能在出版年字段中使用；在地址字段中可以使用 SAME，但不能在其他字段中使用。

在大多数检索式中都可以使用通配符（“*”“$”“?”），但是通配符的使用规则会随着字段的不同而不尽相同。

若要精确查找短语，需使用引号，但这仅适用于主题和标题检索。例如：检索式“energy conservation”将检索包含精确短语 energy conservation 的记录。

如果输入不带引号的短语，则检索引擎将检索包含您所输入的所有单词的记录。这些单词可能连在一起出现，也可能不连在一起出现。例如：输入 energy conservation 将查找包含精确短语 energy conservation 的记录，还会查找到包含短语 conservation of energy 的记录。

如果输入以连字符、句号或逗号分隔的两个单词，则将视检索词为精确短语。例如：输入检索词 waste-water 将查找包含精确短语 waste-water 或短语 waste water 的记录，而不会查找包含 water waste、waste in drinking water、water extracted from waste 的记录。

“'”被视为空格，是不可检索字符。请确保检索不带“'”的不同拼写形式。例如：检索 Paget's OR Pagets 可查找包含 Paget's 和 Pagets 的记录。

输入以连字符或不以连字符连接的检索词均可以检索到用连字符连接的单词和短语。例如：输入 speech-impairment 可查找到包含 speech-impairment 和 speech impairment 的记录。

(2)检索方法

1)基本检索:可检索特定的研究主题、检索某个作者发表的论文、检索某个机构发表的文献、检索特定期刊特定年代发表的文献等。选择检索字段,输入检索词即可进行检索;若有多个检索词可选择添加行,有限定日期可点击添加日期范围;也可选择布尔逻辑运算符连接多个检索词,编辑完成后点击"检索"即可;可选择核心合集中的子库进行检索,如SCI、SSCI、AHCI、CPCI等。

2)被引参考文献检索:可输入被引作者信息、被引著作名称、被引著作发表年份,还可以输入被引著作的标题、卷号、期号、页码及DOI,然后点击"检索"按钮,查找文献。

3)作者检索:可以通过作者姓名、作者的Web of Science Researcher ID或者ORCID及组织名称,查找个人学术档案。通过作者影响力射束图、出版物、引文网络、作者位置、合作网络等信息可全方位了解作者的学术成果及影响力。

4)高级检索:可以选择检索字段,输入检索词添加到检索框中,也可以在检索框中直接输入带字段标识符的检索词或检索式,可以保存历史,创建跟踪服务,还可以组配之前的检索式进行检索,如"#5 AND #3"。

Web of Science核心合集中主要字段标识符如表5-3所示。

表5-3 Web of Science核心合集的字段标识及其含义

字段标识	字段简要说明
TS	主题
TI	标题
AB	摘要
AU	作者
AI	作者标识符
AK	作者关键词
GP	团体作者
ED	编者
KP	Keyword Plus®
SO	出版物标题
DO	DOI
PY	出版年
CF	会议
AD	地址
OG	所属机构
OO	组织
SG	下属组织
SA	街道地址
CI	城市
PS	省/州
CU	国家/地区
ZP	邮政编码

续表

字段标识	字段简要说明
FO	基金资助机构
FG	授权号
FD	基金资助详情
FT	基金资助信息
SU	研究方向
WC	Web of Science 类别
IS	ISSN/ISBN
UT	入藏号
PMID	PubMed ID
DOP	出版日期
LD	索引日期
PUBL	出版商
ALL	所有字段
FPY	最终出版年
SDG	可持续发展目标

3. 检索结果的处理　可通过检索结果界面左侧的高被引论文、综述论文、在线发表、开放获取、相关数据、被引参考文献深度分析再次对检索结果进行过滤。还可依据出版年、文献类型、作者、所属机构、语种、国家地区、研究方向、基金资助机构等对检索结果再次进行筛选。

在检索结果界面右侧，可选择一条或多条检索结果进行导出，导出格式包括 EndNote Online、EndNote Desktop、添加到我的研究人员个人信息、纯文本文件、RIS（其他参考文献软件）、BibTeX、Excel、制表符分隔文件、可打印的 HTML 文件、InCites、电子邮件等，一次最多可批量导出 1 000 条文献记录。

检索结果界面右上方可以分析检索结果、创建引文报告、创建跟踪服务。

（二）BIOSIS Previews

1. 概述　BIOSIS Previews 是关于综合性的生命科学与生物医学的研究索引，是世界著名的生命科学文摘型数据库。BIOSIS Previews 包括 *Biological Abstracts*（《生物学文摘》）、*Biological Abstracts/RRM*（《生物学文摘 / 综述、报告和会议》）及 *BioResearch Index*（《生物研究索引》），涵盖临床前和实验阶段研究、仪器和方法、动物学研究等内容。共收录了 1926 年以来的来自 90 多个国家和地区的 5 500 多种生命科学方面的期刊和 1 500 多个国际会议、综述文章、书籍、专利信息，以及来自生物文摘和生物文摘评论的独特的参考文献，其中大约 2 100 种生物学和生命科学的出版物是完全收录的，另外 3 000 种出版物经 BIOSIS Previews 的专家审阅后只收录其中有关生命科学的内容。BIOSIS Previews 涵盖传统生物学（植物学、生态学、动物学等）、交叉科学（生物化学、生物医学、生物技术等），以及诸如仪器和方法等相关研究的广泛研究领域，可以使用户对生命科学和生物医学文献进行深入调研。基于 Thomson Reuters 平台而建立的 BIOSIS Previews 可提供简捷、高效、易用的检索途径，能准确、有效地发挥其独特的索引机制，帮助用户迅速找到所需信息。使用关键检索词和受控术语并结合上下文，可对包括生物化学、基因和分类数据在内的字段进行精确检索。

2. 检索途径与方法　访问 BIOSIS Previews：主要通过 Web of Science 平台选择 BIOSIS

Previews 数据库或者 OVID 外文医学检索平台选择 BIOSIS Previews 数据库进行检索。

具体检索规则与 Web of Science 核心合集相同。检索方法包括基本检索和高级检索两种，具体检索方法与 Web of Science 核心合集相同。但 BIOSIS Previews 的字段标识符与 Web of Science 核心合集略有区别，如表 5-4 所示。

表 5-4　BIOSIS Previews 的字段标识及其含义

字段标识	字段简要说明
TS	主题
TI	标题
AU	作者
AI	作者标识符
GP	团体作者
ED	编者
SO	出版物标题
AD	地址
PY	出版年
TA	分类数据
MC	主要概念
CC	概念代码
CH	化学物质索引
GN	基因名称数据
SQ	序列
CB	化学和生化名称
CR	CAS Registry Number®
DS	疾病名称
PSD	器官 / 系统 / 细胞器
MQ	方法和设备
GE	地理学
GT	地理时间数据
DE	叙词
AN	专利权人
MI	会议信息
IC	识别码
SU	研究方向
IS	ISSN/ISBN
UT	入藏号
PMID	PubMed ID
DOP	出版日期

3. 检索结果的处理　检索结果界面与 Web of Science 核心合集基本相同，此处不再叙述。

(三) Scopus

1. 概述　Scopus 于 2004 年 11 月推出，是规模最大的同行评议文献（科学期刊、书籍和会议记录）的文摘和引文数据库，如图 5-12 所示。Scopus 涵盖 240 个学科，收录了来自全球 7 000 多家出版商的 28 153 种活跃的同行评议期刊、1 170 多万份会议论文、192 种行业期刊及 1 167 种丛书，文献最早可回溯至 1788 年。Scopus 提供全球科学、技术、医学、社会科学、艺术和人文等领域的文献，并提供跟踪、分析和可视化研究的智能工具。Scopus 包含大量非英语国家出版的期刊，收录超过 1 100 种高质量中国期刊。

Scopus 可作为一站式科研发现的起点，用于追踪、分析科研发展趋势及可视化展示学术研究成果。全球重要的大学排名，如 QS（Quacquarelli Symonds）世界大学排名、泰晤士高等教育（Times Higher Education，THE）世界大学排名、上海交通大学中国最好大学排名、中国高被引学者排名等，多根据 Scopus 的数据进行统计。

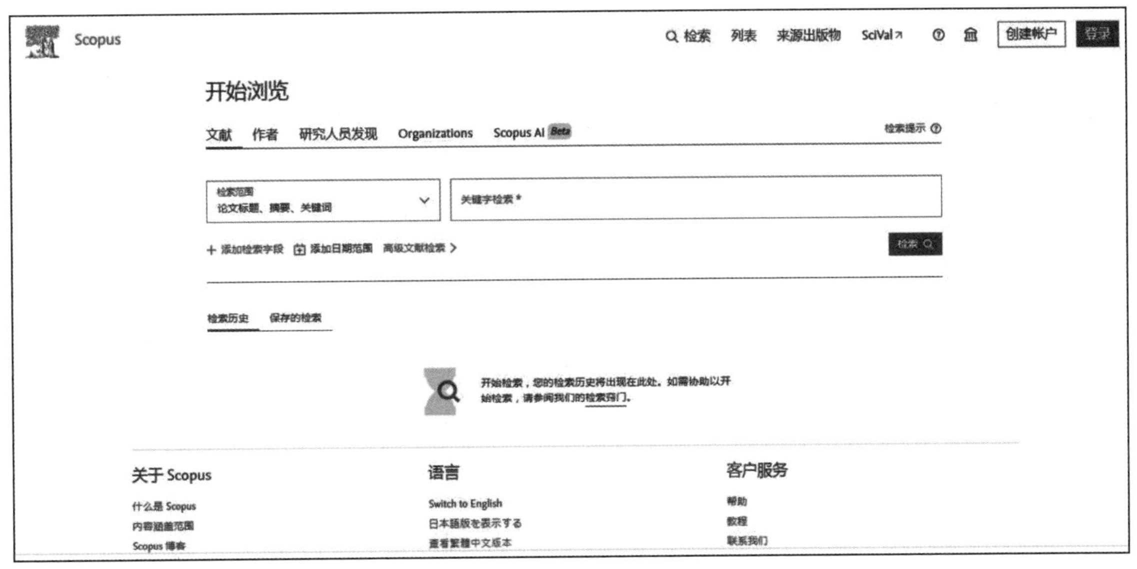

图 5-12　Scopus 检索界面

2. 检索途径与方法　Scopus 数据库有中文检索界面可供选择，支持作者检索、机构检索、文献检索、来源出版物检索、Scopus AI 检索，并能够对检索结果进行可视化分析。可以为学校的科研管理部门、图书馆、科研团队、研究者提供以下帮助：了解机构的科研动态、学科表现、合作单位、学术产出、高影响力学者；跟踪前沿学科发展方向、了解学科领域高水平期刊；确定可能的学科研究方向；了解学科领域的期刊质量、期刊的国际影响力，以及将来可能的投稿方向和目标期刊；找出可能的合作机构和合作学者；机构、学科、学者之间的学术产出比较，帮助确定机构、学科的发展策略，发现和培养本机构有潜力的人才和引进可能的优秀人才。

(1) 检索规则

1) 输入限制：大多数情况下，输入单数名词时，复数及所有格式的关键词也会被检索命中；输入一种形式的同义希腊字母，其他形式都会被检索命中；输入英式或美式拼写时，两种形式都会被检索命中。

2) 词组检索：当多个词汇被空格隔开，系统按照“逻辑与”进行检索。如强制将多个词汇作为一个关键词进行检索，应加双引号或大括号。

3) 通配符：“*”代表任意数目、任意形式的字符；“?”代表任意一个字符。

4）逻辑运算符和位置算符：AND表示所连接的两个词汇须同时出现；OR表示所连接的词汇至少出现一个；AND NOT表示不可出现后面所跟词汇；W/n表示所连接的词汇不分先后顺序、间隔不可超过n个单词的距离；Pre/n表示所连接的词汇按先后顺序出现、间隔不可超过n个单词的距离。

5）逻辑运算符优先级顺序依次为OR、W/n或Pre/n、AND、AND NOT，但可添加小括号改变运算优先级顺序。

（2）检索方法

1）文献检索：可检索特定的研究主题、检索某个作者发表的论文、检索某个机构发表的文献、检索特定年代发表的文献等。选择检索字段，输入检索词即可进行检索；多个检索词时可添加检索字段，有限定日期时可点击添加日期范围；可选择布尔逻辑运算符连接多个检索词，编辑完成后点击“检索”即可。

2）作者检索：可通过选择作者姓名、ORCID或关键字，输入作者姓氏、名字或机构名称进行检索。

3）机构检索：在检索框中输入机构进行检索。

4）来源出版物检索：可选择学科类别进行浏览，也可输入标题、出版商或ISSN进行检索。

5）高级检索：在高级检索界面，可通过输入检索表达式检索文献，也可选择“添加作者姓名/归属机构”等按钮进行检索。

6）Scopus AI：Scopus AI是集成在Scopus网站上的一款生成式人工智能增强型科研工具，可帮助不同学科的初级学者和科研人员浏览和理解学术内容，帮助用户理解不熟悉的学术领域、促进探索并提供基于Scopus作品和文摘的摘要视图，很快还将提供基于相关关键词的可视化图谱显示，帮助用户获得更宽广的视角。

3. 检索结果的处理　检索结果页面左侧有多种指标可供选择以精炼检索结果，检索结果分文献、预印本、专利、研究数据多种类型，还可对检索结果进行多种操作，如导出、引文概要、更多等。点击“分析结果”可进行全部结果的可视化分析。

有多种检索结果排序方式可供选择，如可以将检索结果按照日期（最近）、日期（最早）、施引文献（最高）、施引文献（最低）、相关性、第一作者（A~Z）、第一作者（Z~A）、来源出版物标题（A~Z）、来源出版物标题（Z~A）排序。点击任一条检索结果题名，可以进入文献详细信息页面。

在详细信息页面，可以查看文献详细题录信息，也可以查看该文献被哪些文献引用，以及相关文献等信息。还可以使用下载、打印、保存到PDF、添加到列表等功能。

第二节　外文全文型文献检索系统

一、ScienceDirect

（一）概述

1. 简介　ScienceDirect是Elsevier旗下世界领先的科学、技术和医疗同行评审全文数据库，涵盖近4 000种期刊，包括全球影响力极高的*Cell*（《细胞》）、*The Lancet*（《柳叶刀》），以及43 000部图书，如*Gray's Anatomy*（《格氏解剖学》），覆盖自然科学与工程、生命科学、健康科学、社会科学与人文科学四大领域的24个学科，可以浏览200余位诺贝尔奖获得者的学术研究成果。ScienceDirect将专业权威的内容与智能直观的功能结合，为科研工作者提供文字、视频、数据等多种类型内容，帮助用户掌握最新资讯，提高工作效率。

2. 学科范围　ScienceDirect 收录的学科范围覆盖化学工程、化学、计算机科学、地球与行星学、工程、能源、材料科学、数学、物理学与天文学、农业与生物学、生物化学 / 遗传学和分子生物学、环境科学、免疫学和微生物学、神经科学、医学、护理与健康、药理学 / 毒理学和药物学、兽医科学与兽医学、商业 / 管理和财会、决策科学、经济学 / 计量经济学和金融、心理学、社会科学。

（二）检索途径与方法

1. 检索策略

(1) 布尔逻辑运算符和短语搜索：ScienceDirect 支持的布尔逻辑运算符包括 AND、OR、NOT 和连字符（或减号），布尔逻辑运算符必须全部用大写字母输入，连字符（或减号）为 NOT 运算符。布尔逻辑运算符优先级依次为 NOT、AND、OR。例如：输入检索式 “black-hole” 将出现包含 black 但不包括 hole 的结果。

嵌套子句时可以使用括号，使分组更加清晰且无歧义。例如：不使用检索式 “a OR b AND c OR d”，而是使用 “(a OR b) AND (c OR d)”。

短语搜索中会忽略标点符号，如搜索 “heart-attack” 和 “heart attack” 会出现相同的结果。另外，搜索时会自动包含复数和拼写变形：heart attack 包含 heart attacks，color code 包含 colour code。

(2) 搜索特殊字符和公式：ScienceDirect 支持 UTF（Unicode Transformation Format）-8 字符集，用户可以直接在搜索表单中输入所有 UTF-8 字符，包括非罗马字符和重音字符。在 ScienceDirect 中搜索特殊字符的方法如表 5-5 所示。

表 5-5　ScienceDirect 搜索特殊字符说明

字符	示例
串字变化	支持英式英语和美式英语的串字变化。搜索 colour 会显示回 color，反之亦然
希腊字母和对等字符	搜索希腊字母 Ω，请输入 omega。包含单词 omega、符号 Ω（大写 omega）和 ω（小写 omega）的文档均会显示在匹配结果中
下标和上标	下标和上标字符需输入在与其他字符相同的行内。搜索化学符号 “H_2O”，请输入 H2O
重音字符	搜索名称 Fürst，请输入 Fürst 或 Furst
非字母数字字符	项目符号、箭头及加号等字符会被忽略

(3) 非搜索用词：如表 5-6 所示，表中词语被标识为非搜索用词且不可搜索。

表 5-6　ScienceDirect 非搜索用词

about	by	hence	obtained	since	used
again	can	her	of	so	using
all	could	here	often	some	various
almost	did	him	on	such	very
also	do	his	onto	than	viz
although	does	how	or	that	was
always	done	however	our	the	we
am	due	if	overall	their	were
among	during	in	perhaps	theirs	what

续表

an	each	into	quite	them	when
and	either	is	rather	then	where
another	enough	it	really	there	whereby
any	especially	its	regarding	thereby	wherein
are	etc	itself	said	therefore	whether
as	ever	just	seem	these	which
at	for	made	seen	they	while
be	found	mainly	several	this	whom
because	from	make	she	those	whose
been	further	might	should	through	why
before	had	most	show	thus	with
being	hardly	mostly	showed	to	within
between	has	must	shown	too	without
both	have	nearly	shows	upon	would
but	having	neither	significantly	use	you

2. 检索方法

(1)浏览期刊/图书：点击主页右上角“Journal & Books”按钮，可浏览数据库中所有期刊和图书，也包括那些用户所在机构没有订购的内容，如图5-13所示。

图5-13 ScienceDirect检索界面

可以按以下方式浏览期刊和图书：按“字顺”浏览期刊和图书列表；按“学科”“子学科”浏览期刊和图书列表；选择只浏览有全文获取权限的资源及开放获取资源；选择出版物类型(Publication type)进行浏览，选择一种或多种期刊(Journals)、图书(Books)、教科书(Textbooks)、手册(Handbooks)、参考书(Reference works)、丛书(Book series)进行浏览；选择期刊状态(Journal status)进行浏览。具体说明如表5-7所示。

表 5-7　ScienceDirect 浏览期刊 / 图书说明

领域	说明
搜索期刊或图书名称	输入出版物标题中出现的词语
根据以下标准来细化出版物搜索	从领域下拉列表中选择主题范围（如果适用，可以使用子领域名称）
出版物类型	将搜索结果列表限制为某（几）种特定的出版物类型
期刊状态	显示期刊目前的状态
访问类型	将搜索结果列表限制为已订阅出版物、免费出版物和 / 或开放获取出版物
A~Z/0~9	选择出版物标题的开头字母或数字

若找到了感兴趣的期刊，可以进入期刊主页。在期刊主页可以查看该期刊各期内容、期刊指标、投稿信息和作者指南、期刊定位和编委信息等，还可设置期刊提醒。也可以在“Articles”一栏查看该期刊的待刊论文 / 最新论文 / 高被引论文 / 最多下载论文 / 最受欢迎论文，选择某一篇文献，可进行详细阅读和使用。

若找到了感兴趣的图书，可以进入图书主页，可按章节浏览及下载图书，还可点击“About the book”查看该电子书简介。

(2) 简单检索：简单检索在 ScienceDirect 首页即可完成（图 5-13），搜索同行评审的期刊文章和图书章节（包括开放获取内容），在三个检索框中输入在全文中检索（Find articles with these terms）、在刊名或书名中检索（In this journal or book title）、作者（Author）等信息即可完成检索。

(3) 高级检索：与简单检索界面不同，在 ScienceDirect 首页（图 5-13）中，点击搜索（Search）右侧的高级检索（Advanced search）即可进入高级检索界面。可以在高级检索界面检索框中选择一条或多条字段输入检索词进行文献检索，亦可通过多个布尔逻辑运算符和嵌套子句轻松构建检索式进行文献查询。ScienceDirect 的高级检索说明如表 5-8 所示。

表 5-8　ScienceDirect 的高级检索说明

字段	说明
在全文中检索（Find articles with these terms）	ScienceDirect 将搜索文章的所有部分（不包括参考文献）以查找该检索词出现的位置
在刊名或书名中（In this journal or book title）	输入期刊或图书名称，ScienceDirect 即会显示一个推荐标题列表供用户选择 注意： 1. 选择自动推荐以将搜索范围限制为该特定出版物 2. 在字段中输入一个检索词以搜索标题中包含该检索词的所有出版物，例如，输入 Lancet 以搜索标题中出现 Lancet 的所有出版物
年份（Year）	ScienceDirect 将搜索输入的年份或年份范围的文章 所有年份必须是四位数，如 1975 或 1985-2018
作者（Author）	ScienceDirect 将仅在文章中作者姓名的段落搜索作者名
作者的隶属机构（Author affiliation）	ScienceDirect 将在文章中作者隶属机构部分进行关键词的搜索
卷（Volume）/ 期（Issue）/ 页（Page）(s)	1. 在 Volume（卷）和 Issue（期）字段中，仅可输入数值 2. 可使用连字符来搜索范围，如 1-35 3. 也可以使用“Page (s)（页）”字段来搜索文章号 4. 使用页数时，仅使用第一页或最后一页的页数，或定义整个页数范围

续表

字段	说明
标题、摘要或作者特定的关键词（Title, abstract or author-specified keywords）	ScienceDirect 将仅在文章的标题、摘要或作者特定的关键词部分搜索关键词（点击“Show more fields（显示更多）”即可显示此字段）
标题（Title）	ScienceDirect 将搜索标题中包含搜索关键词的文章（点击“Show more fields（显示更多）”即可显示此字段）
参考文献（References）	ScienceDirect 将搜索文章末尾引用的参考书目（点击“Show more fields（显示更多）”即可显示此字段）
ISBN 或 ISSN	ScienceDirect 将仅在文章的 ISBN 或 ISSN 号中进行搜索（点击“Show more fields（显示更多）”即可显示此字段）

（三）检索结果的处理

1. 结果筛选　检索结果页面左侧显示检索结果篇数和分类过滤区，可对检索结果进一步限制，主要筛选类型包括 Years（出版年份）、Article type（文章类型）、Publication title（出版物标题）、Subject areas（学科领域）、Languages（语种）、Access type（访问类型），如图 5-14 所示。文献若标识为绿色表示可以访问全文。检索到的文献可以按照年份、文章类型、期刊等条件分类查看，便于了解相关主题的发展趋势和期刊文章，辅助论文投稿和选题。

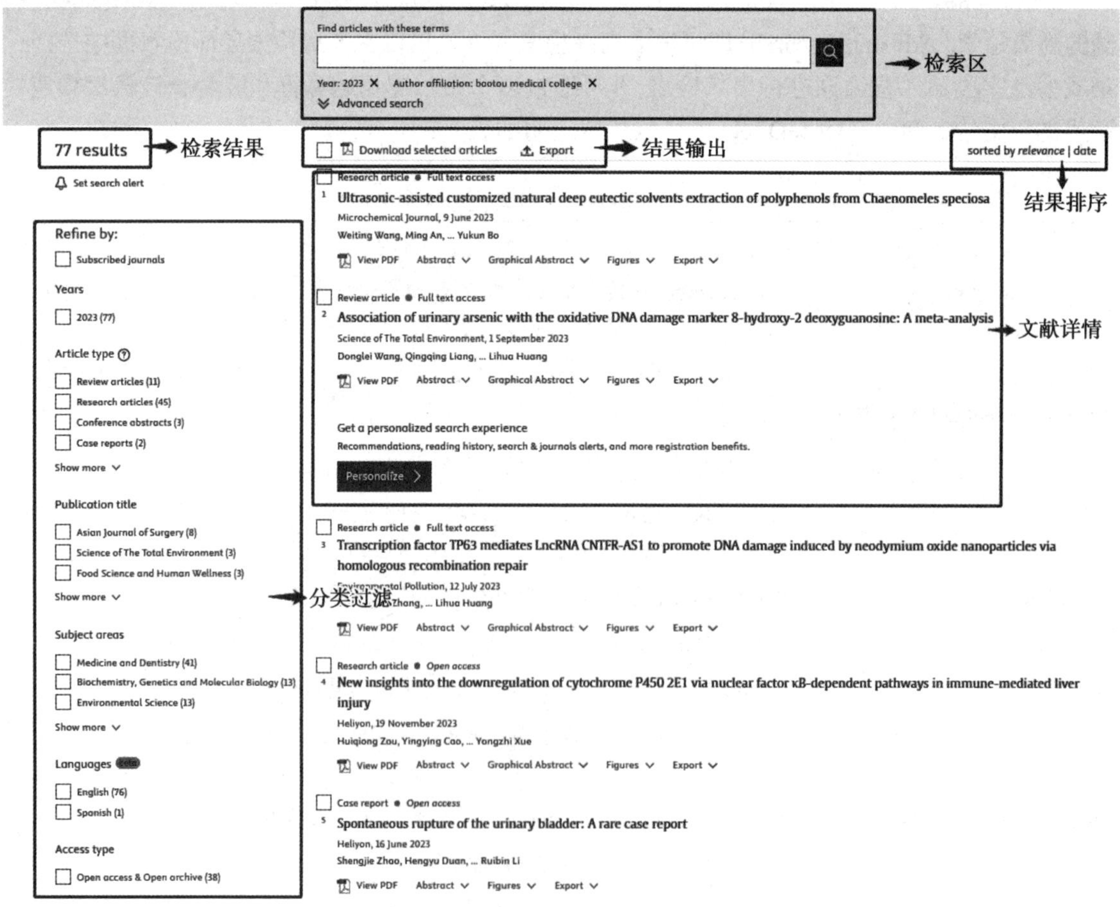

图 5-14　ScienceDirect 检索结果界面

2. 结果排序 在检索结果界面的右上角,可选择按 Relevance(相关性)或 Date(时间)进行排序(图 5-14),默认按相关性排序。

3. 结果输出 ScienceDirect 支持对检索到的文献直接进行全文下载、查看摘要,以及输出到相关文献管理软件等操作,便于文献的整理。在文献页面可以查看引文标题、作者、期刊等信息,不仅可以直接链接到全文,也可以直接查找引用文献在文章中的位置。

(1)下载全文:点击文献标题或 PDF 链接,即可查看期刊文章或图书章节的全文。

1)从期刊期号页面下载整期期刊:选择“Download full issue(下载整期期刊)”,下载的期刊将以 ZIP 格式文件被保存,下载的文章为单独的 PDF 文件。

2)从书籍主页下载书籍:在主页横幅中选择“Download all chapters(下载所有章节)”,下载的书籍将以 ZIP 格式文件被保存,下载的章节为单独的 PDF 文件。

3)多个文献下载:用户使用多个文献下载功能时有篇数限制:在搜索结果页面上,每天最多可下载 100 篇文献;在期刊期号页面上,每天最多可下载 250 篇文献。这些限制仅与每天下载的 PDF 文件总数相关,而与每天执行的多个文献下载次数无关。如果达到了多篇文献的下载限制,则需单独下载各个 PDF 文件。多文献下载功能仅适用于对下载内容进行订阅的机构账户。

从搜索结果列表中下载多个文献时需勾选位于下载文章或书籍章节旁的复选框。勾选下载按钮旁边的复选框,可以一次性选择页面上的所有搜索结果。要增加页面上显示的文献数量,需至搜索结果列表的底部,然后选择每页显示 50 或 100 个结果。选择搜索结果列表顶部的“Download(n)articles”即可下载文献。

(2)导出引文:用户可以将引文以不同的格式导出或直接导出至在线参考文献管理器,如 Mendeley 和 RefWorks。也可导出单个文章和搜索结果中的引文。具体引文导出步骤如下:

1)从文章或章节页面导出引文:选择“Add to Mendeley”会将引文导出至 Mendeley。选择文档顶部的“cite”,会弹出窗口显示可用选项:①保存到 RefWorks;②引文导出至 RIS;③引文导出至 BibTeX;④引文导出至文本。相应的对话框将显示打开或保存引文的选项。

2)从期刊文章列表导出引文:从期刊文章列表中,选择要导出的文章引文的复选框。在左侧面板中选择“Export citations”,可选择导出方法:①保存到 RefWorks;②引文导出至 RIS;③引文和摘要导出至 RIS;④引文导出至 BibTeX;⑤引文和摘要导出至 BibTeX;⑥引文导出至文本;⑦引文和摘要导出至文本。相应的对话框将显示打开或保存引文的选项。

3)从图书目录导出引文:从图书目录中,选择要导出的章节引文的复选框。选择“Export”,可选择导出方法:①保存到 RefWorks;②引文导出至 RIS;③引文导出至 BibTeX;④引文导出至文本。相应的对话框将显示打开或保存引文的选项。

4)从搜索结果页面导出引文:从搜索结果中,选择要导出的文献引文的“Export”,可选择导出方法:①保存到 RefWorks;②引文导出至 RIS;③引文导出至 BibTeX;④引文导出至文本。相应的对话框将显示打开或保存引文的选项。注意,要导出多个文献引文时,需选择文献复选框,然后选择结果顶部的“Export”。

4. 阅读历史 登录 ScienceDirect 后,用户阅读过的文章都会保存到“Reading history”(阅读历史记录)页面。在顶部导航栏中点击用户名,选择“My reading history”,在“Reading history”页面上,点击文章 / 章节标题可重新阅读对应的文章内容。“Reading history”页面最多显示 100 篇用户最近在 ScienceDirect 上阅读过的文章 / 章节,以及阅读相关内容的日期和时间。

“Reading history”页面上的文章 / 章节信息包括以下内容:Document type(文档类型)/access(访问类型)、Article(文章标题)/Chapter title(章节标题)、Author name(s)(作者姓名)、Journal(期刊标题)/Book title(书名)、Journal(期刊)/Book volume/issue(图书的卷 / 期)date(日期)and page(s)(页码)。

用户下载文章 / 章节 PDF 文件后,在文章 / 章节历史记录中将会显示“Last download”(上次下载)的时间标记。若在 “Reading history” 页面上显示有 “Abstract” 一词,点击 “Abstract”,即可预览文档摘要;点击文档标题,即可在 HTML 文章页面上打开文档;点击 “View PDF” (查看 PDF),即可在 PDF 阅读器中打开文档进行查看或下载;点击 “Journal” (期刊标题)/ “Book title” (书名)即可跳转至 ScienceDirect 中对应的期刊或图书主页。

(四) 个性化功能

1. 注册个人账号 定制和享受个性化服务:可保存检索历史,收藏并追踪关注的期刊/图书;登录后可管理、设置 E-mail 提示;添加主题提示;在文章主页面设置检索提示,随时获得最新文章通知,跟踪最新热点研究;设置引文提示,随时了解文章的引用情况。

2. 分享 ScienceDirect 的文章 可以通过电子邮件、Facebook、Twitter、LinkedIn 或 Reddit 分享 ScienceDirect 上的文章。具体操作方法:登录 ScienceDirect,点击文章顶部的 “分享”,从下拉菜单中选择您想要分享到的社交网络平台,社交网站将在辅助窗口中打开。如果当前未登录,系统将提示用户输入社交网络登录信息。

二、Ovid

(一) 概述

Wolters Kluwer(威科)出版集团旗下 Ovid 信息服务平台作为全球最知名的信息集成服务平台之一,提供超过 6 000 种图书、3 000 种期刊、100 多个文摘和全文数据库,涵盖 300 多个医学、生命科学、药学、农学、工程等学科领域数据库,其中 80 多个为生物医学数据库,包括 Books@Ovid(临床各科专著及教科书)、Journals@Ovid Full Text(医学期刊全文数据库)、Embase(循证医学)、EBMReviews、MEDLINE、BIOSIS 等。Ovid 全文数据库(Journals@Ovid)提供多个出版商出版的上千余种医学期刊,包括 LWW(Lippincott, Williams & Wilkins)(世界第二大医学出版社,出版的期刊以临床医学及护理学为代表)电子期刊、英国医学学会期刊专辑(British Medical Association Journals Collection)、牛津大学出版社(Oxford University Press, OUP)医学电子全文期刊、德国 Thieme 出版社电子全文期刊(Thieme Journals Full text Collection)等核心医学期刊。Ovid 全文数据最早可回溯至 1993 年。

(二) 检索途径与方法

1. Ovid 支持的检索字符

(1)逻辑检索:AND、OR、NOT,所输入检索词不区分大小写。

(2)字段检索:字段名缩写,如检索 “adiponectin.ti” 可检索题名中出现 adiponectin 的文献。

(3)词组检索:所输入的词组如有空格,直接按照 AND 运算进行检索。

(4)邻近检索:使用 adj 相邻运算符可以检索包含相邻并按特定顺序排列的两个指定检索词的记录;使用 adjn 可以检索包含间隔小于等于指定字数(n-1)的以任意顺序排列的两个指定检索词的文献记录。

(5)无限截词符:“$” 用于词尾,如检索 “Disease$”,可查到 disease、diseases、diseased 等。但需注意的是,有些时候会找到不是自己想要的资料,如需要找到 rat 和 rats,而以 “rat$” 为检索词时,也会出现 rate、rationalize、ratify 等。

(6)有限截词符:“$n” 用于词尾,替代 n 个字符。例如:检索 “dog$1”,会检索到 dog 和 dogs,但不会找到 dogma。

(7)强制通配符:“#” 可以放在查询字词的中间或是后面。例如:检索 “wom#n” 可查到 woman、women;检索 “dog#” 会出现 dogs,但是不会查到 dog。特别需要注意的是,在使用 “#” 时,前面至少要有两个字符才可以查询。

(8)可选通配符:“?” 用于词中或词尾,替代 0 或 1 个字符。例如:检索 “colo ? r” 可以查到 color、colour。这个字符对于查询英式和美式拼写不同的单词有很大的帮助。使用时特别需要注意的是，"?"前面不能只有一个字符，否则会查询不到数据。

(9) 组合检索：可以手动输入，使用检索历史处的检索集合序号进行组合检索等。例如："2.ti." "2 AND 3" "2 OR 3" "2 NOT 3" 等。

2. 选择资源　进入 Ovid 平台后显示所有可以访问的资源。可选择单一资源，直接点击资源名称，进入所选资源。也可选择多个资源，勾选资源名称前面的方框后，点击"确认"按键，进入资源检索页面。使用右下角"Add Group 添加群组"可以按照个人的使用习惯对所选资源进行分组命名。

3. 检索模式　Ovid 提供六种检索模式，即基本检索、常用字段检索、检索工具、字段检索、高级检索和多个字段检索，如图 5-15 所示。当选择期刊、图书等全文数据库检索时，不提供检索工具模式。

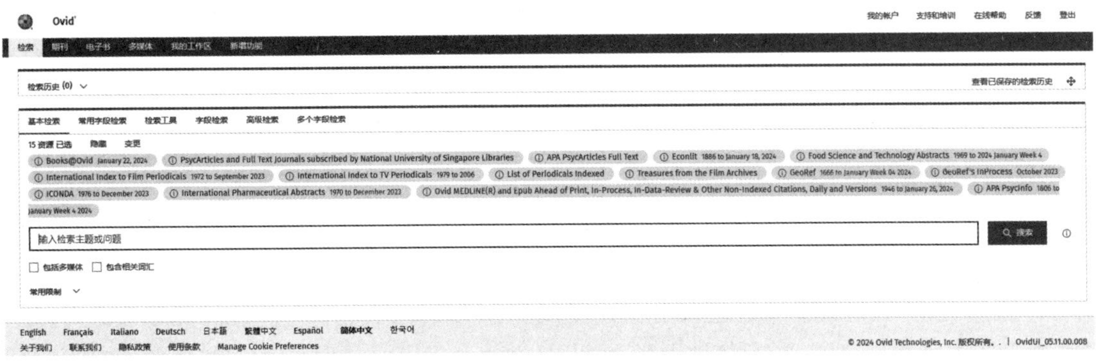

图 5-15　Ovid 基本检索界面

(1) 基本检索：自然语言检索，可以直接检索单词、词组、句子，可用于初步查找科研课题或问题，快速获取最新文献信息。勾选"包含相关词汇"可自动进行检索词的不同时态、单复数、同义词、近义词等的扩展检索。

检索框下面的"常用限制"可以对检索结果进行所选项目的筛选（可以多选）。点击"更多限制"可查看所有可以进行筛选的选项。

在基本检索页面检索时：使用具有明确概念含义的检索词或语句；多使用概念明确的名词而非动词；不要使用问号、括号、连字符等符号，截词符、通配符、逻辑运算符等不适用；检索历史处的"AND" "OR"按键不能使用，但可以在检索框中手动输入检索语句，如"1 AND 4"；可以手动输入，使用检索历史处的检索集合序号进行组合检索等，如"2.ti." "2 AND 3" "2 OR 3" "2 NOT 3" 等。

(2) 高级检索：支持检索单词、词组，用于更加全面和精准地查找所有符合条件的结果。①关键词检索：在检索框中输入关键词或词组进行检索。②作者检索：在检索框中输入作者的姓名，要求姓在前，名在后（仅用首字母即可），姓名间用空格分开。③标题检索：检索标题中出现输入的词或词组的文献。④期刊检索：输入期刊名称，勿用缩写，如果不知道全名，可用"*"或"$"部分代替（如 diabetes*）。⑤书名检索：输入图书完整名称，若不知完整名称，可使用"*"或"$"进行截词检索（如 Textbook*）。

(3) 检索工具：用于检索文献资源所附带的主题词表（叙词表）。没有主题词表的数据库不显示此模式。

(4) 字段检索：浏览或检索单个、多个或所有字段选项，精准制定检索选项，常用字段如图 5-16 所示。

(5) 常用字段检索：通过常用引文字段定位某篇或某几篇文献，包括 Article Title（全部或部分的文章标题）、Journal Name（刊名）（若不知道完整名称时，请勾选截词检索）、Author Surname（作者姓名）（若不知道作者全名，请勾选截词检索）、Publication Year（出版年）、Volume（卷）、Issue（期）、Article First Page（文章首页码）、Publisher（出版社名称）、Unique Identifier（唯一标识符）、DOI。

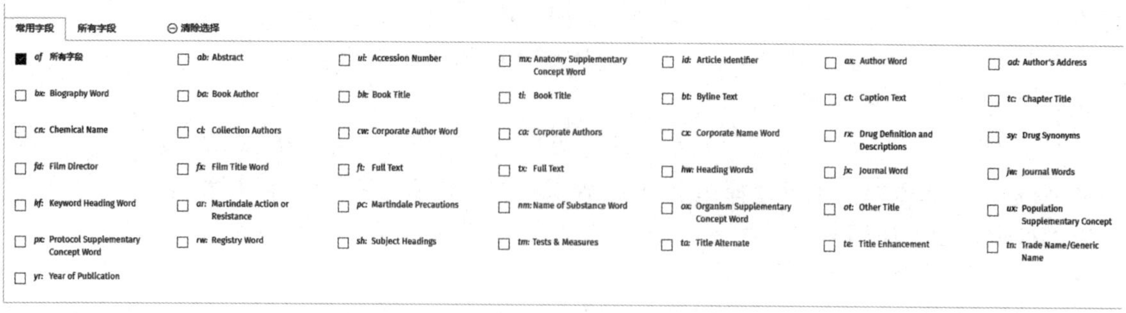

图 5-16　Ovid 字段检索界面常用字段

(6) 多字段检索：组合多个字段选项进行检索，各字段逻辑关系为与、或、非。

4. 期刊检索及浏览　点击左上角导航栏中的“期刊”可进行期刊浏览。可以使用左上角的“搜索框”进行期刊题名的搜索。使用“依订阅状态筛选”可以查看机构订购的期刊和 Ovid 平台所有期刊(未订购期刊不能查看全文)。使用“依刊名筛选”可按期刊题名首字母筛选期刊。使用“依主题筛选”可以按照主题筛选期刊。

5. 我的工作区　登录“我的账号”后即可使用“我的工作区”，“我的工作区”包含三个功能选项。

(1) 我的课题：以课题为单位进行内容管理，用户可以自己创建、修改、删除课题文件夹，并对文件夹内的内容进行打印、电子邮件发送、输出等操作。可以收录保存：① Ovid 平台内的内容，包括检索结果、检索历史、PDF 全文、电子书章节、多媒体内容、文章信息等；② Ovid 平台以外的内容，包括用户保存的其他搜索信息或制作的文件等内容。

(2) 我的检索与定题通告：用户可以保存自己的检索策略，并且将检索策略设置成自动提醒，定时发送给自己或多人。

(3) 我的期刊目录订阅服务：用户可以订阅 Ovid 平台上期刊的题录信息，订阅后期刊每新出一期，即将该期所包含的文章信息自动发送至指定的电子邮箱。

（三）检索结果的处理

1. 检索历史　点击“检索历史”中的“结果显示”，可以查看该检索式的所有检索结果信息。可以切换检索结果显示形式，包括“标题查看”“题录查看”“摘要查看”。文献的相关链接在该文献信息右侧显示，可根据各机构订购内容和设置而变化。点击“批注”可以添加你对这篇文献的个人注释信息。

2. 检索信息　显示最近输入的检索内容与使用的检索词、检索结果数量、排序依据和手动设定显示的选项。

3. 过滤方式　可以按照相关选项对现有检索结果进行多次、更进一步的筛选。“相关度”仅适用于基本检索，显示检索结果与检索内容的相关度。可通过“主题”筛选检索结果中符合相关概念或主题的内容。点击“新增到检索历史”可将该过滤步骤增加到检索历史。

4. 我的课题　具体内容见“(二) 检索途径与方法”中的“5. 我的工作区”“(1) 我的课题”。

5. 文献检索结果的输出　可以在检索结果页面点击“输出”选择检索结果题录信息的输出内容，如图 5-17 所示。勾选“所有”或填写范围可选择要输出的文献结果范围，或者可勾选文献结果前面的方框指定输出的文献。

“打印”：打印所选文献结果。

“电子邮件”：将所选文献结果通过电子邮件发送给其他人，可一次性发送给多个邮箱。

“输出”：将所选文献结果输出成 Word、PDF、Excel 文件，或输出到 EndNote、RefWorks 等文献管理工具。用户可以自己设置输出的字段内容，包括题录、摘要、主题词、详细题录信息等。可提供多种题录格式的输出，包括 Ovid Citation、AMA、APA、MLA、Chicago 等。检索策略、添加的个性化注释等内容可以一并输出。

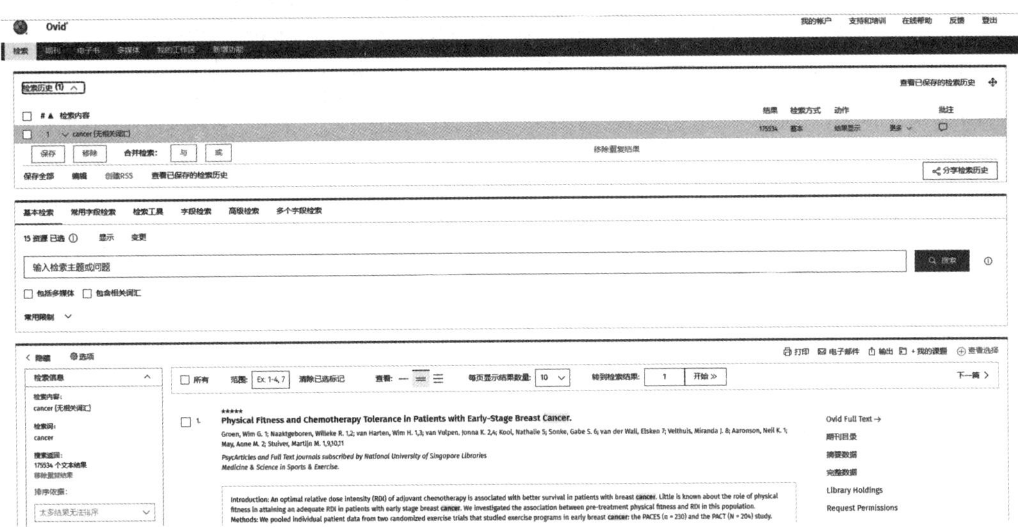

图 5-17　Ovid 检索结果界面

三、EBSCO（ASP+BSP）

（一）概述

EBSCO 公司是专门经营纸本期刊、电子期刊发行和电子文献数据库出版发行业务的集团公司。其代理发行超过 260 000 种纸本期刊、超过 50 个全文期刊数据库、超过 50 个文摘型数据库、近 10 000 种电子期刊（其中近 8 000 种可检索到摘要或全文，并可链接到全文）。其收录范围涵盖自然科学、社会科学、人文和艺术、教育学、医学等各类学科领域。本节以 EBSCO 数据库中的综合学科参考类全文数据库（Academic Search Premier，ASP）和商管财经类全文数据库（Business Source Premier，BSP）为例，对其进行重点介绍。

1. ASP

（1）收录年限：1887 年至今。

（2）主题范畴：涵盖多元化的学术研究领域，包括物理、化学、航空、天文、工程技术、教育、法律、医学、语言学、农学、人文、信息科技、通讯传播、生物科学、公共管理、社会科学、历史学、计算机、军事、文化、健康卫生医疗、艺术、心理学、哲学、国际关系、各国文学等。

（3）数据内容：25 000 多种刊物的索引和摘要，4 600 多种全文期刊[其中 3 800 多种为专家评审（peer-reviewed）期刊]，200 多种非期刊类全文出版物（如书籍、专著、报告和会议论文等）。值得注意的是，ASP 持续收录 2 100 多种在 Web of Science 或 Scopus 中索引的全文期刊。其为 100 多种期刊提供了可追溯至 1975 年或更早年代的 PDF 过期案卷，并提供了 1 000 多个题名的可检索参考文献。ASP 收录了经过严格筛选且被索引的 OA 期刊，包括 6 500 多种全球 OA 期刊，该数字还将持续增长。一旦经过收录验证和认证，ASP 将赋予这些 OA 期刊以高质量的主题索引和复杂、精确的全文链接。ASP 还收录了来自美国联合通讯社 1930 年至今的 75 000 多个视频（根据各地规定，部分地区视频使用受限），内容每月更新，有助于学生全面开展研究。

2. BSP

（1）收录年限：1886 年至今。

（2）主题范畴：涵盖商管财经相关领域文献，如金融、银行、国际贸易、商业管理、市场营销、投资、房地产、经济学、企业经营、财务、能源管理、信息管理、知识管理、工业工程管理、保险、法律、税收、电信通讯等。

（3）数据内容：BSP 是行业中使用最多的商业研究数据库，约收录 7 400 多种期刊索引及摘要（其中逾 2 300 种全文期刊，1 100 多种为专家评审期刊）、29 000 多种非期刊全文出版物（如案例分析、专著、国家及产业报告等）。BSP 持续收录 530 多种在 Web of Science 或 Scopus 中索引的全文期刊。BSP 对 OA 期刊进行严格管理和索引，这使得其全球活跃 OA 期刊的收藏数量不断增加，达到 1 722 种。一旦经过收录验证和认证，BSP 将赋予这些 OA 期刊以高质量的主题索引和复杂、精确的全文链接。与同类数据库相比，BSP 的优势在于它对所有商业学科都进行了全文收录，包括市场营销、管理、管理信息系统专业（management information system，MIS）、生产运作管理（production and operations management，POM）、会计、金融和经济等。

（二）检索途径与方法

1. 检索规则　EBSCO 数据库支持截词符号 “*” 用于检索变形体、单复数，如输入 “econ*” 可以检索到 economy、economic、economically 等，输入 “Student*” 可以检索到 student、students。通配符 “？” 可替代一个字母，可用于检索英式和美式拼写差异，如输入 “organi ? ation” 可以检索到 organisation、organization。通配符 “#” 可替代多个字母，可用于检索英式和美式拼写差异，如输入 “behavi#r” 可以检索到 behavior、behaviour。双引号用于检索固定短语，如输入 “‘global warming’” 可以检索到固定格式的词组，位置顺序保持不变。

2. 检索方法

（1）高级检索：EBSCO 数据库为外文数据库，检索界面提供了简体中文、繁体中文、英文、法文、德文、西班牙文等多种显示方式。选择 ASP 或 BSP 数据库进入后，页面右上角有 “languages” 标志，下拉此标志可选择 “简体中文”，检索项变为对应的中文，以方便用户检索。

在 EBSCO 主页选择 ASP 或 BSP 数据库，点击进入检索界面，默认的检索界面为 new search（新检索），也就是高级检索页面，如图 5-18 所示。在高级检索界面，点击右侧 “选择一个字段” 下拉框可进行字段选择，如标题、作者、主题词、摘要、期刊名称、ISSN 等。若有多个检索词，可添加行来增加检索框，行与行之间的检索词可通过点选布尔逻辑运算符进行组配检索，最多可设置 12 行。可选择相应的检索模式、扩展条件和限制条件。选择相应的限制条件，如同行评审期刊、特定出版日期、出版物类型、图像快速查看类型等，可以缩小检索范围。

（2）基本检索：点击页面基本检索按钮输入关键词或词组，如果进行准确检索，则需点击 “检索选项”，与高级检索一样，可以选择相应的限制条件，例如同行评审期刊、特定出版日期、出版物类型、图像快速查看类型等，从而缩小检索范围。

其中，检索字段可用字段代码表示，如全文 “TX”、作者 “AU”、文章题名 “TI”、主题 “SU”、文摘或作者提供文摘 “AB”、关键词或作者提供关键词 “KW”、地理术语 “GE”、人名 “PE”、综述和产品 “PS”、公司实体 “CO”、股票 “TK”、刊名 “SO”、国际统一刊号 “IS”、国际标准书号 “IB”、数据库存取号 “AN” 等。

（3）出版物检索：点击 EBSCO 页面顶部工具栏上的 “出版物” 按钮，在 “浏览出版物（Browse Publications）” 输入框中输入期刊名称或关键词，然后点击 “浏览（Browse）” 可进行出版物检索。之后点击标题链接可以查看期刊详细信息页面。还可直接按字母顺序浏览出版物。

在期刊详细信息页面上，可以查看此出版物中不同年份、卷、期下的文章，可以通过点击右上角的 “共享（Share）” 按钮进行分享。点击 “共享（Share）” 按钮中的 “电子邮件快讯（E-mail Alert）” 可以打开期刊提醒设置窗口。

（4）主题词语检索：帮助用户准确地确定叙词表中的主题词，以便在正规的叙词表中检索。主题词语检索流程：首先从 “科目” “地点” “人物” 三类中选择一类，然后按叙词的

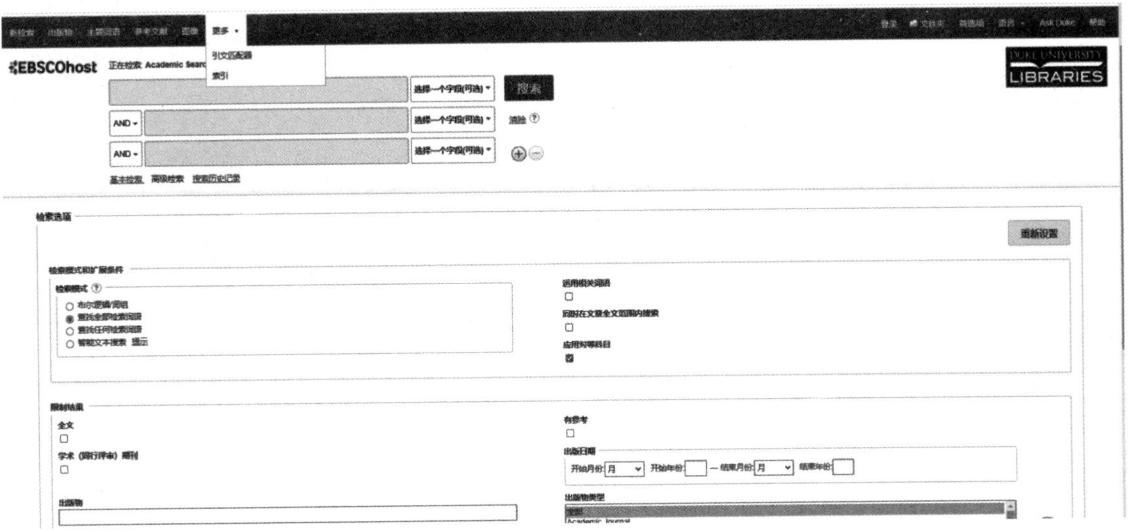

图 5-18　EBSCO 新检索界面

开始字母(Term Begins With)顺序浏览确定,或者在浏览框中输入相关词(Relevancy Ranked)进行快速浏览确定,选中叙词后,点击“添加”按钮,规范化的叙词将自动输入最上面的查找框中,最后单击“搜索”按钮即可检索。

(5)参考文献检索:参考文献检索能够帮助用户扩大检索范围,可从引文作者(Cited Author)、引文题名(Cited Title)、引文来源(Cited Source)、引文年限(Cited Year)等方面进行检索。

(6)图像检索:图像检索是 EBSCO 的一个特色,EBSCO 提供了超过 100 万幅图片。可在人物图片(Photos of People)、自然科学图片(Natural Science Photos)、某一地点的图片(Photos Of Places)、历史图片(Historical Photos)、地图(Maps)、标志(Flags)、黑白照片(Black and White Photograph)、彩色照片(Color Photograph)、图表(Chart)、图解(Diagram)、图形(Graph)、插图(Illustration)、地图(Map)等选项中进行检索。

(7)引文匹配器:引文匹配器页面的字段包括出版物、日期、标题、卷、期号、开始页面、作者、入藏编号,用户可通过这些字段查找引文。其中,出版物字段、作者字段和标题字段支持使用通配符“?”和截词符“*”,但不支持使用布尔逻辑运算符(AND、OR、NOT)和字段标记(如 AN、PMID)。

(8)索引:用户可从索引浏览项下选择著者、著者提供的关键词、公司实体、文献类型、登记日期、地理术语、标题词、ISBN、ISSN、语言、人物、出版物名称、综述和产品、证券代码和出版年等进行限制后浏览并检索。

(三) 检索结果的处理

1. 结果筛选　检索结果页面如图 5-19 所示,部分结果包含 PDF 全文或者 HTML 全文或者两种格式均有,部分结果仅显示摘要。EBSCO 数据库提供了检索结果筛选和排序功能。筛选功能在左侧,包括文章是否带全文、出版日期、来源类型(例如学术期刊、杂志、报纸)、主题、出版物、语言等选项。排序功能在右上角,可以根据相关性、出版时间、作者、来源等条件对搜索结果进行排序,以便检索者更快地找到所需文献。可在检索结果页面右上角“页面选项”设置页面显示内容,包括结果格式、图像快速查看、每页的结果数量、页面布局。

2. 文献下载　在搜索结果中,选择需要下载的文献,点击文献标题或者 HTML 全文或者 PDF 全文,在文献全文页进行下载。

3. 文章详细信息页面　文章的详细信息页面提供文章的摘要和全文链接。还可通过文章详细信息页面的工具栏实现如下功能:①添加至文件夹;②打印文章;③将文章发送到邮箱,如果提供全文,全文会作为附件显示;④保存文献;⑤导出文章的不同参考文献引用格式,

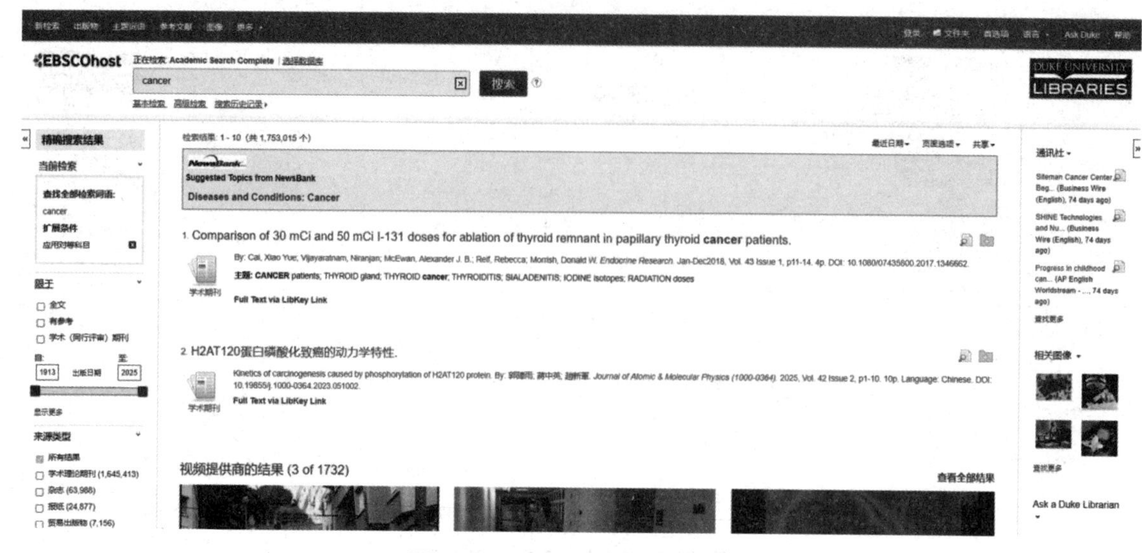

图 5-19　EBSCO 检索结果界面

包括 ABNT、AMA、APA、MLA 等九种格式，可复制粘贴到参考文献列表中；⑥导出至各种参考文献管理工具，如 EndNote、RefWorks、Zotero；⑦添加文章注释；⑧创建永久链接，即一个稳定永久的 URL，可以添加至邮件、网页或者书签中；⑨边读边听，包括三种不同口音，可下载；⑩在线翻译。

(四) 个性化服务

EBSCO 数据库提供了个性化服务功能，用户可以创建个人账户，创建文件夹，使用保存检索记录和检索结果、定制提醒和动态服务、账户内容同步等功能，以便更好地管理和跟踪个人的学术研究。

【结语】

本章介绍了查找医学文献常用的外文文摘型文献检索系统，包括 PubMed、Embase、Web of Science 核心合集、BIOSIS Previews、Scopus，以及外文全文型文献检索系统，包括 Ovid、ScienceDirect、EBSCO(ASP+BSP)。各检索系统的呈现内容主要包括概况、检索途径与方法、检索结果处理等。

(安玉婷)

习题

1. 利用 PubMed 的高级检索功能检索论文篇名中同时出现吸烟(smoking)、死亡率(mortality)、癌症(cancer)的英文文献，回答以下问题：

(1) 写出检索步骤。

(2) 共检出几篇文献？

(3) 任意选择一篇，写出该文献的标准参考文献格式。

2. Embase 数据库有哪些检索方式？

3. 外文文摘型医学数据库有哪些？

4. 如何利用 ScienceDirect 的高级检索功能检索内蒙古科技大学包头医学院 2023 年发表的全部文献？

5. 如何利用 EBSCO(ASP+BSP)数据库查找 *AANA Journal* 期刊？

6. 外文全文型医学数据库有哪些？

第六章　网络医学文献检索

第一节　网络信息资源

一、网络基础知识

(一) 互联网发展状况

互联网,全称国际互联网,中文译名为因特网,是由使用公用语言来互相通信的计算机连接而成的全球网络。

1969 年,美国国防部(Department of Defense,DOD)国防高级研究计划局(Defense Advanced Research Projects Agency,DARPA)资助建立了一个名为 ARPANET(阿帕网)的网络,这个网络将洛杉矶的加利福尼亚大学、斯坦福大学、圣巴巴拉的加利福尼亚大学及盐湖城的犹他州立大学的计算机主机采用分组交换技术,通过专门的通信交换机和通信线路相互连接起来。ARPANET 就是互联网最早的雏形。

1972 年,ARPANET 上的网点数已经增加至 40 个,这 40 个网点彼此之间可以发送小文本文件(当时称这种文件为电子邮件)和利用文件传输协议发送大文本文件(包括数据文件),可以通过远程登录协议使用远程电脑上的资源。1974 年,互联网协议(internet protocol,IP)和传输控制协议(transmission control protocol,TCP)问世,被合称为 TCP/IP 协议,这两个协议重新定义了在电脑网络间传送报文的方法。1993 年,万维网和浏览器得到应用,人们在因特网上看到的内容不仅有文字,还有了图片、声音和动画,甚至有了电影。互联网的迅速崛起引起了全世界的瞩目,也引起了我国的重点关注。

1987—1993 年是互联网在中国的起步阶段,互联网开始得到国内科技工作者的关注,以中国科学院高能物理研究所为代表的一批科研院所,开始与国外机构合作研究一些与互联网联网有关的科研课题,并通过拨号方式使用互联网的电子邮件系统,为国内一些重点院校和科研机构提供国际互联网电子邮件服务。1990 年 10 月,中国正式向国际互联网络信息中心(Internet Network Information Center,InterNIC)登记注册了最高域名 “CN”,至此开始使用自己域名的互联网电子邮件。1994 年 3 月,我国开通并测试了 64Kbps 专线,并获准加入互联网,开启了中国互联网时代。

1996 年 1 月,中国公用计算机互联网(ChinaNet)建成并正式开通。同年 12 月,中国公众多媒体通信网(169 网)开始启动,广东视聆通、天府热线、上海热线作为首批站点被正式开通。1997 年,ChinaNet 实现了与其他三个互联网络(中国科技网、中国教育和科研计算机网、中国金桥信息网)的互联互通。自此,互联网在中国进入了飞速发展时期。

1997 年 11 月,中国互联网络信息中心发布第一次《中国互联网络发展状况统计报告》。报告指出：截至 1997 年 10 月 31 日，我国共有上网计算机 29.9 万台，上网用户 62 万人，CN 下注册的域名 4 066 个，WWW 站点 1 500 个，国际出口带宽 1 864Mbps。截至 2023 年 12 月，中国网民规模达 10.92 亿人，较 2022 年 12 月新增网民 2 480 万人，互联网普及率达 77.5%，较 2022 年 12 月提升了 1.9 个百分点。截至 2023 年 12 月，我国手机网民规模达 10.91 亿人，较 2022 年 12 月增长 2 562 万人，网民使用手机上网的比例为 99.9%。我国 IPv4 地址数量为 39 219 万个，IPv6 地址数量为 68 042 块 /32，IPv6 活跃用户数达 7.62 亿；我国域名总数为 3 160 万个。2023 年，我国数字化、网络化、智能化发展日新月异，不断夯实数字底座，持续提升服务质量，有力推动了互联网普及。

（二）互联网域名基础知识

互联网上的任何一台主机都有一个全球唯一的 IP 地址，我们想要访问某一台服务器，必须首先知道其 IP 地址。由于 IP 地址是一个数字地址，记住几台服务器的 IP 地址还可能实现，但要记住更多的 IP 地址恐怕就很困难了。为了解决这个问题，在互联网中引入了域名的概念。域名是一个层次化的符号名称，层与层之间用 “.” 分隔，位于最右边的一层称为顶级域名（或称为根域名），其他均为顶级域名的子域名。如 “pku.edu.cn” 就是一个三级域名，其中 “cn” 为顶级域名，“pku” 和 “edu” 都是 “cn” 的子域名，而 “pku” 又是 “edu” 的子域名。域名中的每一层都有一定的含义，如 “cn” 代表中国，“edu” 代表教育，“pku” 代表北京大学。

域名分为国家代码顶级域名和通用国际顶级域名两类。国家代码顶级域名由各个国家的网络信息中心（network information center，NIC）管理，注册量排名前 20 的国家代码顶级域名如表 6-1 所示。通用国际顶级域名则由位于美国的全球域名最高管理机构（Internet Corporation for Assigned Names and Numbers，ICANN）负责管理，常用通用国际顶级域名如表 6-2 所示。

表 6-1　注册量排名前 20 的国家代码顶级域名

注册量排名	顶级域名	对应的国家或地区	注册量排名	顶级域名	对应的国家或地区
1	de	德国	11	au	澳大利亚
2	uk	英国	12	ch	瑞士
3	jp	日本	13	dk	丹麦
4	nl	荷兰	14	ca	加拿大
5	cn	中国	15	cz	捷克
6	ru	俄罗斯	16	kr	韩国
7	pl	波兰	17	us	美国
8	it	意大利	18	at	奥地利
9	fr	法国	19	be	比利时
10	br	巴西	20	se	瑞典

表 6-2　常用通用国际顶级域名

顶级域名	代表的行业或组织
net	网络机构
edu	教育机构
gov	政府部门
org	民间组织
cpm	公司和企业

2018年9月6日,国务院办公厅发布《国务院办公厅关于加强政府网站域名管理的通知》,旨在进一步规范政府网站域名结构。其规定政府网站应使用以“.gov.cn”为后缀的英文域名和“.政务”为后缀的中文域名,不得使用其他后缀的域名。同时指出,不承担行政职能的事业单位原则上不得使用以“.gov.cn”为后缀的英文域名。中国政府机构大多使用以“.gov.cn”为后缀的英文域名,教育机构使用以“.edu.cn”为后缀的英文域名,并需带有官网认证的标识。

网站认证是指第三方权威机构对互联网网站进行的网站身份及相关信息认证。认证目的是向用户展示该网站是经过权威机构认证的,并且具有相应资质,以提高用户对网站的信任度。官方网站认证服务由中文官方网站认证中心(Chinese Official Website Certification Centre,COWCC)提供,以证明企、事业单位官方网站的合法性和真实性。COWCC筛选真实的官方网站,然后对其进行认证,体现网站诚信可靠和真实有效,并授予官方网站认证标志,方便网民识别网站。

二、网络信息资源概述

(一) 类型

网络信息资源(network information resources)是指通过计算机网络可以利用的各种信息资源的总和,具体说,指将所有以电子数据形式把文字、图像、声音、动画等多种形式的信息存储在光、磁等非纸质介质的载体中,并通过网络通信、计算机或终端等方式再现出来的资源。网络信息资源可以被分为学术信息资源和非学术信息资源。本章节重点讨论网络学术信息资源。

数字化网络化技术的快速发展,使大批学术信息进入了互联网,传统的学术信息交流方式得到改变。数字化出版商、数字化发行商、数字化集成化信息服务商等新兴的学术信息服务主体出现,传统分工严格有序的学术信息交流体系得到根本性重组,进而推动了学术信息服务内容和形式的变革。灰色文献、预印本、博客、数据典藏(data publishing)、开放获取(open access,OA)等新的出版形式简化了信息传递的流程,电子邮件服务、文件传输协议(file transfer protocol,FTP)、电子公告板服务、搜索引擎服务、数据库服务、网络信息资源导航、数字图书馆、信息订阅推送服务等进一步丰富了学术信息服务的项目和内容。至此,学术信息的种类不再局限于传统的印刷型图书、学术期刊、科技报告等形式。通过网络传统的学术信息交流渠道得到了延伸拓展,学术文献被赋予了新的内涵。同时,随着种类的增多,从不同的角度对网络学术资源分类可以得到不同的分类结果。

1. 按信息保存的格式分类　可分为文本、音频、视频、图形/图像、压缩文件和计算机程序等。

2. 按网络学术信息的组织模式分类　可分为静态网页、搜索引擎、数据库、数字图书馆等。

3. 按网络学术信息交流的模式分类　可分为正式交流信息、半正式交流信息、非正式交流信息。

(1) 正式交流学术信息:是经过专职信息人员评审、编辑、加工整理后正式出版发行的学术信息,包括网上正式出版的在线学术信息和传统印刷版文献数字化后的学术资源两种出版形式。主要包括:电子期刊、电子图书、电子版工具书、标准、专利、OA期刊。出版发行、文摘索引服务等机构提供的文摘索引数据库、全文数据库、Web资源目录等数字化资源也属于正式交流的学术信息资源。

(2) 半正式交流学术信息:是经过一定程度的加工处理,但是未被正式出版的学术信息,主要包括学术机构或组织的Web服务器信息和OA仓储信息。

(3) 非正式交流的学术信息:网络环境下非正式交流模式得到关注,该类学术信息主要来源于电子邮件(E-mail)、即时报文(instant messaging,IM)、个人主页(personal homepage)、公告板系统(bulletin board system,BBS)、维基(Wiki)网络社区等。

（二）特点

作为一种新兴的信息载体，网络信息资源在产生、处理、传递和利用等过程与传统类型信息资源相比，也具有自身的特点。

1. 信息量大，传播广泛　网络信息资源极为丰富，互联网已经成为继电视、广播和报纸之后的第四媒体。它既是信息资源存储和传播的主要媒介之一，也是集各种信息资源为一体的信息资源网。

2. 信息层次多，品种多样　互联网上的信息资源层次众多，有一次信息、二次信息、三次信息，文本信息、图像信息、视频信息、音频信息等，各种书目信息、电子期刊、软件资源等。其信息内容几乎涵盖所有学科、领域、地域、语种，既包括政府、高校、科研院所、学术团体、行业协会发布的信息，也包括大量的企业和个人网站信息。

3. 自由发布，交流直接　互联网上的信息发布形式分为正式和非正式两种。正式发布必须经过一定的审查程序才能发布，如政府信息、公司信息、团体组织信息、在线期刊数据库等；非正式发布是指不需经过审查就可发布，如个人网站、BBS、评论、电子邮件、聊天工具等，使用者可以在这些非正式的发布平台上任意发表意见、心得体会等，并且还可以与其他同时在线或留言后离线的使用者进行未见面的交流。

4. 信息传播速度快，变化频繁　互联网上的信息更新相当及时，基本上是随时更新。例如：新闻网站与商业网站，只要服务器上的网页进行更新，终端用户立即就可以看到内容变化后的网页。

5. 检索方便，实用性强　网络信息检索的工具有搜索引擎、数据库等。这些检索工具界面友好，使用者只需输入几个简单关键词就可以检索出大量的资料。专业科技工作者还可以从网上检索到大量的免费论文全文。

6. 分散无序，缺乏管理　互联网信息资源的分散表现在信息没有一个集中控制中心，各种信息分布在不同网站，由不同的管理人员管理，并且信息的统一资源定位器(uniform resource locator,URL)、链接、内容都处于经常性的动态变化中，其变化、更迭、新生、消亡等随时都在发生。

7. 内容庞杂，良莠不齐　互联网上的信息基本覆盖了所有领域，包含商业信息、个人信息、科研信息、政府组织信息等，其中既有大量国际水平的研究成果，也有许多虚假信息，信息质量良莠不齐，在查找有价值的网络信息时会出现极大的不便。

8. 共享程度高，使用成本低　网络信息的存储形式和数据结构的通用性、标准化，以及互联网本身的开放性，使网络信息在传播时间和传播空间范围上得到了最大程度的延伸和扩展。

第二节　搜索引擎

一、概念

搜索引擎(search engine)是互联网上的信息检索系统，它通过软件(Robot、Crawler、Spider等)自动搜索或网站登录等方式，以一定的策略收集网络信息并建立索引数据库，提供网上信息查询服务。搜索引擎在互联网中搜集、发现信息，用网络自动快速索引技术、动态缓存技术、分布计算技术、网络内容技术等多种手段，对信息进行理解、提取、组织和处理，并提供检索服务，在网络信息资源的查找中发挥着重要作用。

二、搜索引擎工作原理

搜索引擎是根据一定的检索策略，结合特定的计算机程序从互联网上搜索信息，在对搜集到的信息进行组织和处理后，将检索相关结果反馈给用户的系统。互联网上蕴藏着丰富多样的信息资源，如新闻、生活信息、图书馆资源、国际组织和政府出版物、科研信息等，要从互联网中准确迅速地找到自己所需的信息，必须用到网络信息检索工具——搜索引擎。

（一）网页搜集

每个独立的搜索引擎都有自己的网页抓取程序——爬虫（spider）。它顺着网页中的超链接，从这个网站爬到另一个网站，通过超链接分析连续访问抓取更多网页。被抓取的网页被称为网页快照。

（二）预处理

搜索引擎抓取到网页后，依然需要做大量的预处理工作，才能提供检索服务。其中，最重要的预处理工作就是提取关键词，建立索引库和索引。其他还包括去除重复网页、分词（中文）、判断网页类型、分析超链接、计算网页的重要度 / 丰富度等。

（三）查询服务

用户输入检索词进行检索，搜索引擎从索引数据库中找到匹配该检索词的网页；搜索引擎不仅会提供网页标题和 URL，还会提供一段来自网页的摘要及其他信息，以帮助用户判断检索信息的准确性。

三、搜索引擎分类

（一）按照检索机制划分

1. 目录型搜索引擎（search index/directory） 是最早出现的网络搜索引擎，是由信息管理专业人员在广泛搜集网络资源并进行加工整理的基础上，按照某种主题分类体系编制的一种可供检索的等级结构式目录。目录型搜索引擎可完全不用进行关键词查询，仅靠分类目录就能找到所需信息。目录型搜索引擎分类清晰、导航质量高、检索准确率高，但也存在更新速度较慢、信息量较小、收录范围不够全面等问题。当用户检索综合性、概括性的题目或对检索准确度要求较高，并想要浏览相关网站时，适合使用目录型搜索引擎。代表性的目录型检索工具有 DMOZ、Galaxy，以及国内门户网站搜狐、网易等。

2. 全文型搜索引擎（full text search engine） 也称为检索型搜索引擎，提供主题词或关键词及其组配的方式进行全文检索，同时结果可按相关性进行排序。全文型搜索引擎通过搜索软件自动搜集网页信息，其收录信息的范围广，并且可以快速收集到分布在全球各网站上的信息，同时能够发现最新的网站网页内容，具有较高的查全率、及时性和有效性。检索时可直接输入关键词或词组、短语，用户不需要判断类目的归属，使用便捷。但全文型搜索引擎也存在一定缺点，其标引过程缺乏人工干预，导致准确性较差，检索误差较大。全文型搜索引擎适用于检索特定的信息或较为专、深、具体或类属不明确的课题。Google、百度等是全文型搜索引擎。

3. 元搜索引擎（meta search engine） 集合了若干个独立搜索引擎的功能，提供了一个统一的查询界面。元搜索引擎将查询要求加工处理后，转发给相对应的多个独立搜索引擎，查询结果再由其反馈给用户。与独立搜索引擎相比，元搜索引擎具有信息资源覆盖面大、搜索结果可靠性高、信息服务多样化和易维护等优势。

（二）按照服务对象划分

1. 综合搜索引擎（通用搜索引擎） 它面向全体互联网用户，收集了各方面、各学科数以千万的网页内容，其数据库容量巨大，如 Google、百度等都属于这一种。

2. 专业性搜索引擎　它根据学科特点，针对某一专门领域或主题搜集整理信息，一般经过人工筛选和评价，适合专业人员使用。

四、搜索引擎的使用方法

搜索引擎虽然种类繁多，但基本原理相同，使用方法也相似。目前，国内外大多数搜索引擎都提供了分类浏览和关键词搜索两种使用方式。

(一) 分类浏览

从分类浏览目录得到的一般是某个网站的链接。使用方法比较简单，进入搜索引擎页面，根据其提供的分类目录，选中欲查看的类别，逐层点开即可。一般的分类目录都是从大范围到小范围、从大学科到小学科逐级展开，最后进入站点的 URL，通过链接进入相应的站点。

(二) 关键词搜索

关键词搜索即在特定的搜索输入框中输入欲搜索的信息内容的片段，可以是一个词、一个词组或短语，甚至是一句话，搜索引擎就会在数据库中搜索并返回含有搜索词的网页。一般的搜索引擎都提供简单(基本)和复杂(高级)搜索两种搜索模式。简单搜索模式只有一个对话框，在对话框中输入搜索提问(可以带有一定的语法)，点击搜索按钮即可。而复杂搜索则提供了多种限制、多个搜索提问框，可利用关键词搜索。不同的搜索引擎有不同的搜索提问方式，常用的搜索提问方式有以下几种：

1. 词组或短语搜索　几乎所有的搜索引擎都支持词组或短语搜索，即如果使用双引号(有的系统允许使用其他符号，如连字符)将一个词组或短语引用起来，系统将搜索出完整包含此词组或短语的结果。这是最常用的搜索方式，也是使用搜索引擎的首选方法。

2. 二次搜索　大多数的搜索引擎允许在前次搜索的结果下，进一步搜索，以提高查准率。

3. 逻辑运算　是通过逻辑运算符号来表达搜索提问间的关系的一种搜索方法。有逻辑与、或、非三种基本形式，逻辑运算符号分别用 AND(“+”或空格)、OR、NOT(“-”或 AND NOT)表示，搜索引擎不同，其逻辑运算符不尽相同。

4. 字段限制搜索　一般在复杂搜索中使用。限制想要搜索的主题出现在网页的标题、域名、链接、URL、网页创建者或网页内容中等。

5. 截词符和通配符搜索　使用英文搜索引擎时可以采用这种搜索方式，是解决因同一单词可能的不同拼写、不同词形、单复数、缩略形式等导致的漏检而采取的一种比较有效的方法。截词符一般用“*”代表一串字符，常放在词头或词尾；通配符一般用“？”代表一个字符，可以放在词中。

6. 大小写区分(大小写敏感)　多数搜索引擎对大小写没有特别要求，不区分大小写，但也有些搜索引擎对此有严格的限制，对于人名、地名区分大小写，如 George Bush、Taxas。

五、常用搜索引擎

(一) 通用搜索引擎

1. 百度　百度(http://www.baidu.com)创建于 2000 年，是世界上最大的中文搜索引擎。其数据库中有超过 1 亿的网页可供搜索，重要中文网页每天更新。有新闻、Flash、网站、网页、图片、MP3、信息快递等分类信息。百度还开发了中文搜索自动纠错功能，如果用户输入错别字，百度会自动给出正确关键词提示，并提供网页快照、网页预览 / 预览全部网页、相关搜索词等服务。

百度搜索相对简单，用户只要在搜索提问框中输入关键词，点击回车或点击“百度一下”按钮，百度就会自动找出相关的网站和信息。百度会寻找所有符合查询条件的资料，并把最相关的网站或资料排在前列。

(1) 基本检索功能

1) 百度要求输入的搜索词(关键词):可以是任何中文、英文、数字,或中文、英文、数字的合体,但要一字不差。例如:输入“白细胞介素 -11”和“白细胞介素 11”的检索结果是不一样的。

2) 关键词间的空格:默认为逻辑与,表示同时满足搜索要求。如:“胰岛素 糖尿病”表示检索的结果中同时含有“胰岛素”和“糖尿病”两个关键词。

3) 并行搜索:运算符“|”表示逻辑或。

4) 不包含特定词搜索:运算符“-”表示逻辑非,使用运算符“-”对查询词进行组配,就可在搜索结果中除去包含特定查询词的网页。

5) 特殊定位搜索:在一个或几个关键词前加“intitle:”可以限定搜索网页标题中含有某检索词。

6) 精确匹配:可以通过给查询词加双引号和书名号的方式进行精确匹配。

(2) 其他功能

1) 百度快照:百度搜索引擎预览网站,每个被收录的网页在百度上都会自动生成临时缓存页面来存储应急网页,这种功能被称为百度快照。当无法打开某个搜索结果或者打开速度特别慢,可以使用此功能。

2) 百度百科:是一部内容开放、自由的网络百科全书,它汇聚上亿用户的智慧,鼓励大家进行广泛的交流和分享。百度百科同时与百度搜索、百度知道相结合,在不同层次满足用户对信息的需求。用户可在百度百科查找有关信息,创建尚未收录的内容,或对已有词条进行补充完善。

3) 百度词典:支持全面的英汉词典、汉语字典、汉语词典、汉语成语词典和中英文自动翻译等功能。

4) 百度文库:是供互联网用户在线分享文档的开放平台,用户可以上传、下载或在线阅读课件、考试题库、专业资料、各类公文模板等。平台支持主流的 doc(docx)、ppt(pptx)、xls(xlsx)、pdf、txt 等文件格式。

5) 百度知道:是一个基于搜索的互动式知识问答分享平台,让用户所拥有的隐性知识转化成显性知识。

6) 百度识图:百度从所收录的中文网页中提取各类图片,建立的中文图片库,可从中检索近亿幅图片。通过上传本地图片或网络图片、图片网址,可搜索到相似图片或图片相关信息。

7) 百度视频:可搜索多媒体文件,例如:输入“抑郁症”,可搜索到有关“抑郁症”方面的教学视频。

8) 百度网盘:是百度推出的一项云存储服务,已覆盖主流个人计算机(personal computer, PC)和手机操作系统,包含 Web 版、Windows 版、Mac 版、Android 版等多种版本。百度网盘覆盖了主流联网车和非联网车,用户可以轻松地将自己的文件上传到网盘上,同时可跨终端随时随地查看和分享文件。

9) 百度学术:百度学术是百度旗下提供海量中英文文献检索的学术资源搜索平台,涵盖了各类学术期刊、会议论文。通过百度学术可检索到收费和免费的学术论文,并可通过时间筛选、标题、关键字、摘要、作者、文献类型、被引用次数等细化指标提高检索的精确度。站内功能包括论文查重、学术分析、开题分析、学者主页、期刊频道、文献互助六大模块。其中,文献互助是一个支持公开求助全文的免费平台,用户可以发布自己想要的文献信息等待他人应助,成功后用户即可在“我的求助”中下载全文。

2. 必应　必应(https://cn.bing.com/),创建于 2009 年,是一款综合性搜索引擎,提供丰富的搜索结果和个性化的信息服务。它拥有优秀的搜索技术和用户友好的界面,为用户带来快速、准确的搜索体验。其主要检索功能包括:

(1)关键词搜索：在必应搜索框中输入关键词或词组，点击搜索按钮即可展示与该关键词或词组相关的搜索结果。用户还可以通过使用特殊的搜索语法或符号进行高级搜索，如使用引号(“”)来搜索特定短语，使用减号(–)排除某个关键词，使用星号(*)表示通配符等。

(2)图片搜索：必应还提供了图片搜索功能，用户可以通过必应图片搜索快速找到所需的图片资源。在首页的搜索框中输入与所需图片相关的关键词，然后在搜索结果页面选择“图片”选项卡即可访问图片搜索结果。用户可以在搜索结果中进行图片预览、下载或分享。

(3)视频搜索：除了图片搜索，必应还支持视频搜索。用户可以通过必应视频搜索找到各类视频资源，包括电影、电视剧、音乐视频等。在首页的搜索框中输入与所需视频相关的关键词，然后在搜索结果页面选择“视频”选项卡即可浏览视频搜索结果。用户可以观看视频，在搜索结果中筛选、排序视频内容。

(4)新闻搜索：必应具有强大的新闻搜索功能，用户可以通过必应新闻搜索获取国内外的即时新闻信息。在首页的搜索框中输入与所需新闻相关的关键词，然后在搜索结果页面选择“新闻”选项卡即可获得与关键词相关的新闻报道。用户可以依据时间、来源、地域等限制条件来筛选新闻。

(5)翻译功能：必应还提供了在线翻译功能，用户可以通过必应翻译快速进行文本的翻译。在首页的搜索框中输入需要翻译的内容，然后选择“翻译”选项，选择源语言和目标语言，即可获得翻译结果。用户还可以使用必应翻译 APP，在移动设备上进行语音翻译。

(6)地图搜索：必应地图搜索功能可以帮助用户查找目的地、规划路线和浏览街景。在首页的搜索框中输入目的地名称，点击搜索按钮即可获得地图搜索结果。用户可以选择浏览地图、获取详细路线和实时交通情况。此外，用户还可以通过地图搜索查看全景街景，实现虚拟旅游。

(7)学术搜索：必应学术搜索提供了专业学术文献的检索服务，它为研究员、学生、图书馆馆员和其他用户查找学术论文、国际会议、权威期刊、作者和研究领域提供了一个更加智能、新颖的搜索平台。其整合了海量的知识信息资源，覆盖了农业科技、艺术与人文、生物学、化学、计算机科学、经济、工程、环境科学、地球科学、数学、医药、物理、社会科学等专业领域的信息，学术论文每周更新。

3. 谷歌　谷歌(Google，http://www.google.com)由斯坦福大学的博士研究生 Larry Page 和 Sergey Brin 于 1998 年创建，目前已成为世界头号搜索引擎，其搜索引擎技术为绝大多数门户网站或搜索引擎所采用。

(1)检索功能

1)基本检索：在主页的检索框中输入检索词，点击“Google 搜索”即可。①支持布尔算符逻辑与(用空格表示即可，不需使用 AND)、或(用 OR 表示且需大写)、非(用“–”表示，“–”前空格)；②采用“+”操作符，可确保搜索结果中包括 Google 搜索技术通常忽略的普通字词、字母或数字，“+”之前必须空格；③支持跨语种检索和多语种检索，检索结果按相关性(与网页被链接的多寡、对网站的评价等因素有关)排序；④支持通配符“*”，可用来代替多个字符，如“中华 * 杂志”；⑤支持精确检索，用西文双引号将检索词括起即可实现精确匹配检索。

2)高级检索：如果对上述语法不熟悉，可在高级检索页面中检索。

(2)其他功能

1)手气不错：该系统设推荐网页的功能，可以直接引导用户到与检索词相关性最高的网页。

2)相似结果：用户在检索结果的页面上点击“相似结果”，可以获得与该网页性质相类似的网页。

3)图片搜索：图片以缩略图方式显示，并提供图片链接、图片分辨率、文件大小等信息，单击图片可进入相关网站查看图片。

4)翻译：是谷歌开发的免费多语言神经机器翻译服务，用于将文本和网站从一种语言翻译成另一种语言。谷歌翻译可以翻译多种形式的文本和媒体，其中包括文本、语音及静态或动态图像中的文字。

5)谷歌学术(Google Scholar)搜索：Google Scholar(http://scholar.google.com)是面向研究人员推出的专门搜索学术性著作的搜索引擎，其资源来源于学术印刷品、专家协会、大学及网络上的学术文章，还可以查询该文献的被引用情况。

①检索范围：涉及医药卫生、物理、经济等多个领域，包括期刊论文、图书、技术报告等类型。检索结果中包括免费的学术文献资源和商业学术文献资源。②检索方法：Google 学术搜索提供基本搜索和高级搜索两种检索方式。基本搜索即在搜索框中输入相应关键词；高级学术搜索主要从检索词的运算关系、作者、出版物类型和日期四个方面进行限制。③检索结果显示方式：按相关性对搜索结果进行排序，将最有价值的参考信息显示在页面顶部。

(二)生物医学专业搜索引擎

1. Medscape　由美国 Medscape 公司于 1994 年建立，是最早的优秀医学专业门户网站之一，收藏了 30 多个临床学科和主题的数万篇全文文献，提供专业医学信息资源库及继续医学教育资源检索，利用该网站的资源需免费注册。其医学资源均经过同行专家评审，免费提供部分全文，论文质量较高，有很大的参考价值。

首页包括 NEWS & PERSPECTIVE、DRUGS & DISEASES、CME & EDUCATION、ACADEMY、VIDEO 和 DECISION POINT 五部分内容，如图 6-1 所示。其中，NEWS & PERSPECTIVE 为最新医疗新闻、临床参考和教育资源；DRUGS & DISEASES 包括关于手术和药物的临床综合概述及药物相关工具；CME & EDUCATION 包含了医学继续教育中心(CME Center)提供的丰富免费学习课程；ACADEMY 则建立了医师商业学院，为所有执业医师设计按需商业课程；VIDEO 页面提供了关于医学的相关视频；DECISION POINT 提供一些专家指南，以帮助决策。

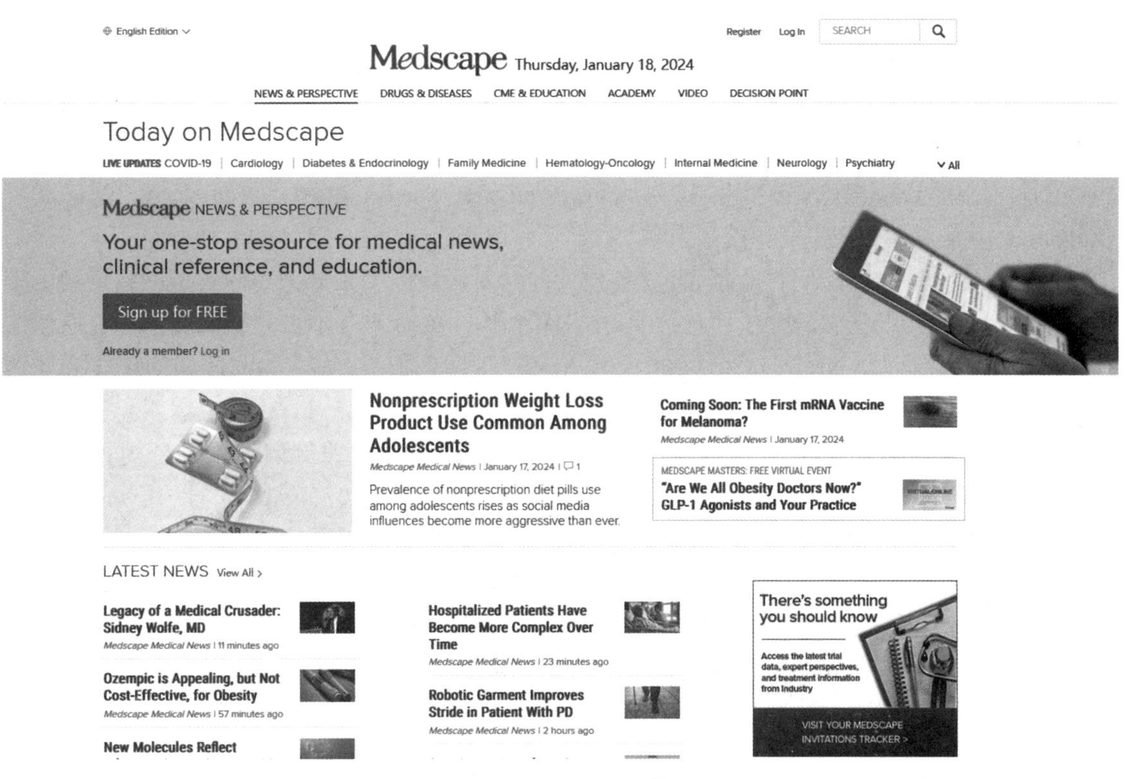

图 6-1　Medscape 首页

2. Global Index Medicus　全球医学索引(Global Index Medicus,GIM)为 WHO 图书馆和知识信息网络的搜索平台,如图 6-2 所示。其检索方法包括简单检索、高级检索和主题词检索。简单检索包括检索项和数据源两种菜单选项:检索项包括 All indexes、Title、Author、Subject;数据源包括 All Information Sources、Regional Indexes Medici、AIM(AFRO)、LILACS(AMRO/PAHO)、IMEMR(EMRO)、IMSEAR(SEARO)、WPRIM(WPRO)。

高级检索和主题词检索通过检索框右上方的"Search by DeCS/MeSH descriptors"链接进入。点击"Advanced Search"进入高级检索页面,该页面的检索字段有 Title、Author、Subject descriptor、Main subject、Subject qualifier、Abstract、Journal、Publication date、Publication country、Subject limits、Affiliation、Unique identifier。主题词检索可通过主题词查找或树状结构浏览方式查找主题词,进一步检索文献。

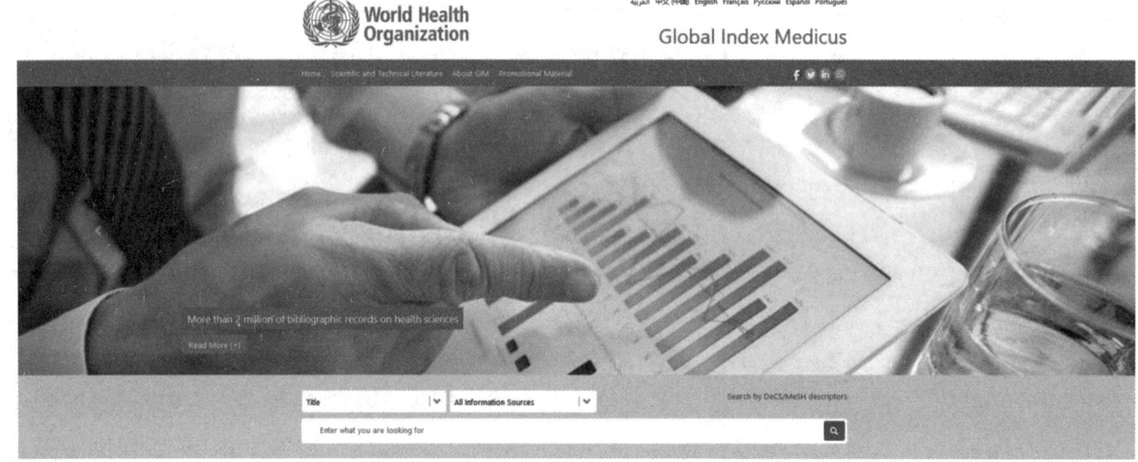

图 6-2　Global Index Medicus 首页

3. HON　HON 是由瑞士日内瓦国际非营利性组织"健康网络基金会"(Health on the Net Foundation,HON)于 1996 年推出的一个检索型医学免费全文搜索引擎。该网站为一些不懂医学的人、医学信息使用者和医学专业人员提供了可靠的信息来源,成为最受欢迎的互联网非营利性门户网站。HON 还提供 3D Anatomy Quiz、HONselect 和 HON Toolbar 等工具,其中 HONselect 是最重要的网上资源搜索引擎。

HONselect 是一个多语种、智能型、功能强大的针对医药卫生领域中不同类型网络资源的搜索引擎,它具有英文、法文、德文、西班牙文、中文和葡萄牙文六个版本。它采用美国国立医学图书馆的医学主题词(MeSH),包含 33 000 余个 MeSH 主题词,允许查询 MeSH 词的释义和等级结构。

检索方法:进入 HONselect 界面,可进行分类目录式检索和关键词检索。分类目录式检索有四个入口:Diseases(疾病)、Viruses and Drug(病毒和药物)、Anatomy(解剖)、Psychiatry and Psychology(精神病学和心理学)。关键词检索可以在表单中输入单词、单词的一部分或一个词组,在"the whole word"下拉式菜单中选择作为"整个词"还是"词的一部分"检索,还可限定在"MeSH 词"中检索或在"MeSH 词及其描述"中检索。结果依次显示 MeSH Hierarchy、MEDLINE's articles、Web resources、Medical image、Medical News、Medical Conferences/Events、Clinical Trials。

第三节　免费文献资源

一、常用医学信息网站

(一) 概述

随着科技的飞速发展，网络医学信息资源相比十年前内容更加丰富多样、分布范围更加广泛、更新速度加快。医学专业人士从网络可以获取专业信息、进行学术交流、掌握科技动态，对于网络医学信息资源的依赖性越来越强。本节选取部分专业性强、学术水平高、内容丰富的权威性网站进行介绍，包括具有代表性的国际组织与政府机构网站、学术机构与社会组织网站。

(二) 国际组织与政府机构网站

1. 世界卫生组织　世界卫生组织(World Health Organization，WHO)于1948年成立，是联合国下属的重要机构，目前已有194个成员国，其总部位于瑞士日内瓦，是目前国际上最大的政府卫生组织，在全球的卫生事务、卫生研究议程、制定规范和标准、监测和评估卫生趋势等方面发挥着重要作用，为世界各地的人们创造一个更健康的未来而努力。网站主要设有以下栏目，如图6-3所示。

图6-3　世界卫生组织主页

(1) 健康主题(Health Topics)：可以按照与健康相关主题的首字字母顺序进行筛选，也可按类型筛选(如传染病、非传染性疾病、行为干预、疾病与状况等)和按关键词检索，同时还提供资源链接(资料目录、图片中的事实、多媒体、出版物、问答)和热门主题链接(空气污染、肝炎、十大死因等)。

(2) 国家(Countries)：可按字母顺序，查找194个WHO成员国的一些最新的统计信息，如人口总数、期望寿命、不同年龄段死亡率及卫生总支出占国内生产总值的百分比、国家卫生概况及疾病负担等。

(3) 媒体中心(Newsroom)：提供WHO新闻、要事、评论、简讯及图片等实况信息。

(4) 突发卫生事件(Emergencies)：实时报道各国最新疫情及疾病暴发新闻，提供技术指南、常见问题与回答、如何保护自己、最新情况报告。WHO 最新疾病暴发新闻，提供关于已确认的紧急公共卫生事件或引起关注的潜在事件的信息。

(5) 数据(Data)：世界卫生数据平台，提供全球卫生观察站数据，WHO 定期发布与全球卫生有关的数据趋势和分析报告。该栏目提供要闻、特色数据集(卫生可持续发展目标、死亡率数据库、免疫数据、洞察与可视化等)。

(6) 关于世界卫生组织(About WHO)：介绍 WHO 的工作程序、资金来源及理事机构等情况。

2. 美国国立卫生研究院　成立于 1887 年的美国国立卫生研究院(National Institutes of Health，NIH)，是美国卫生及公众服务部的重要下属机构之一，是国际上最重要的生物医学研究机构之一。NIH 研究力量雄厚，拥有 27 个研究所、研究中心和 1 个院长办公室，在探索生命本质和行为学方面、延长人类寿命方面，以及预防、诊断和治疗各种疾病和残障等方面发挥着重要作用。NIH 不仅对院内各实验室的医学研究进行指导，还设立研究基金，以支持国内外大学、研究所、医院等的非政府科学家的研究，同时开展研究人员培训，促进医学和卫生信息的流通，促进全球医学卫生事业的进步。NIH 网站主要设有以下几个栏目，如图 6-4 所示。

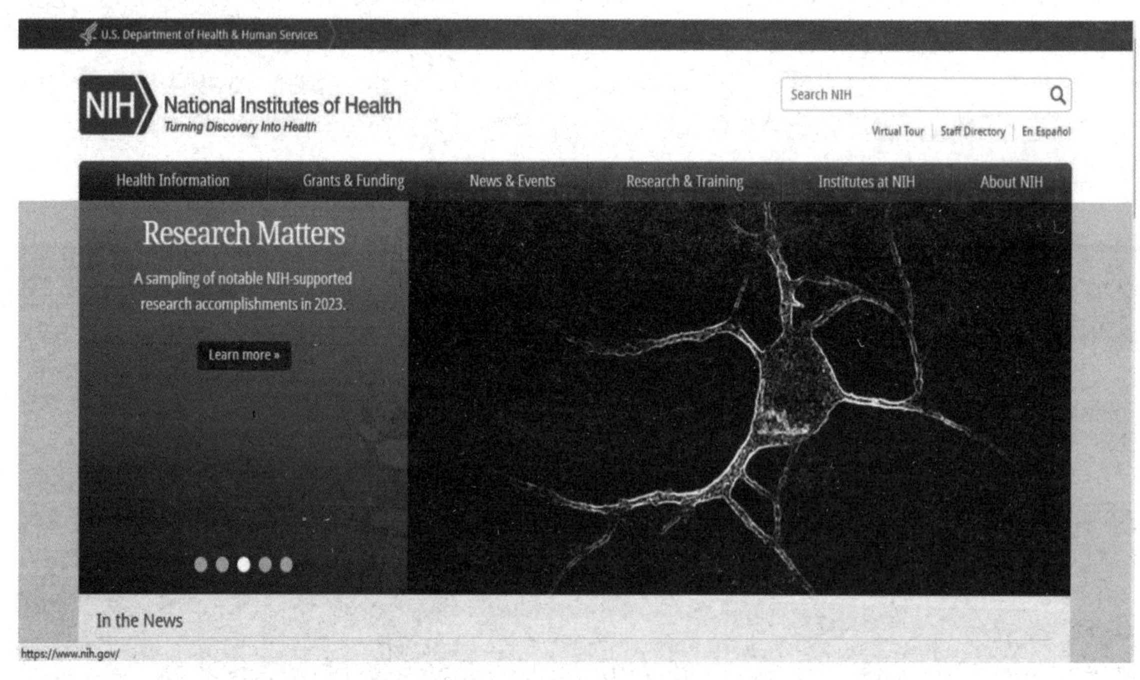

图 6-4　美国国立卫生研究院主页

(1) 健康信息(Health Information)：可按主题字顺 A~Z 浏览相关信息，也可在检索框中输入关键词进行主题检索。提供了健康信息热线、保健网、MedlinePlus 健康资讯、健康工具包、参与 NIH 临床研究试验、与你的医生联系等栏目。

(2) 资助基金(Grants & Funding)：提供研究基金的详细信息，包括申请要求、资助政策等，也可在检索框中直接输入关键词检索有关资助项目。

(3) 新闻事件(News & Events)：主要通过媒体资源、社交媒体及 NIH 新闻出版物报道 NIH 院内及所资助院外项目的最新成果、近期重要活动、重大卫生问题的健康教育等。

(4) 研究资源与培训(Research & Training)：提供科学热点、科学教育、实验室与临床研究、培训机会、图书馆资源、研究资源、临床研究资源等信息。

(5) 机构(Institutes at NIH)：提供 NIH 下属研究所与办公室的网站链接。此外，NIH 网站还提供了站内信息的基本检索，可在主页右上角的检索框中输入检索词，点击 “Search(搜索)” 即可。检索结果页面可以进行文件类型的限定(新闻、视频、临床试验等)。

3. 美国疾病预防控制中心　美国疾病预防控制中心(Centers for Disease Control and Prevention,CDC)是美国卫生及公众服务部所属的一个机构。网站主页设有健康话题(Health Topics)、疾病暴发(Outbreaks)、关于美国疾病预防控制中心(About CDC)等栏目,如图 6-5 所示。其除介绍美国最新公共卫生动态新闻、各种相关领域杂志外,还提供了各种公共卫生基础统计数据。公众可通过字母顺序(A~Z)浏览信息,也可以通过关键词检索本网站的内容。

图 6-5　美国疾病预防控制中心主页

4. 美国食品药品管理局　作为世界上最大的食品与药物管理机构之一,美国食品药品管理局(Food and Drug Administration,FDA)由美国联邦政府授权成立,在确保美国国内生产或进口的食品、膳食补充剂、药品、疫苗、生物医药制剂、血液制剂、医疗设备、放射性产品、兽药和化妆品的安全中发挥着重要职能。其网站主要栏目及功能如下:

(1)食品审批信息(Food):提供信息包括食品的召回、疫情暴发和紧急情况、食源性疾病与污染物、配料、包装和标签、膳食补充剂、食品科学与研究、食物的指导与调控政策文件等。

(2)药物审批信息(Drugs):提供大部分由美国食品和药物管理局(FDA)批准的处方药、仿制药和非处方药的信息,提供由生产和质量问题、延迟和停产引起的药品短缺的信息,提供成品药物、半成品药物和合成药物方面的信息,等等。

(3)医疗器械(Medical Devices):提供医疗器材的审批信息、研发进展、安全信息、法规和指南。

(4)疫苗与血液制品(Vaccines, Blood, and Biologics):提供血液、疫苗、基因治疗、细胞治疗、器官移植等方面的相关审批、研发和管理的信息。

(5)辐射性产品(Radiation-Emitting Products):提供具有辐射性产品的审批信息、研发进展、安全信息、法规和指南。

(6)兽用药品(Animal and Veterinary):提供动物的食品及药品的审批、实用性、安全性和有效性等信息。

(7)化妆品(Cosmetics):包括化妆品注册程序、化妆品制造商、包装和经销商使用的报告系统、有关化妆品的法律法规和政策问题的资源,以及与 FDA 有关化妆品法规的信息等。

(8)烟草制品(Tobacco Products):烟草相关产品的指导、规章及其执行等信息。

5. 美国国立医学图书馆　世界上著名的生物医学信息中心——美国国立医学图书馆(National Library of Medicine,NLM),在生物医学和健康关怀等方面收录了丰富的资料。NLM

网站主要有以下栏目：PRODUCTS AND SERVICES，提供知名的生物医学数据库的链接，如PubMed、MeSH、Open-i、MedlinePlus等；RESOURCES FOR YOU，为不同类型的用户提供相应的入口链接，包括研究人员、出版者、图书馆员、公众；EXPLORE NLM，提供NLM的介绍、图书馆服务、医学史等方面的信息；GRANTS AND RESEARCH，为生物医学信息学和数据科学的基础研究和应用研究提供资助信息，包括详细的资助计划、NLM大学培训计划、校外计划等信息。

6. 美国国家生物技术信息中心　成立于1988年11月4日的美国国家生物技术信息中心（National Center for Biotechnology Information，NCBI）是NLM的一部分。NCBI的主要职能为：创建储存和分析分子生物学、生物化学、遗传学知识的自动化系统；从事研究基于计算机的信息处理过程的高级方法，用于分析生物学上重要的分子和化合物的结构与功能；开发促进生物学研究的应用数据库和软件；努力协作以获取世界范围内的生物技术信息。

1991年NCBI主持开发了Entrez集成型信息检索系统，其既可以支持一站式跨库检索，也可以进入任意一个数据库进行查询。Entrez集成型信息检索系统整合了GenBank、EMBL、PIR和SWISS-PROT等数据库的序列信息，以及MEDLINE有关序列的文献信息，还提供其他数据库的相关信息，包括在线人类孟德尔遗传、人类基因序列集成、人类基因组基因图谱、三维蛋白结构的分子模型、生物门类等。由此把序列、结构、文献、基因组、系统分类等不同类型的数据库有机地结合在一起。

（三）学术机构与社会组织网站

1. 中华医学会　中华医学会成立于1915年，是中国医学科技工作者自愿组成并依法登记的学术性、非营利性社会组织，是发展我国医学科技和卫生事业的重要社会力量。截至目前，中华医学会已经拥有近70万名会员、89个专科分会、478个专业学组，加入了42个国际性/区域性医学组织，并与47个省、自治区、直辖市及副省级城市地方医学会保持着密切的合作。学会每年主办、承办近200个国际国内医学学术会议，出版发行191种纸质、电子系列医学期刊，形成了国内外医药卫生界数量多、影响大、权威性强的医学期刊系列。中华医学杂志社也成为目前国内最大且最具影响力的医学专业杂志社，为用户提供期刊、论文和资讯的检索，以及医学会议的相关信息。中华医学会主页如图6-6所示。

2. 中华预防医学会　中华预防医学会是公共卫生与预防医学领域科技工作者自愿组成的全国性学术团体，是国家卫生健康委员会的直属和联系单位，中国科学技术协会的组成部分。学会1998年加入世界公共卫生协会联盟，2000—2019年为世界公共卫生协会联盟执委会执委。学会总部设在北京，已有单位会员54个，会员超过11万名。学会下设78个分支机构，基本涵盖了公共卫生和预防医学的分支学科。学会所属系列报刊72种，其中学术期刊70种，健康科普类报纸和期刊各1种。

3. 中华中医药学会　中华中医药学会是中国成立最早、规模最大的中医药学术团体，是全国中医药科学技术工作者和管理工作者及中医药医疗、教育、科研、预防、康复、保健、生产、经营等单位自愿结成并依法登记成立的全国性、学术性、非营利性法人社会团体。学会网站提供以下内容：科技奖励评审系统、继教管理与证书查询、中医药期刊网、中医师承继教平台、会员微信综合服务平台、学术会议管理系统等。

4. 中国药学会　中国药学会成立于1907年，是我国近代成立最早的学术团体之一，是全国药学工作者自愿组成并依法登记成立、具有法人资格的全国性、学术性、非营利性社会组织。学会主要任务是开展国内外药学科学技术交流，编辑出版发行药学学术期刊、书籍，发展同世界各国及地区药学团体的交往与合作，表彰奖励优秀工作者，组织开展对会员和药学工作者的继续教育培训及相关学科科学技术知识的普及推广工作。学会网站主要设立了学术活动、国际交流、编辑出版、继续教育、科学普及、科技咨询等栏目，可进行站内信息的检索。

图 6-6　中华医学会主页

5. 中国生理学会　中国生理学会（Chinese Association for Physiological Sciences，CAPS）是中国生理科学工作者自愿组成的全国性的学术性和科普性的法人社会团体，是中国科学技术协会的组成部分，其宗旨是促进我国科技进步、经济振兴和社会发展，使本会成为推动我国生理科学人才成长和提高、推动我国生理科学发展和普及、促进生理科学技术与经济结合、加强国际学术交流与合作的重要的社会力量。

6. 美国医学会　美国医学会（American Medical Association，AMA）是世界三大医学会之一，致力于促进医学科学和艺术性的发展，以及更好地改善公共健康，在医学领域拥有很高的地位。AMA 网站拥有不同类型的用户，包括医生及医学院学生、卫生保健专业人员和患者。AMA 学术出版平台出版众多高影响力的期刊用作学术交流，是一个汇集各种医学专业观点的平台。

网站按分类提供各种信息，如医学教育、医学杂志、临床实践、公共卫生、产品及服务，可以点击分类的类目名称进行浏览，注册会员享有一定的权利。AMA 出版的系列学术刊物包括：*JAMA*、*JAMA Network Open*、*JAMA Cardiology*、*JAMA Dermatology*、*JAMA Health Forum*、*JAMA Internal Medicine*、*JAMA Neurology*、*JAMA Oncology*、*JAMA Ophthalmology*、*JAMA Otolaryngology-Head & Neck Surgery*、*JAMA Pediatrics*、*JAMA Psychiatry*、*JAMA Surgery Archives of Neurology & Psychiatry*（1919—1959 年）。

7. 美国国立癌症研究所　美国国立癌症研究所（National Cancer Institute，NCI）是美国国立卫生研究院下属的 27 个研究所中历史最为悠久的研究所，在肿瘤学研究方面有众多成果。该网站提供免费的、可信的、全面的关于癌症的信息，包括癌症预防和筛查、诊断和治疗、癌症谱系的研究、临床试验和其他 NCI 网站的链接。该网站还提供 NCI 支持的研究项目及 NCI 的资助和培训项目的相关信息。

（四）其他常用相关网站

1. 生物谷　创建于2001年，属于生物医药领域网站，注重科学性、实用性和权威性，发布生物医药有关的新闻和信息。主要栏目有医药产业、制药、转化医学、生物产业、生物研究、医疗健康、医疗器械等。生物谷旗下的生物在线网站是目前国内最大的生物科研服务专业平台，下设仪器设备库、耗材库、试剂库、抗体库、技术服务库。

2. 中国医药信息查询平台　创建于2015年，作为医药行业信息服务平台，该网站内容涵盖面广、信息量大、权威性强，实现了对医药行业信息的全覆盖，为广大人民群众提供真实权威的医药信息查询。目前中国医药信息查询平台共建有16个医药专业数据库，按功能主要划分为：疾病、症状、医疗美容、医院、医生、药品、中药材、保健品、方剂、典籍、古代医家、药膳食疗、针灸穴位、术语、视频、化妆品。

3. 丁香园　丁香园成立于2000年，成立20年来已服务上亿人众用户，拥有550万专业用户，其中包含210万医生用户，占国内医生总数的71%，覆盖了优质健康科普、大众知识服务、在线问诊平台、健康产品电商及线下诊疗等多个健康应用场景，满足了学术交流、继续教育、用药指导、职业发展等多个专业需求。

二、常用公共科学数据平台

（一）概述

进入大数据时代，数据资源的重要性越来越突出，比如社会大数据、政府管理大数据、互联网大数据等，对国家的管理、社会的运行、行业的进步都起着重要作用，因此要利用好数据资源、挖掘好数据资源。

1. 科学数据相关概念　对于科学数据这一概念，目前学界没有统一的定义，在2018年国务院颁布的《科学数据管理办法》中将科学数据定义为在自然科学、工程技术科学等领域，通过基础研究、应用研究、试验开发等产生的数据，以及通过观测监测、考察调查、检验检测等方式取得并用于科学研究活动的原始数据及其衍生数据。总而言之，科学数据（scientific data）是各类科学研究活动中形成的相关参数和观测记录等数据的总称。

科学数据管理是指对科研工作者在科学研究活动中产生的科学数据进行统筹协调、科学配置和整合管理，涉及对各类型科学数据进行采集、分类、标准化、发布及共享，以形成管理科学数据的理念、政策、规范、环境、措施与体系，发挥科学研究数据资源的最大效益。

科学数据中心是利用信息、网络等现代技术对科学数据进行搜集、加工、汇交、整合、安全存储和管理，并向社会各界提供科学数据共享服务的专业化机构。

2. 科学数据相关政策　全球各国已充分认识到科学数据的重要性，已把科学数据列为重要的战略资源，纷纷制定相应的政策。1966年美国颁布实施的《信息自由法》（*Freedom of Information Act*，*FOIA*）规定任何人都有权向行政机关申请查阅和复制政府信息，经过多次修订，该法案成为美国信息和数据资源公开的基本制度框架。1996年的《信息技术管理改革法》、2002年的《电子政府法》等中均有关于公共资源的管理和使用的规定，为美国科学数据管理提供了法律基础。2013年，美国白宫科技政策办公室发布《提高公众获取联邦资助科研成果的备忘录》，要求将公共财政资助的科研项目成果、科研论文和数据在公开发表后不晚于12个月向社会免费公开。英国从1997年开始制订并颁布实施新的《信息自由法案》，至2005年全面生效，该法案赋予公众获取公共部门相关信息的权利。

除了国家和相关机构发布的有关科学数据管理的政策法规之外，国际组织也采取了相应的措施。2007年经济合作与发展组织颁布了《公共资助科学数据开放获取的原则和指南》。

同时，我国政府也非常重视科学数据管理和共享，2020年发布的《中共中央国务院关于构建更加完善的要素市场化配置体制机制的意见》明确提出，将数据作为生产要素融入经济价值创造。

（二）国内常用公共科学数据资源

1. 中国科技资源共享网　中国科技资源共享网是科学技术部、财政部共同推动建设的国家平台门户系统，是国家的科技资源信息发布平台和网络管理平台，按照统一标准接受和公布科技资源目录及相关服务信息，具备承担平台组建、运行管理和评价考核等工作的在线管理功能。社会的科技资源拥有者均可通过中国科技资源共享网公布科技资源信息。该网站在国家层次上，搭建了全国范围的逻辑统一、高度集成、高效共享的科技资源网络服务体系，有效推动了科技资源的统筹管理和共享服务，实现了以信息共享带动实物共享的平台理念。中国科技资源共享网的资源包括科学数据、生物种质与实验材料、重大科研基础设施、大型科研仪器和期刊文献等，共包含 3 983 625 个资源目录。

(1) 分类检索：主要包括科技资源（选中科技资源检索条件标签，检索关键词，针对所有元数据）、资源标识（选中资源标识检索条件标签，精确检索核心元数据，定位包含 CSTR 码核心元数据）和服务案例（选中服务检索条件标签，检索关键词，只针对所有服务案例）。

(2) 高级检索：可通过逻辑关系（与、或、非）、元数据对应属性（中文名称、英文名称、上传机构、关键词等）、属性匹配方式（模糊查询、前缀查询、分词模糊查询、短语搜索等）、属性查询值和属性所占权重进行检索，如图 6-7 所示。

(3) 检索结果：包括检索结果目录、多种排序方式（相关度排序、时间排序、浏览量排序）、筛选条件（类型、发布机构、学科分类、主题分类、发布时间等）等。

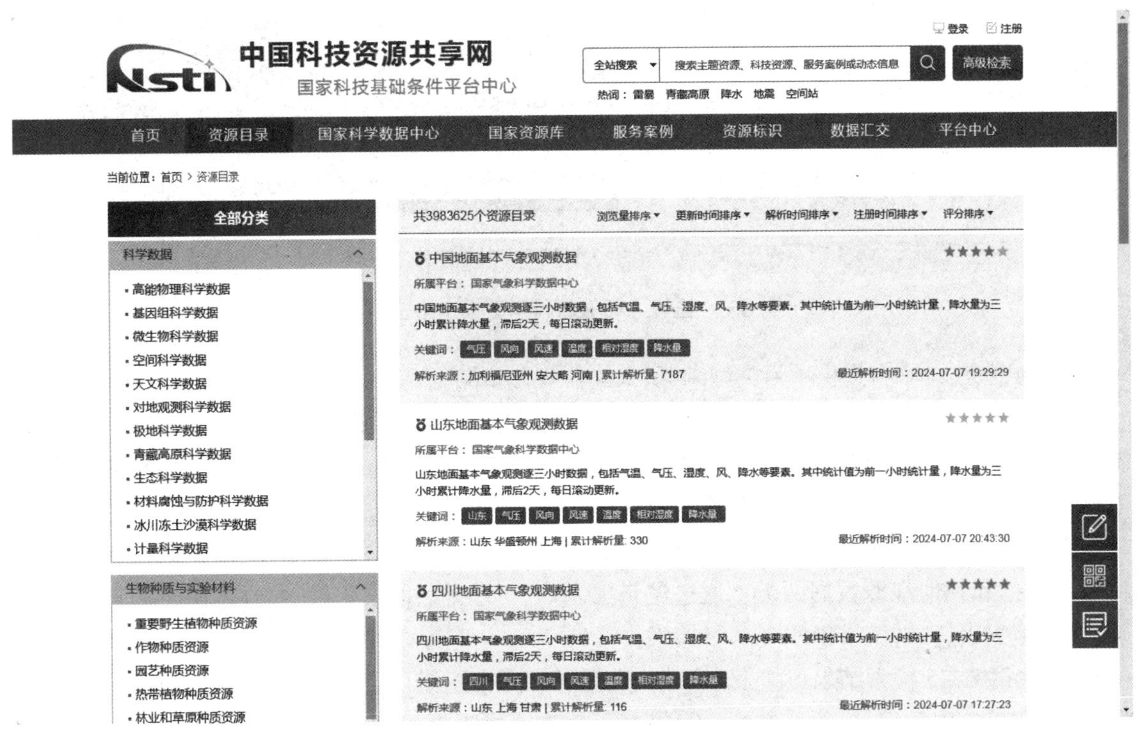

图 6-7　中国科技资源共享网检索页面

2. 国家人口健康科学数据中心　国家人口健康科学数据中心（National Population Health Data Center，NPHDC）是科学技术部和财政部认定的 20 个国家科学数据中心之一，属于国家科技基础条件平台下的国家科技资源共享服务平台，主管部门是国家卫生健康委员会，依托中国医学科学院建设。按照国家《科学数据管理办法》和《国家科技资源共享服务平台管理办法》的要求，NPHDC 承担国家人口健康领域科学数据整合汇交、审核、加工、保存、挖掘、认证和共享服务任务，保障人口健康领域科学数据的长期保存和持续管理。NPHDC 于 2003 年作为科学技术部科学数据共享工程重大项目立项，2004 年 4 月正式启动，2010 年通过科学技术部和财政部认定转为运行服务，面向全社会开放，提供数据资源支撑和共享服务。经过近 20 年的发展，NPHDC 已集成涉及生物医学、基础医学、临床医学、药学、公共卫生、中医药学、人口与生殖健康等多方面的科学数据资源，还建立了十余项特色专题服务，开展人口健康“共享杯”竞赛，为用户提供全方位、立体化的共享服务，为国家科技创新、政府管理决策、医疗卫生事业发展，以及创新型人才培养和健康产业发展等提供了条件支撑。截至 2023 年 12 月 31 日，NPHDC 包含项目 1 241 个，数据集总数 18 292 个，数据总量 1.20PB，数据记录 182.034 亿条。国家人口健康科学数据中心主页如图 6-8 所示。

图 6-8　国家人口健康科学数据中心主页

（1）浏览检索：平台提供项目类型浏览、人体器官分布浏览、项目起止时间浏览和关键词浏览。

（2）基本检索：系统提供了科学数据、共享文档和工作动态检索。以科学数据检索为例，在系统首页选择科学数据菜单，选择检索字段（项目名称、数据集名称、数据集描述等），在检索框中输入检索词，点击“搜索”就可以获得检索结果。

（3）高级检索：点击检索框右边的高级检索就可以进入高级检索页面，高级检索页面包含项目来源数据和其他来源数据两类。通过逻辑关系（与、或、非）、检索字段、属性匹配方式（模糊、精确）构建检索表达式，就可以实现高级检索。

（4）检索结果：检索结果可按发布日期、数据量和点击量排序，检索结果目录部分显示命中项目的项目名称、项目编号、项目类别、关键词等，用户还可根据检索筛选（项目信息、项目数据集）、成果类型、数据大小和数据格式对检索结果进行进一步的筛选。

3. 国家数据　国家数据是由国家统计局主办的网站，发布包括我国经济、民生、农业、工业、运输、旅游、教育、科技、卫生等多个方面的数据，可通过数据库“搜索”、选择“指标”等方式，方便快捷地查询到历年、月度、分地区、分专业、普查的数据，是公众查阅统计指标及系列数据的便捷途径。

4. 其他

(1) 中国学术调查数据资料库：中国学术调查数据资料库（Chinese National Survey Data Archive，CNSDA）曾称中国国家调查数据库，是受中国国家自然科学基金重点项目资助的、由中国人民大学中国调查与数据中心（National Survey Research Center，NSRC）负责执行的经济与社会数据共享平台。CNSDA 以中国人民大学中国调查与数据中心和中国人民大学中国政府统计研究院为依托，以我国首个社会调查数据库——中国社会调查开放数据库，以及中国人民大学科学研究基金“数据高地项目”资助下的各项大型追踪项目和横断面调查项目数据为基础，全面而广泛地收集在中国大陆所进行的各类抽样调查的原始数据及相关资料。CNSDA 对收集到数据与资料按国际标准进行清洗、处理、档案化、标准化和国际化，通过建设一个在线数据共享平台实现科学研究数据的开放与共享，致力于向研究者提供内容广泛全面、可获性强、易用性高、质量可靠的数据，并在数据库建设过程中研发数据管理、存储、开发的新技术，发展既适应中国特点又与国际接轨的调查数据存档协议，推动我国科学界形成数据开放共享的传统，以提高我国科研数据的生命周期和利用率，增加我国科学项目投入的产出和效益，以应对科学研究数据骤增所带来的机遇与挑战，服务于科学研究和政府决策。

(2) 国家基础学科公共科学数据中心：国家基础学科公共科学数据中心（简称国家基础数据中心）是中国科学院计算机网络信息中心联合中国科学院、教育部、交通运输部、工业和信息化部、国家国防科技工业局、国家林业和草原局、黑龙江省等下属研究所 40 余家单位共同建设的国家科技资源共享服务平台，其系统整合了物理、化学、材料、动物、植物、交通、信息科学等基础学科领域科学数据，青海湖、黑龙江等典型区域长期科研活动积累的科学数据，以及相关基础领域政府预算资金支持项目汇交的科学数据。国家基础数据中心建立了交通运输、信息学科 2 个分中心和 23 个主题数据库，形成了完善的基础学科数据资源体系，以及支持分布式科学数据资源统一管理、集成融合、分析挖掘和应用服务的技术体系、标准体系和服务体系。其联合学术组织、期刊、数据平台构建数据出版社区等，创新科学数据出版新模式，引领科学数据的高效汇聚、开放共享、多学科交叉融合分析和创新应用。自 2020 年 6 月科学技术部启动国家重点研发计划科学数据汇交工作以来，国家基础数据中心积极承担基础学科领域国家重点研发计划科学数据汇交任务，有力支撑国家重点研发计划项目完成综合绩效评价。截至 2022 年底，数据资源总量 2.95PB，覆盖 44 类一级学科。累计研制和发布 23 项科学数据类国家标准（牵头 5 项）、18 项团体标准（牵头 5 项）。2021 年入选国家“十三五”科技创新成就展、中国科学院“十三五”信息化成果展。2021 年、2022 年连续入选中国科学院科学数据工作十大进展。“十三五”至“十四五”期间，共服务重大项目 2 000 余项，支撑论文总数 10 000 余篇，形成典型服务案例 800 余个。截至 2023 年 8 月，国家基础数据中心为 5 家国家重点研发计划项目管理专业机构、累计 70 个重点专项 2 044 个项目提供了科学数据汇交支撑服务，同时为 17 个中国科学院战略性先导科技专项汇交项目数据汇交提供服务。

(3) 香港健康宝库：提供了大量有关中国香港特别行政区的公共卫生的统计资料。香港健康宝库所有数据都是由公共卫生资讯系统从不同的机构搜集得来的，通过整理及分析，为卫生和健康问题提供辅助决策。

（三）国外常用公共科学数据资源

1. 全球卫生观察站　全球卫生观察站（Global Health Observatory，GHO）通过开放数据协议为 WHO 的数据和统计内容提供了一个简单的查询界面，方便大众获取国家数据和统计信息，以及分析全球、区域和国家情况与趋势，其主页如图 6-9 所示。内容指标包含死亡率和疾病负担、千年发展目标（儿童营养、儿童健康、被忽视的疾病、水和卫生）、非传染性疾病和风险因素、易流行疾病、卫生系统、环境卫生、暴力和伤害等千余项。GHO 提供了多种检索方法和数据展示方式。

(1) 浏览检索：GHO 提供了指标浏览(Indicators)、国家浏览(Countries)、地图库浏览(Map Gallery)等多种浏览方式。

(2) 数据检索：GHO 提供了数据检索方法，点击 "Data Search" 进入页面，可通过数据检索词检索，数据结果可通过可视化、数据表、元数据和相关指标进行展示。

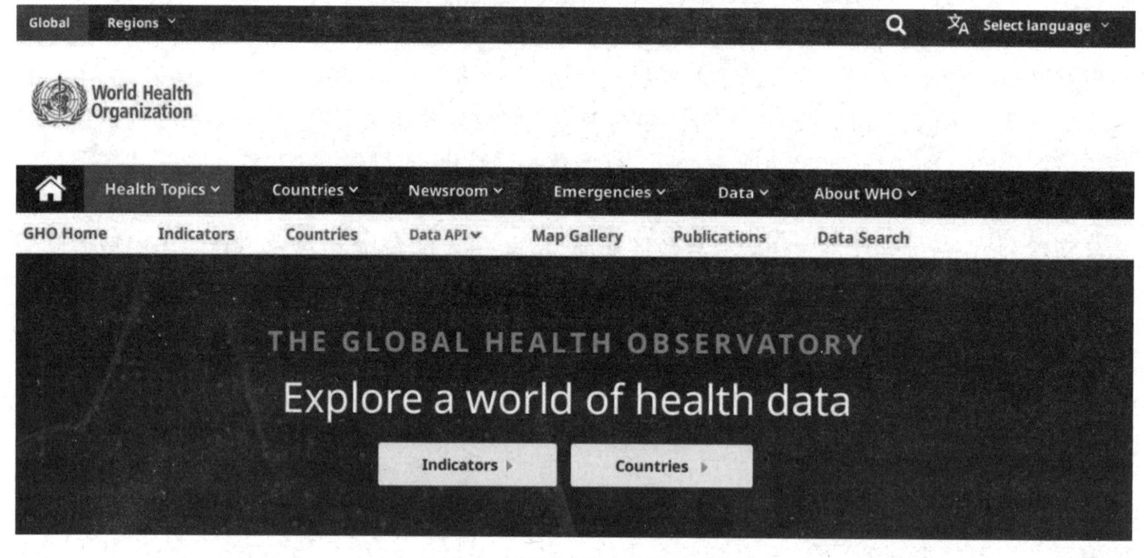

图 6-9　全球卫生观察站主页

2. 联合国数据　联合国数据(UNdata)是由联合国提供的免费数据检索和下载的平台，由联合国统计司、瑞典统计局和瑞典国际开发合作署合作开发，共包含 32 个数据库、6 000 多万条记录，涵盖的领域包括农业、犯罪、教育、能源、工业、劳工、国民账户、人口和旅游业。

(1) 浏览检索：所有数据库均列在 "Explorer" 中。"Explorer" 提供了数据集、数据源和主题三种浏览方式，并且数据以一定的层次结构组织在一起。

(2) 基本检索：在检索框中输入搜索词，然后单击 "Search" 即可进行基本检索。UNdata 允许关键字任意组合，允许在不同来源的机构数据库中进行搜索。

(3) 高级检索：高级检索进行的是精细搜索，提供的有统计地区、数据源和时间选项，还可勾选 "Include data series content in the search"。

(4) 结果展示：提供预览和数据查看，数据查看包含筛选(国家 / 地区、时间)、排序等；数据可下载。

3. 美国政府数据中心　美国政府数据中心是 2009 年美国总务管理局技术转型服务处推出的联邦、州、地方和部落政府信息的存储库，包含 30 多万数据集，为公众提供了进行研究、开发 Web 和移动应用程序、设计数据可视化等的数据、工具和资源。

4. 英国政府数据中心　英国政府数据中心是 2010 年英国政府推出的公共数据平台，旨在帮助人们查找和使用开放的政府数据，并支持政府出版商维护数据。

5. CDC Wonder 数据库　CDC Wonder 是美国疾病预防控制中心一个内容广泛的流行病学研究在线综合数据库，包含美国出生、死亡、癌症诊断的公共使用数据，结核病病例、疫苗接种、环境保护、环境暴露和人口估计等主题数据。公众可在线检索数据库，获取相关的摘要统计、地图、图表和数据摘录。

三、常用专利检索平台

(一) 概述

1. 专利(patent)　专利是专利权的简称，指一项发明创造向国家专利局或者代表若干个国家的区域性组织提出专利申请，依法审查合格后，专利局或组织向专利申请人授予的在规定时间内对该项发明创造享有的专有权。专利是一种“无形资产”，通过“公开”来换取权利，其目的是有效阻止他人在没有得到允许的情况下制造、使用或销售该专利产品。

世界各国都采用建立相应的专利制度来保护专利权，专利制度的核心是专利法。专利制度最早来自欧洲，1474 年威尼斯共和国颁布了世界上第一部专利法《发明人法》，同时依法颁发了世界上的第一号专利。我国于 1984 年 3 月颁布并于 1985 年 4 月 1 日实施的《中华人民共和国专利法》，历经了 1992 年、2000 年、2008 年、2020 年四次修正。

专利权属于知识产权，具有排他性、地域性、时间性。排他性也称为专有性或独占性，除法律另有规定外，任何人要使用专利必须得到专利权人的许可，并按双方协议支付使用费，否则就是侵权。地域性指一个国家或一个地区所授予和保护的专利权的有效范围仅在该国或地区，对其他国家和地区不发生法律效力，所以就会发生一个专利在不同地域重复申请。时间性指专利权的法律保护有时间限制，只有在法定的保护期限内，权利人才享有独占权。依据《中华人民共和国专利法》的规定，我国发明专利权的期限为 20 年，实用新型专利权的期限为 10 年，外观设计专利权的期限为 15 年。

(1) 专利相关概念

1) 基本专利(basic patent)：指申请人就同一发明在第一个国家申请的专利。

2) 相同专利(equivalent patent)：指发明人或申请人就同一个发明在第一个国家以外的其他国家申请的专利。

3) 同族专利(patent family)：指基于同一发明思想，但内容有所修改或变动的一组专利申请，以不同语言向多国提交，从而公开或批准的一组专利，属于同一个族系的专利为同族专利。同族专利具有共同的专利优先权。

4) 专利优先权(patent priority)：指专利申请人就其发明创造第一次在一国提出专利申请后，在法定期限内，又就相同主题的发明创造在他国提出专利申请的，根据有关法律规定，其后在他国申请时以第一次专利申请的日期作为其申请日，专利申请人依法享有的这种权利，就是专利优先权。其第一次申请专利的日期就是专利优先权日。

5) 失效专利(ineffective patent)：①超过专利法定保护期限；②没有按照规定缴纳年费的；③专利权人以书面声明放弃其专利权的。

6) 非法定相同专利：第一个专利获得批准后，就同一专利向他国提出相同专利的申请，必须在 12 个月内完成，超过 12 个月的则为非法定相同专利。

7) 专利申请号(application number)：指专利局受理发明创造专利申请时所给予的顺序号。

8) 专利号(patent number)：专利局授予专利权时给出的编号。

9) 专利申请人(applicant)：依法享有专利申请权的自然人、法人或其他组织。

10) 专利权人(patentee)：专利权人是享有专利权的主体。专利权人包括专利权所有人和持有人，专利权人又包括原始取得专利权的原始主体和继受取得专利权的继受主体。专利权人享有法律所赋予的权利，也要承担法律所规定的义务。

11) 专利受让人(assignee)：是指通过合同或继承而依法取得专利权的单位或个人。

(2) 专利的类型

我国专利分为发明专利、实用新型专利和外观设计专利三种类型。发明专利是指对产品、方法或者其改进所提出的新的技术方案。取得发明专利的可以是产品、方法、工艺、配方等。实用新型专利是指对产品的形状、构造或者其结合所提出的适于实用的新的技术方案。申请实用新型专利的必须是有一定空间结构或电路结构的产品。外观设计专利是指对产品的整体或者局部的形状、图案或者其结合，以及色彩与形状、图案的结合所做出的富有美感并适于工业应用的新设计。新设计可以是线条、图案或色彩的平面设计,也可以是产品的立体造型。外观设计专利不保护产品内部的具有一定功能的结构。

2. 专利文献(patent document)　专利文献是实行专利制度的国家及国际性组织在审批专利过程中产生的官方文件及其出版物的总称。1988 年世界知识产权组织(World Intellectual Property Organization,WIPO)编写的《知识产权法教程》将专利文献定义为:专利文献是包含已经申请或被确认为发现、发明、实用新型和工业品外观设计的研究、设计、开发和试验成果的有关资料,以及保护发明人、专利所有人及工业品外观设计和实用新型注册证书持有人权利的有关资料的已出版或未出版的文件(或其摘要)的总称。一般认为专利文献主要包括专利说明书、专利公报、专利文摘、专利索引、专利分类表等。

(1)专利文献的分类

1)一次专利文献:详细描述发明创造具体内容及其专利保护范围的各种类型的专利说明书。专利说明书是专利文献的主体,其主要作用在于公开技术信息、限定专利权的范围。

2)二次专利文献:刊载文摘或专利题录、专利索引的各种官方出版物,如专利公报、年度索引等。二次专利文献并非一次专利文献出版后整理再出版的文献,而是对一次专利文献内容的概括和补充,通常与一次专利文献同步出版,且大都由专利局出版,因而也属于法律性出版文件。二次专利文献的主要目的不仅在于传播有关申请专利的新发明创造信息,还在于对专利事务进行公告。

3)专利分类资料:按发明创造的技术主题管理和检索专利说明书的工具书。专利分类资料主要有专利分类表、分类定义、分类表索引等。

(2)专利文献的书目数据特征

专利文献著录项目的信息可以归为专利技术信息、法律信息和文献外在形式信息三类。

1)专利技术信息:是通过专利文件中的说明书、附图等文件详细展示出来的,便于用户从各种角度了解某一专利的技术相关信息,如专利名称、专利所属技术领域的专利分类号、摘要等。

2)专利法律信息:指揭示与发明创造的法律保护及权利有关的信息特征。表示法律信息的专利文献著录项目有申请人、发明人、专利权人、专利的申请日期、专利申请号、优先申请号、国内相关申请数据等。

3)专利文献外在形式信息:著录项目包括文献种类的名称、公布专利文献的国家机构、文献号、专利申请的公布日期等。

3. 专利分类法　目前全球主要的专利分类体系包括国际专利分类、欧洲专利分类、日本专利分类、美国专利分类、联合专利分类。

(1)国际专利分类(international patent classification,IPC):IPC 是 WIPO 使用的分类体系,是目前全球 100 多个国家普遍采用的专利分类工具,用于按所属不同技术领域对专利和实用新型进行分类。IPC 可用于对专利申请、授权专利说明、实用新型和类似技术文件进行分类和检索。IPC 以部、大类、小类、大组及小组进行五级分类。其部类包含 8 个部类(A~H)。一个完整的 IPC 代码由代表部(1 个字母)、大类(2 个数字)、小类(1 个字母)、大组(1~3 个数字)或小组(2~4 个数字)的符号构成,如 A01F7/00 代表脱粒机械。

(2)欧洲专利分类(ECLA、ICO):其中,ECLA 是欧洲专利局在 IPC 基础上进一步细分得到的分类体系;ICO 是针对 ECLA 的标引系统,是用以标引附加信息的分类体系。

(3)日本专利分类:Fi/F-term 是日本开发并使用的专利分类体系。简单理解,Fi/F-term 的分类体系由两部分构成,即 Fi 和 F-term。Fi 是"File Index"的简称,是对 IPC 的进一步细分;F-term 是"File Forming Terms"的简称,其侧重对技术主题的多角度分类,如用途、结构、材料、目的、制作方法、使用方法、装置、类型等。

(4)美国专利分类：颁布于 1831 年，逐渐形成了一套仅用于美国专利的分类体系，其分类体系较为独特，不以 IPC 为基础，检索的文献也仅限于美国专利文献。

(5)联合专利分类：由于以往的分类体系有各自的划分标准，使得在一些文献上标准不够统一，引起了争议。为了在世界范围建立一个统一的分类体系，欧洲专利局和美国专利与商标局于 2010 年 10 月 25 日签署了合作文件，在继承已有分类体系优点的基础上，共同创建和实施联合专利分类(cooperative patent classification，CPC)，并于 2012 年 10 月 1 日发布了 CPC 试用版。2013 年欧美正式启用 CPC。2016 年 1 月，中华人民共和国国家知识产权局使用 CPC 对所有技术领域的专利文献进行分类。

(二) 国内专利检索

1. 国家知识产权局专利检索系统　由国家知识产权局主持建立，面向公众提供专利检索和专利分析服务，主页如图 6-10 所示。目前，使用该专利检索系统可以检索 103 个国家、地区和组织的专利数据，覆盖了中国、美国、日本、韩国、德国、俄罗斯、欧洲专利局、世界知识产权局等世界主要国家 / 地区和组织的专利数据。公众可以免费获取专利全文图像文件，注册用户可以使用“更多检索与分析功能”。

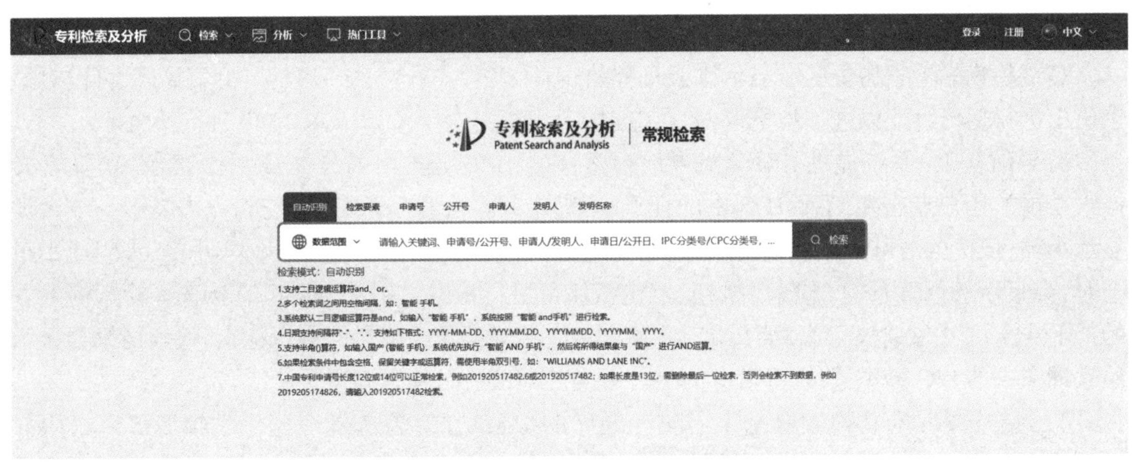

图 6-10　国家知识产权局专利检索系统主页

(1)检索规则

1)逻辑运算符有 AND、OR、NOT，不区分大小写，分级使用时要用半角括号“( )”进行分割。例如：“电池 NOT 锂 AND 铝”是错误表达式，应写成“(电池 NOT 锂)AND 铝”。

2)支持截词符“+”“?”“#”。“+”表示 0~n 个字符，“?”代表 0~1 个字符，“#”代表 1 个强制存在的字符。所有截词符均为半角字符。

3)常规检索的“自动识别”中关键词之间的空格表示 AND，其他字段和高级检索中多个关键词之间的空格表示 OR。

4)如果检索的关键词中含有空格、AND、OR、NOT 及其他特殊符号，可使用英文半角双引号进行精确检索。

5)通过申请号检索时，号码格式为：申请国 + 申请流水号。

6)通过公开(公告)号检索时，号码格式为：公开国 + 公开流水号 + 公布级别。

(2)检索方法：主要有常规检索、高级检索、导航检索、药物检索、命令行检索。

1)常规检索：常规检索提供数据范围筛选和字段选择。数据范围包括中国、主要国家 / 地区 / 组织、其他国家 / 地区 / 组织等。系统字段可自动识别，也可以选择检索要素(包括标题、摘要、权利要求和分类号四个字段)、申请号、公开(公告)号、申请人、发明人、发明名称。字段选择不同,可以使用的逻辑运算符号会有区别。用户可根据实际情况选择不同的字段和对应的逻辑运算符组成自己的检索式。

2)高级检索:高级检索提供收录数据范围筛选、丰富的检索入口及智能辅助的检索功能。用户根据实际需要在对应字段的检索框中输入检索词并选择逻辑关系,同时可以利用智能辅助功能提供帮助,然后点击"生成检索式",系统会在检索表达式编辑区中形成逻辑关系检索表达式,点击"检索"得到检索结果。也可以利用检索框上方的"AND""OR""NOT"等来编辑符合自己需要的表达式。

例如:检索1995—2023年世界各国公开发表的聚焦牙齿矫形方面的专利。

操作步骤:①数据范围勾选中国、主要国家和地区、其他国家和地区;②申请日字段后选择":",输入19952023;③在发明名称字段中输入"牙齿矫形";④在说明书字段中输入"牙齿矫形";⑤点击"检索"按钮,得到结果。

检索完成后,系统以"搜索式"的形式显示检索结果的基本信息,用户可以在"列表""多图"等方式之间进行显示模式切换,查看专利的详览(专利详细信息,包括专利全文文本、全文图像,以及下载专利全文)、同族、引证、被引信息,并可以收藏、添加到分析库、查看申请人详细信息、查看专利的法律状态、进行专利监控与翻译等操作。

高级检索的检索历史区域显示检索过程的序号、表达式、检索结果数量、检索日期,可以对检索历史进行逻辑组配以进一步检索,如在检索式运算框中输入"176 OR 178"进行检索。

3)导航检索:系统提供IPC分类导航检索,以及IPC分类中的分类号、中文含义、英文含义搜索功能。用户点击左侧A~H部中的任意一部,中间栏会显示该部的大类,点击其中一个大类显示小类,依次点击可以显示大组、小组进行浏览。当鼠标悬浮在对应的大类、小类、大组或小组上时,会显示蓝色背景的"检索"按钮,点击按钮可进行检索。用户也可以直接选择检索框上方的"分类号""中文含义"或"英文含义"输入对应的分类号或检索词进行检索,检索结果会显示检索词命中的IPC分类号,选择对应的IPC分类号继续进行检索即可。

4)药物检索:药物检索是基于药物专题库的检索功能,为从事医药化学领域研究的用户提供检索服务。用户可以使用此功能检索出西药化合物和中药方剂等多种药物专利。系统提供高级检索、方剂检索、结构式检索、中药检索、西药检索等多种检索模式,方便用户快速定位文献。

①高级检索:在药物检索页面,系统默认显示"高级检索"页面,也可通过单击"高级检索"专题项切换到高级检索页面。高级检索界面提供了与其他检索不一样的功能,如有分析方法、化学方法、物理方法、相似疗效、毒副作用、方剂组成、治疗作用、提取方法、CN登记号、制剂方法、新用途等好几十个字段供用户选择,在对应字段输入检索词进行检索可得到结果。②方剂检索:输入中药方剂中药物的数量,然后在下方输入对应的中药名称进行检索。③结构式检索:需要使用IE浏览器,并安装Java插件。单击"结构式检索"专题项切换到结构式检索页面,选择查询条件,即精确结构、子结构和相似性中的一项,再选择结构式类型,在结构式编辑区域编辑结构式图形,然后执行检索,可得到对应结果。④中药检索:可以通过中文名、替代物、英文名、拉丁名称、拉丁植物名称和拼音查询,也可以通过点击系统提供的常用药材列表进行查询,点击药材中文正名可以查看其详细信息,点击选择框,再点击"生成检索式",可跳转至"高级检索"界面,点击"检索"可得到检索结果。⑤西药检索:可以通过汉语拼音、英文名称、中文名称、分子式、药物登记号、CAS登记号进行查询,点击药物登记号可以显示详细信息,包括药物分子结构图等,点击"生成检索式"可以在药物检索的高级检索界面生成对应的检索表达式,点击"检索"即可得到结果。

5）命令行检索：命令行检索是面向行业用户提供的专业化检索模式，该检索模式支持以命令的方式进行检索、浏览等操作功能。

例如：检索1995—2023年世界各国公开发表的聚焦牙齿矫形方面的专利。

操作步骤：①在字符命令中点击“发明名称”，命令编辑区会自动出现“TI=( )”，在“( )”中输入关键词“牙齿矫形”，然后点击逻辑运算符“AND”，系统自动将其加入命令行编辑区；②在字符命令中点击“说明书”，命令编辑区会自动出现“DESC=( )”，在“( )”中输入关键词“牙齿矫形”，在逻辑运算符中点击“AND”，系统自动将其加入命令行编辑区末尾；③在字符命令中点击“申请日”，命令编辑区会自动出现“APD=( )”，在“( )”中输入“1995：2023”，就完成了检索式“TI=(牙齿矫形)AND DESC=(牙齿矫形)AND APD=(1995：2023)”的构建(如果用户对检索字段比较了解，也可直接在命令行编辑区域输入检索式)；④直接通过回车键就可以执行检索得到结果。

热门工具包括同族查询、引证/被引证查询、法律状态查询、国家/地区/组织代码查询、关联词查询、双语词典、分类号关联查询、申请人别名查询。

(3) 专利分析

国家知识产权局提供检索结果统计和专利分析服务。检索结果统计是执行检索命令后对检索结果从申请人、发明人、技术领域、申请日、公开日、发明类型、有效专利、公开国家、专利文献语种等方面按专利文献数量进行统计排序，并可以在此基础上进行全部选中、筛选、过滤等操作。

专利分析需要将检索结果部分或者全部添加到文献分析库(系统会对申请号相同的数据进行处理，因此加入数据总量会减少，处理数据最大容量为10 000条)。专利分析时要求使用IE浏览器，并安装Flash player 1.6版本(不支持高版本)，可以进行申请人分析、发明人分析、区域分析、技术领域分析、中国专项分析、高级分析等(国家知识产权局网站与地方增强版的分析功能稍有差别)。每一项分析可用饼状图、柱状图、折线图进行结果展示，可导出统计表和图片，保存分析结果到系统。

2. 专利之星检索系统　专利之星检索系统(Chinese Patent Retrieval System，CPRS)由国家知识产权局中国专利信息中心主持，基于国内首个自主知识产权检索系统CPRS的检索引擎开发，包含了全球105个主要国家/地区/组织的超1亿件专利数据，是集专利文献检索、统计分析、定制预警等功能为一体的多功能综合性专利检索服务平台。该系统提供智能检索、表格检索、专家检索、号单检索、分类检索检索方式，根据用户的选择可以单独对中国专利或世界专利进行检索，如图6-11所示。

(1) 智能检索：智能检索分为中国专利检索和世界专利检索。选择中国专利只能输入中文，世界专利只能输入英文，系统自动识别用户输入的词语是专利要素并进行检索。

(2) 表格检索：表格检索(分为中国专利、世界专利)提供了专利著录格式的各字段，用户按照系统提示的各字段内逻辑符号的使用规则输入对应的检索词语，字段间的逻辑关系为逻辑与(AND)，点击“生成检索式”可生成检索表达式。

(3) 专家检索：专家检索分为中国专利、世界专利，中国专利提供了20个字段，世界专利提供了13个字段，用户可用不同组合形式进行快速检索。点击相应的检索项，相应检索项的字段代码即会出现在检索式对话框中，用户输入一个空格后再输入检索词，多个检索词之间可以用“*”“+”“–”“( )”“adj”“near”来组织检索表达式，然后点击“检索”得到结果。系统会在中间位置显示检索序号、检索表达式、检索结果数量、检索时间，用户还可以利用检索编号来进行逻辑组配(如编号31和编号15之间的逻辑与组配，表达式为：31*15)，点击编号前面的“查看”可以查看检索结果。

图 6-11 专利之星检索系统检索页面

专家检索的特点在于对每个字段的检索项单独进行检索，再通过对之前检索结果进行逻辑运算以获得最终的检索结果，检索过程中可针对命中数的不同来及时调整检索项的关键词和其他检索项的检索范围，达到对检索目标步步逼近并且优化检索式的目的。

(4) 号单检索：号单检索(分为中国专利、世界专利)适用于对已知申请号的多个专利进行检索。输入的申请号应为标准申请号格式，其规则如下：①单次最多可输入 3 000 条申请号；②每个申请号单独成行；③中国专利号单的申请号标准格式为“CN+12 位申请号 +.+ 校验位”。

(5) 分类检索：分类检索分为 IPC 分类查询、外观分类查询、国民经济分类查询，提供分类导航。出户根据导航提示层层点击打开，然后根据需要选择中国专利或世界专利进行检索。用户也可以输入分类号或关键词进行检索。

专利之星的每一条记录均包含著录项目信息、全文 PDF(可免费下载全文)、权利要求、说明书、法律状态。其检索结果提供专利类型、法律状态两大类筛选条件。与国家知识产权局不同，其检索结果可以选择批量导出(一次最多 3 000 条)，同时也提供多种统计分析，包括趋势分析(申请趋势、授权趋势、公开趋势)、技术分析[技术构成、技术趋势、技术申请人国别(中国)、技术省市统计(中国)]、地域分析(中国专利省市分析、省市趋势分析)、申请人分析(申请人排名、申请人申请趋势、申请人技术构成)、发明人分析(发明人排名、发明人申请趋势、发明人技术构成)，并可以导出统计分析结果。

3. 中国知识产权网 基于自身出版资源，1999 年知识产权出版社有限责任公司创办了中国知识产权网(China Intellectual Property Right Net，CNIPR)。CNIPR 提供中国、美国、日本、英国、德国、WIPO、欧洲专利局(European Patent Office，EPO)等 105 个国家、地区和组织的专利信息检索，其专利数据更新时间与国家知识产权局保持一致。CNIPR 专利信息服务平台提供一框式检索和高级检索、法律状态检索、运营信息检索、失效专利检索、热点专题信息服务，主页如图 6-12 所示。

(1) 检索规则

1) 提供 40 个检索字段用于检索。

2) 比较运算符包括“=”(等于)、“! =”(不能与)、“>”(大于)、“<”(小于)、“<=”(小于等于)、“>=”(大于等于)，如“申请日>=2018”。

3) 逻辑运算符包括 AND(两者必须同时满足)、XOR(两者只能满足其一)、NOT(两者中只能出现前者)、“OR”(两者至少满足其一)。

图 6-12　中国知识产权网专利信息服务平台主页

4）通配符“？”代表 1 个字母或汉字，“%”代表 0~n 个字符或汉字。

（2）检索方法：提供简单检索、高级检索、法律状态检索、运营信息检索、失效专利检索。

1）简单检索：系统默认的是简单检索界面，简单检索界面提供最常用的字段，包括关键词、申请（专利）号、公开（公告）号、申请（专利权）人、发明（设计）人、申请日、公开（公告）日、IPC 分类号等。在检索框中输入检索词，点击“检索”按钮可得到检索结果，页面对付费用户提供统计分析功能。用户可以根据页面提示选择合适的排序方式和浏览模式，还可以选择需要的专利记录并将其著录项目以 Excel 格式导出。点击其中一条记录标题可以查看其详细信息，详细信息页面提供更加个性化的服务，提供了页内链接（著录项、说明书附图、法律状态、引证文献、同族专利、收费信息、权利要求书、说明书），可以分别下载专利申请书和专利授权公告书的 PDF 全文，在页面内可以设置需要高亮显示的关键词，方便用户查找与阅读专利。

2）高级检索：高级检索中包括表格检索、逻辑检索和号单批量检索三种检索功能。①表格检索：各字段之间是逻辑与的关系，在对应字段中输入检索词，点击“检索”按钮就可以得到检索结果。②逻辑检索：用户可以输入一个复杂的表达式，用布尔逻辑运算符组合连接各个检索选项，构建检索策略。点击表格检索中的检索字段可以辅助快速编辑表达式。表达式输入框的下方是历史表达式列表，它直接显示已保存过的检索表达式，用户可以对以前保存的历史表达式进行查看、删除、检索、导出、合并历史表达式等操作。③号单批量检索：号单批量检索是批量输入申请号或者公开（公告）号进行检索的方式。

3）法律状态检索：法律状态检索仅用于检索中国专利的法律状态。可检索的字段包括：申请号法律状态公告日、法律状态、法律状态信息。

4）营运信息检索：是指对专利权转移、专利质押、专利实施许可的检索。

5）失效专利检索：类似高级检索页面，仅针对已经失效的中国发明、中国实用新型和中国外观设计进行检索。

（3）热点专题：热点专题包括生物芯片、先进装备制造、新能源汽车、原料药、智能电网、智能机器人等。

（4）专利分析：专利分析功能仅供付费用户使用，包括总体态势分析、区域分析、申请人分析、发明人分析、技术分类分析、聚类分析。

（5）专利跟踪：完成一次检索后，点击检索结果左下方的“定期预警”，输入预警名称即可完成预警设置。页面下方的“法律状态预警”功能也仅供付费用户使用。

4. 大为专利搜索引擎　大为专利搜索引擎 innojoy 是北京大为知创科技有限公司自主研发的一款简单易用的全球专利搜索引擎系统。平台高度整合全球专利文献资源，如专利文摘、说明书、法律状态、同族专利、引证、复审无效、许可转让、质押融资等信息，提供专利检索、结果显示、专利分析、专利专题数据库、分析项目等功能。

innojoy 收录了全球 105 个国家 / 地区的专利数据、60 个国家 / 地区的法律状态、19 个国家 / 地区的代码化全文、14 个国家 / 地区的小语种优质英文翻译，并且具备独有的美国增值数据（可以为公开专利提供预测专利权人）、同族专利数据、引证数据等。

innojoy 提供了简单检索、表格检索、号码检索、逻辑检索、表达式检索、AI 智能检索、图片检索、概念检索、IPC/ 洛迦诺（Locarno，LOC）/CPC/ 美国分类检索、法律状态 / 转让信息 / 质押信息 / 许可信息检索、国省代码检索功能，并且支持二次检索及过滤检索。下载全文和专利分析需付费购买。

除上述检索系统外，一些专业文献检索平台，如万方知识服务平台、CNKI 等也提供专利数据的免费检索。

（三）国外专利检索

国外专利资源大体上分为三类，主要指各国专利局官方网站［美国专利商标局（United States Patent and Trademark Office，USPTO）、EPO、WIPO 等］、商业性专利数据库（如德温特创新索引数据库等）与商业性联机检索系统［国际联机检索系统（Scientific and Technical Information Network International，STN）、Web of Science 等］，以及公益性免费专利检索网站。

各国专利局官方网站均提供专利的免费检索，可以下载专利说明书等全文，但是分析功能较弱。德温特创新索引数据库收录的专利数据量大，涉及国家和地区最多，检索功能强大并提供可视化分析功能，但不能免费使用。

1. 美国专利商标局　美国专利商标局（USPTO）网站提供授权专利全文和图像数据库（PatFT）检索、专利申请全文和图像数据库（AppFT）检索、专利转让检索等，主页如图 6-13 所示。PatFT 可以检索 1976 年至今颁发的专利的全文，以及 1790 年至今所有专利的 PDF 格式图像；1976 年以来的专利授权全文提供快速检索、高级检索和专利号检索；1790—1975 年间的专利 PDF 图像仅提供专利号和 / 或分类代码检索。AppFT 提供快速检索、高级检索和出版物编号检索。

（1）检索规则

1）检索系统使用的逻辑运算符包括 OR、AND、AND NOT，不区分大小写。

2）截词符号“$”代表 0~n 个字符，仅能用于右截断，且词头字符串的长度至少为 3 个字符，在特定字段中至少为 4 个字符。

3）精确检索（或短语检索）的符号是双引号“”，在短语检索中不能使用截词检索符。

4）日期范围检索符号“<、>、=”代表一个时间段，例如“>20231231”。

5）高级检索的字段搜索格式为字段代码后接分隔号“/”再加上检索词，例如：CAA/580/31。

（2）检索途径：系统提供快速检索、高级检索和专利号检索。

1）快速检索：快速检索提供两个检索框，在第一个框中输入检索词 1，选择对应字段，选择逻辑关系（AND、OR、AND NOT），再输入检索词 2，选择其对应的字段，点击“Search”得到检索结果。

2）高级检索：应用字段代码、逻辑组配符号、截词符号等可组织更加灵活的检索表达式。

3）专利号检索：输入专利号，点击“Search”按钮即可获取检索结果。

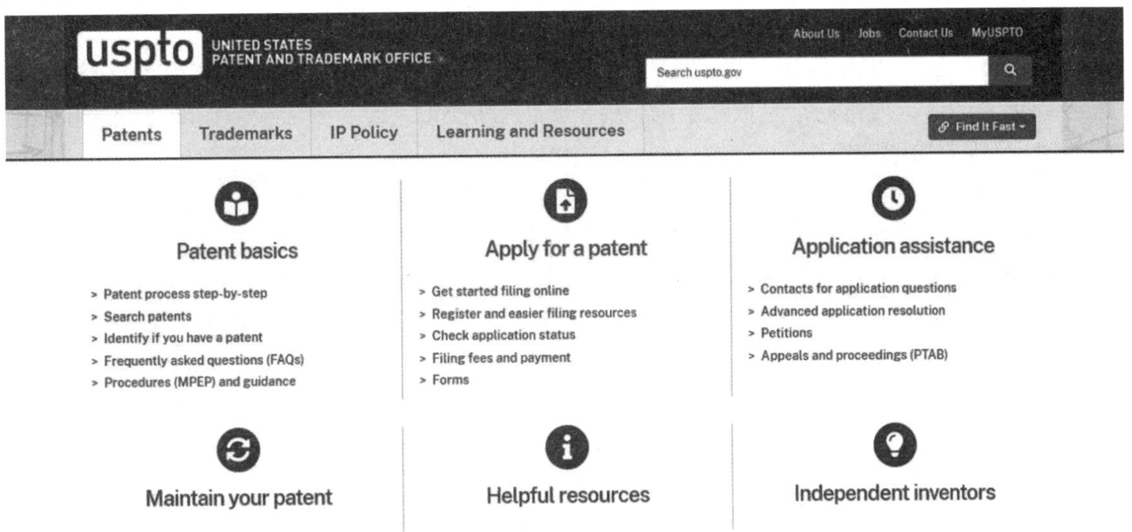

图 6-13　美国专利商标局主页

2. 欧洲专利局　Espacenet 是欧洲专利局（EPO）制作的专利文献数据库，Espacenet 有最新版和经典版两种版本，本节介绍最新版，其主页如图 6-14 所示。

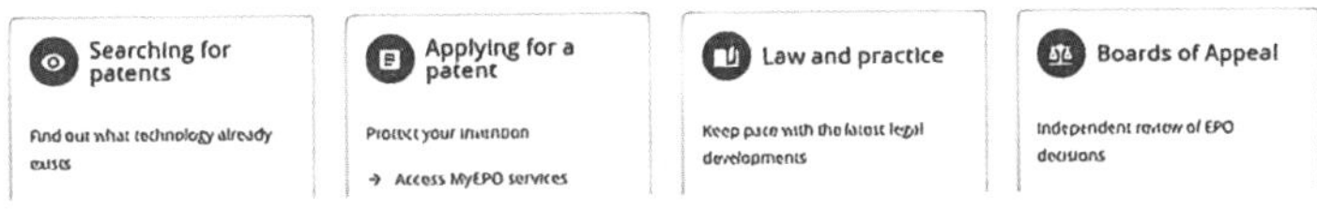

图 6-14　欧洲专利局主页

（1）检索规则

1）逻辑运算符号 AND、OR、NOT：运算的顺序是从左向右依次进行，用括号“( )”可以改变运算顺序。

2）支持截词检索：“*”代表 0~n 个字符，“?”代表 0 或 1 个字符，“#”代表 1 个字符。截词符的使用有一定限制，一是截词符不支持左截断；二是 2 个字母或数字后面最多可用 3 个“?”和“#”截词符，3 个或 3 个以上字母或数字后面最多可用 7 个“?”和“#”截词符；三是“*”前至少有 3 个字母；四是截词符不适用于分类号和日期。

3）支持邻近检索：其位置运算符为“prox”“prox/distance”，后接（<、>、<=、>=、=）+“数字”表示检索词语之间距离几个单词。“prox/unit=sentence”表示将检索限制在同一句话中，“prox/unit-paragraph”表示将检索词限制在同一段话中。

(2)检索方法：其检索方法包括智能检索、高级检索和分类检索。

1)智能检索：智能检索中可以按任意顺序输入发明人或申请人姓名、编号、日期、关键字和类别，而无需为每个搜索词指定搜索字段，系统自动判断搜索字段。一次最多输入 20 个词语，也可以用字段限制检索和逻辑运算符组织自己的检索表达式。

2)高级检索：高级检索特色在于根据逻辑关系的层级形成对应的组合，顶层字段之间的逻辑关系由字段旁的逻辑关系决定，如果需要增加下一层次的逻辑关系则点击对应字段后面的"group"增加字段，然后选择逻辑关系即可。

例如：检索光伏发电的相关专利。构建其高级检索表达式，系统会自动形成表达式（ctxt all "Photovoltaic"）AND ctxt any "power generation"，点击"Search"可得到结果。

3)分类检索：分类检索提供联合专利分类（CPC）导航检索。点击"Classification search"进入 CPC 分类导航检索界面，选择需要检索的部的标题，系统会自动显示其下面的大类，点击大类标题，系统会自动展开其小类，依次类推，然后在需要检索的 CPC 分类号前打钩进行选择，系统会将选择结果显示在界面的右上角。如果还需要检索更多类，也可以继续选择相应的部 / 大类 / 小类 / 大组或小组等，当选择完成，点击"Find patents"可得到检索结果。

(3)检索结果：其检索结果提供文本、文本和缩略图、列表、草图等几种显示模式，可将检索结果按照优先权日期、出版日期的升降序进行排序，检索结果可以进行导出、打印、添加到我的专利选择、分享检索策略操作。可以查看单条专利记录的专利书目数据、描述、权利要求、草图、原文、引文、法律状态、同族专利等。

3. 世界知识产权局　世界知识产权组织（WIPO）是根据《成立世界知识产权组织公约》而设立的，总部设在日内瓦，是联合国保护知识产权的一个专门机构。PATENTSCOPE 是 WIPO 官方开发和管理的网站。使用 PATENTSCOPE 可以检索 3 200 多万条专利文献，其中包括 220 万件《专利合作条约》（*Patent Cooperation Treaty*，*PCT*）国际专利申请的文本。PATENTSCOPE 的检索方法有简单检索、高级检索、字段组合检索、跨语种检索、化合物检索，主页如图 6-15 所示。

(1)检索规则

1)支持精确检索：精确检索（或短语检索）的符号是双引号""。

2)逻辑运算符号：AND、OR、AND NOT。

3)字段限制检索的语法结构：是字段名加冒号":"或斜杠"/"然后输入检索词，如 EN_TI:（"Photovoltaic" AND electric）solar，这里 solar 没有指定字段，系统会在默认字段（这里是 EN ALL）进行检索。

4)支持截词检索："？"代表 1 个字符，"*"代表 0~n 个字符，例如：te ? t，elec*ty。

5)提供词干检索：对于英语等语种的检索，系统通过波特词根算法（Porter Stemming Algorithm）去除单词的常见词尾，检索词干相同的词语，与截词检索略有差别。例如：输入 rides，系统会检出包含 riding、ride、rides 的结果，如果输入 rides*，系统会检出包含 rides、ridesharing、rideshare 的结果。

6)邻近检索符号(~)：用于短语末尾，再加上数字，表示短语中的两个词语相隔多少个单词，例如："Artificial intelligence" ~10。

7)日期范围：可以用"TO"或">"，如 DP:[01.01.2018 TO 01.01.2020] 或 DP：01.01.2018 >01.01,2020。非日期字段范围也可以用 TO，如 IN：{Smith TO Tom} 可检出 Smith 到 Tom 之间的所有结果，但是不包含这两个单词本身。

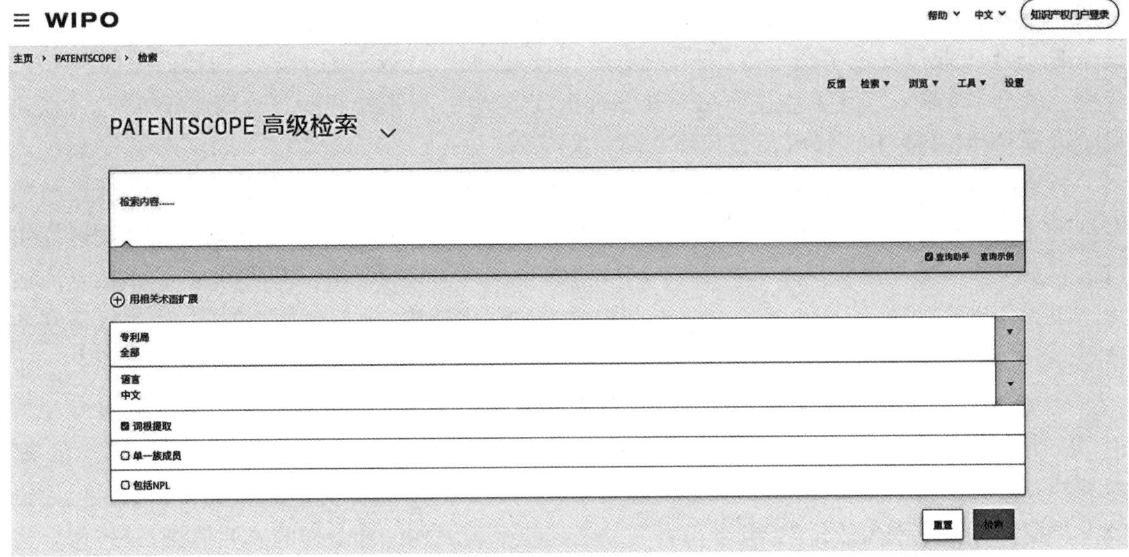

图 6-15　世界知识产权局专利高级检索页面

(2) 检索方法：其检索方法包括简单检索、高级检索、字段组合检索、跨语种扩展检索、化合物检索等。

1) 简单检索：系统默认的是简单检索界面，语种为英语，用户可以根据需要切换为中文或其他语种。系统提供 7 个预定义字段：Front page、Any field、Full-text、ID/Number、IPC、Names、Publication Date。默认字段为 Front page（首页），其包含了专利名称、摘要、申请人和发明者姓名、专利号等字段。检索时，用户可根据需要进行选择，例如要搜索无人驾驶相关专利，可以选择首页字段，输入 “artificial intelligence”，检索后系统会自动在检索结果上方的检索框中显示表达式 “FP:(artificial intelligence)”。

2) 高级检索：主要用于创建不限检索词语数量的复杂表达式。选择检索语言，如中文，检索时，输入对应的字段名称，如中文摘要，只需要输入 “中文”，系统会自动索引显示中文全文、中文摘要、中文标题、中文文本等，输入一个表达式后，敲空格键系统会自动出现逻辑关系符号的选项。

3) 字段组合检索：用于根据需求选择系统预设的字段进行组合检索，系统预设字段包括检索日期和申请者、发明人和公司等。

4) 跨语种扩展检索：该工具允许用户进行扩展检索，如输入一个英文检索词，检索结果列表将包含该英文单词及其同义词，以及将它们翻译成 13 种语言（包括中文、法语、德语等）的检索结果。

5) 化合物检索：注册后使用，其检索方式包括转换结构、上传结构、结构编辑器。结构转换允许用户选择检索类型，如化合物名词[一般名、商品名、CAS 登记号、国际纯粹与应用化学联合会（International Union of Pure and Applied Chemistry，IUPAC）名称]、国际非专有药名（INN）、国际化合物标识（International Chemical Identifier，InchI）、简化分子线性输入规范（simplified molecular-input line-entry system，SMILES）等，输入对应的检索词，点击回车后系统会自动将输入名称转换为 CHEM 名称进行检索，如 CHEM:(BLUAFEHZUWYNDE-NNWCW BAJSA-N)。用户也可以选择 “结构编辑器” 编辑化学结构或选择 “上传结构” 进行结构式识别检索。

(3) 检索结果处理：检索结果提供分析功能，可以从国家、申请人、发明人、IPC 代码、公布日等方面进行统计分析，分析结果可以以表格、柱状图、饼状图等形式呈现。检索结果可以按照相关度、申请日期和公开日期进行排序，系统提供对检索结果的语言翻译功能；每条专利提供书目数据、专利说明书、权利要求书、专利族、专利全文(可以下载)。

4. 日本工业产权数字图书馆专利数据库　日本工业产权数字图书馆专利数据库提供 1922 年至今的日本专利和实用新型说明书。在多种查询方式中,日本专利摘要查询比较方便,可以通过关键词、发明日期、IPC 代码及专利号查询相关专利。

5. 加拿大知识产权局专利数据库　该数据库收集了 1920 年以来的加拿大专利文献,包括专利的著录项目数据、专利的文本信息、专利的扫描图像。1978 年 8 月 15 日以后的专利可提供 PDF 格式文本。数据库提供基本查询、专利号检索、布尔查询和高级查询四种形式。该数据库输出结果采用网页的形式,主页面内容为专利名称、摘要、发明者、申请和授权时间、优先权等基本信息。

6. 德温特创新索引数据库　德温特创新索引数据库整合了 Derwent 最著名的世界专利索引(World Patent Index)和专利引文索引(Patent Citation Index),收录了来自世界各地超过 60 家专利授予机构提供的增值专利信息,涵盖超过 5 700 万项发明,每周更新并回溯至 1963 年,为研究人员提供世界范围内的化学、电子与电气及工程技术领域内综合全面的发明信息,是检索全球专利最权威的数据库之一。作为 Web of Science 平台的从属数据库,用户需登录 Web of Science 平台,选择德温特创新索引数据库进行专利检索,较之其他专利检索系统,其收录范围更广、数据量大,但并不能提供全部专利的全文。

第四节　文献资源开放存取

一、文献资源开放存取概述

开放存取出现于 20 世纪 90 年代,旨在促进学术交流、扫除学术障碍。按照布达佩斯开放存取先导计划(Budapest Open Access Initiative,BOAI)中的定义,开放存取是指某文献在 Internet 公共领域里可以被免费获取,允许任何用户阅读、下载、拷贝、传递、打印、检索、超级链接该文献,并为之建立索引,用作软件的输入数据或其他任何合法用途。开放存取依托网络技术,采用“发表付费、阅读免费”的形式,实现学术文献资源的知识共享。用户在使用时可以不受财力、法律或技术限制,但需要在存取文献时保持文献的完整性,同时确保版权归作者所有。

开放存取学术文献资源包括开放存取的期刊、图书、课件、学位论文、会议论文与学术机构收藏库等。开放存取服务实现的途径有很多,如搜索引擎、主题论坛、学术 Blog、Wiki、RSS 订阅等,目前被学术界认同并得以广泛应用的两种主要途径为开放存取期刊和开放存取仓储。开放存取期刊有延时开放存取期刊(delayed open access journals)、半开放存取期刊(partial open access journals)、完全开放存取期刊(open access journals)之分。延时开放存取期刊指出版一段时间(几个月或一年)以后,可以免费获取的期刊;半开放存取期刊指仅对某些卷期(篇)有特别报道价值或作者已经支付出版费用的内容开放存取的期刊。开放存取仓储可分为个人主页、学科仓储(subject-specific repositories)和机构仓储(institutional repositories)等。

文献的开放存取并不影响其学术质量,并且很多开放存取文献都是出自同行评议(peer review)的期刊,同时文献在开放存取前后,也会按照惯例在相应的期刊上出版。开放存取的出现是对现有出版方式的有益补充,同时因为文献信息的免费无障碍获取,也进一步减少了学术剽窃的问题。

二、国外常用开放存取资源

(一) Free Medical Journals

Free Medical Journals 是由法国 Bernd Sebastian Kamps 建立的期刊信息网站，提供免费医学期刊全文。Free Medical Journals 收录了 5 000 余种生物医学期刊，其对免费全文期刊提供以下排序方法：①按主题（Topic）排序，将所有免费期刊分成 100 多个主题；②按期刊影响因子等级排序，将影响因子分为 20、21~40、41~60、61~80、81~100；③按期刊提供免费的方式分为三类，包括立即、1~6 个月后、7~12 个月后；④按刊名字母排序；⑤按语种分类，同一语种下按刊名字母顺序排列。

在该网站点击“Books”也可以链接到免费医学图书网站 FreeBooks4Doctors。

(二) PubMed Central

PubMed Central（PMC）是 2000 年 1 月由美国国立医学图书馆（NLM）下属的国家生物技术信息中心（NCBI）建立的生命科学开放存取期刊全文数据库，目的在于保存生命科学期刊中原始研究论文的全文，并在全球范围内免费提供使用。凡由美国国立卫生研究院（NIH）资助的研究者发表的学术论文必须在该网站上保存一份数字拷贝，供永久开放存取。PMC 目前收录超过 800 万篇全文记录，跨越几个世纪的生物医学和生命科学研究（18 世纪末至今）均有收录。这些内容包括在学术期刊上正式发表的文章，经过同行评议并被期刊接受发表的作者手稿，以及在同行评议之前公开发表的文章的预印本。

(三) BioMed Central

生物医学中心（BioMed Central，BMC）是世界生物医学领域最大的 OA 出版商之一。2000 年出版第一本 OA 期刊，2008 年 10 月被 Springer 出版集团收购。其拥有约 300 种同行评议期刊，分享来自科学、技术、工程和医学研究团体的科学发现。

BMC 期刊包括 *BMC Biology*、*BMC Medicine*、*Genome Biology*、*Genome Medicine* 和 *BMC Global and Public Health* 等精选期刊，*Journal of Hematology & Oncology*、*Malaria Journal* 和 *Malaria Journal* 等学术期刊。

(四) DOAJ

DOAJ（Directory of Open Access Journal）是由瑞典隆德大学图书馆（Lund University Libraries）于 2003 年 5 月建立的开放存取期刊目录系统，其最初收录了 350 种期刊，目前已收录各学科共计 17 000 余种 OA 期刊，750 万余篇论文。该系统收录的期刊、论文均具有学术性、研究性，且大多经过同行评议或者有编辑对其内容进行质量控制。DOAJ 所收录的期刊与论文具有免费、全文获取、质量高的特点，对学术研究有很高的参考价值。DOAJ 提供刊名检索、期刊浏览和论文检索功能。

三、国内常用开放存取资源

(一) 中国科技论文在线

1. 简介　中国科技论文在线是经教育部批准，由教育部科技发展中心主办的科技论文网站，其利用现代信息技术手段，免去了传统出版物的评审、修改、编辑、印刷等程序，旨在为科研人员提供科研成果快速发表或交流。该系统不仅提供论文检索，还为作者提供论文发表时间的证明，并允许作者同时向其他专业学术刊物投稿。截至 2023 年底，新平台包括四个数据库：首发论文库（预印本论文库，在库论文约 10.7 万篇）、期刊论文库（全免费 OA 论文库，在库论文约 130 万篇）、知名学者库（学者主题 OA 论文库及学者关系库，在库学者论文约 14 万余篇）、学术资讯（全球最新科技热点与政策资讯，在库科技资讯约 3.6 万余篇）。

2. 数据库检索

(1)跨平台全文检索：可输入题目、作者、关键词、文中一句话等信息在全部数据库中进行全文检索。

(2)跨平台高级检索：根据不同的检索需求(找文章、找伙伴、找机构)，选择在全部或部分数据库中进行检索。根据所知信息输入检索词并组配检索式，可按题目、关键词、作者、作者单位、基金和摘要限定检索，还可对时间范围进行限定。

(3)首发论文库检索：基本检索界面提供了全文检索、作者检索、机构检索、基金检索字段。可按学科专业浏览，细分为数理科学、地球资源与环境、生命科学、医药健康、化学化工与材料、工程与技术、信息科学、经济管理八大领域。

(4)期刊论文库检索：基本检索界面提供了期刊名称检索、论文题目检索。可按学科专业浏览，细分为五大领域：自然科学(收录期刊 284 种，论文约 40 万篇)、工程技术(收录期刊 203 种，论文约 32 万篇)、医药卫生(收录期刊 105 种，论文约 26 万篇)、农业科学(收录期刊 60 种，论文约 10 万篇)、人文科学(收录期刊 198 种，论文约 21 万篇)。

(二) Socolar

中国教育图书进出口有限公司是一家大型国有企业，是中国教育出版传媒集团的五家核心成员单位之一。为顺应 OA 资源的迅速发展，满足研究人员和师生对 OA 资源的需求，中国教育图书进出口有限公司自主研发了 Socolar 平台，其是国内首个综合性开放存取资源平台。Socolar 新版平台内容涵盖来自全球 100 多个国家、近 7 000 家出版社的近 3 万种学术期刊资源，提供近 1 600 万篇开放获取文章的免费下载，以及 5 000 万余篇付费期刊文章的下载服务。其收录文章来自的期刊广泛被 SCI、SSCI、SCI 扩展版(SCI Expanded，SCIE)、AHCI、EI、PubMed、DOAJ 索引。其收录内容涵盖医药卫生、工业技术、经济文化和社会科学几个大类学科，占全部内容的 60% 以上。生物科学、数理科学和化学、政治法律及哲学宗教期刊数量也非常可观。文章语种包含中文、英语、西班牙语、德语、葡萄牙语、法语等，共计四十种语言。

(三) 中国预印本服务系统

1. 简介　预印本(preprint)是指科研工作者自愿先在学术会议上或通过互联网发布未在正式出版物上发表的科研论文、科技报告等研究成果。与刊物发表的文章及网页发布的文章比，预印本具有交流速度快、利于学术争鸣、可靠性高的特点。

我国的预印本服务系统是由中国科学技术信息研究所与国家科技图书文献中心联合建设的，旨在提供预印本文献资源服务，实现实时学术交流，是科学技术部科技基础条件平台项目的研究成果。国内预印本服务子系统主要收藏的是国内科技工作者自由提交的预印本文章，同时提供分类浏览、文章检索、文章提交三种功能，并可进行全文浏览与下载。

2. 数据库检索

(1)分类浏览：全部文章按学科专业分为五个大类，即自然科学、医药科学、人文与社会科学、工程与技术科学、农业科学，每个大类下再细分二级类目(按自然科学国家标准学科分类与代码可将其专业领域分为 43 类)。点击二级类目名称，即可进入该类目下的文章目录页。

(2)文章检索：选择全部或部分学科，输入检索词，限定检索字段(标题、关键词、摘要、作者、全部)，组配检索式，即可进行文章检索。

(四) 中国科学院机构知识库网格

中国科学院机构知识库网格(Chinese Academy of Sciences Institutional Repositories Grid，CAS IR Grid)以发展机构知识能力和知识管理能力为目标，快速实现对本机构知识资产的收集、长期保存、合理传播利用，具有知识分析与图谱、学科评价、知识整合等功能，实现学科评估服务和专题知识动态整合揭示，完成“机构 - 团队 - 个人”一体化知识集成管理和个性化展示，支持科研生命周期全谱段、全媒体知识资产管理和决策分析。该平台在中国科学院110多家研究所得到部署应用，现已累计采集和保存各类科研成果129万余份，可开放获取全文的成果达到80%以上，已成为国际三大科技机构知识库之一。该平台是Google Scholar、Web of Science获取国内文献全文的主力平台，是中国国内最大规模机构知识库群和最有影响机构知识管理平台。机构列表下设有114个机构，可按名称、OAI收割量、iSwitch采集量、下载量、浏览量、地区分布等方式浏览，点击其中一个机构，可以查看该机构供开放获取的文献资源。

【结语】

本章详细介绍了常用的通用搜索引擎（百度、必应、谷歌）、生物医学专业搜索引擎（Medscape、Global Index Medicus、HON）、医学信息网站（世界卫生组织、美国国立卫生研究院、美国国家生物技术信息中心等）、学术机构与社会组织网站（中华医学会、中华中医药学会、中国药学会等）、公共科学数据平台（中国科技资源共享网、国家基础学科公共科学数据中心等）、专利检索平台（国家知识产权局专利检索系统、中国知识产权网、世界知识产权局等）、开放存取资源（Free Medical Journals、PubMed Central、BioMed Central、DOAJ、中国科技论文在线、Socolar、中国预印本服务系统、中国科学院机构知识库网格等）等网络医学文献资源的功能、检索途径与方法，旨在为读者提供一些参考，使读者能够根据实际信息需求利用合适的网络信息源快速、准确地获取有效的网络信息。

（王思明　杨建桐）

习题

1. 简述网络学术资源的类型（至少两种分类标准）。
2. 简述网络信息资源的特点。
3. 列举至少两个获取本专业信息的网址或APP。
4. 利用搜索引擎的高级搜索功能检索任意学科或专业的课件，写出课件名和播放张数。
5. 简述专利的类型、特性及分类法。
6. 列举三个国外常用的开放存取资源网站。
7. 如何利用网络免费资源促进医学专业课程学习？

第七章 医学论文写作

第一节 学 术 规 范

一、学术规范相关文件

为促进教学和科研的繁荣与发展，加强学风建设，提高科研人员职业道德和修养，保障学术自由，促进学术交流、积累、发展与创新，保护知识产权，使学术走向规范化，诞生和发展了学术规范的相关文件。

（一）学术规范条文产生过程

1999 年，为进一步提高广大科技工作者的职业道德修养，明确科技工作者的行为规范，科学技术部、教育部、中国科学院、中国工程院、中国科学技术协会联合发布《关于科技工作者行为准则的若干意见》（国科发政字〔1999〕524 号）。

2002 年，为贯彻“三个代表”重要思想和《公民道德建设实施纲要》精神，在高等学校建设一支热爱祖国、具有强烈使命感、学术作风严谨、理论功底扎实、富有创新精神的高素质学术队伍，营造良好学术氛围和制度环境，促进学术进步和科技创新，端正学术风气，加强学术道德建设，教育部发布了《关于加强学术道德建设的若干意见》（教人〔2002〕4 号）。

2004 年，教育部社会科学委员会讨论通过的《高等学校哲学社会科学研究学术规范（试行）》（教社政函〔2004〕34 号）规定了高校哲学社会科学研究工作基本规范、学术引文规范、学术成果规范、学术评价规范、学术批评规范等。此后，诸多高校纷纷响应，并制定更为具体的实施规范。

2005 年，复旦大学制定的《复旦大学学术规范及违规处理办法（试行）》中除明确了基本学术规范外，还规定了学校职责、调查和处理程序、惩戒标准等。

2006 年，为进一步加强教育系统学术道德和学风建设，教育部发布《关于树立社会主义荣辱观进一步加强学术道德建设的意见》（教社科〔2006〕1 号）。

2009 年，为进一步加强高等学校学风建设，惩治学术不端行为，教育部发布《教育部关于严肃处理高等学校学术不端行为的通知》（教社科〔2009〕3 号）。

2009 年，由教育部社会科学委员会学风建设委员会组织编写、高等教育出版社出版的《高校人文社会科学学术规范指南》，是高校人文社会科学教学与研究人员关于学术规范的共同约定，同时也是进行学术规范教育的指导性用书。

2009 年，为加强我国科研诚信建设，科研诚信建设联席会议单位联合发布《关于加强我国科研诚信建设的意见》（国科发政〔2009〕529 号）。

2009 年，科学技术部科研诚信建设办公室组织编写、科学技术文献出版社出版的《科研活动诚信指南》和《科研诚信知识读本》中，提出了科研人员、科研管理人员、评审专家和相关机构等科研主体在科研活动的主要环节中应当遵循的一些基本规范和要求，旨在促进我国广大科技工作者自觉践行良好的科研行为，同时为有关机构和单位编制适用于特定范围的科研诚信方面的规范或规定提供参考。

2010年，为使高校教师、学生和科研人员自觉遵守学术道德，增强自律意识，教育部科学技术委员会学风建设委员会编写、中国人民大学出版社出版了《高等学校科学技术学术规范指南》。

2011年，为坚决反对不良学风，有效遏制学术不端行为，营造风清气正的育人环境和求真务实的学术氛围，《教育部关于切实加强和改进高等学校学风建设的实施意见》(教技〔2011〕1号)发布。

2012年，为贯彻落实中央领导同志关于科学道德和学风建设宣讲教育工作的重要指示精神，进一步巩固和扩大科学道德和学风建设宣讲教育工作成果，中国科学技术协会、教育部、中国科学院、中国社会科学院、中国工程院联合发布《关于做好2012年科学道德和学风建设宣讲教育有关工作的通知》(科协发组字〔2012〕16号)。

2012年，为规范学位论文管理，推进建立良好学风，提高人才培养质量，严肃处理学位论文作假行为，教育部发布《学位论文作假行为处理办法》(中华人民共和国教育部令第34号)，2013年1月1日起施行。

2015年，为弘扬科学精神，加强科学道德和学风建设，抵制学术不端行为，端正学风，维护风清气正的良好学术生态环境，重申和明确科技工作者在发表学术论文过程中的科学道德行为规范，《中国科协 教育部 科学技术部 卫生计生委 中科院 工程院 自然科学基金会关于印发〈发表学术论文"五不准"〉的通知》(科协发组字〔2015〕98号)发布。

2016年4月，为进一步加强学风建设，加大查处力度，加强警示和震慑，优化育人环境和学术氛围，教育部发布《中共教育部党组关于强化学风建设责任实行通报问责机制的通知》(教党函〔2016〕24号)。

2016年6月，为有效预防和严肃查处高等学校发生的学术不端行为，维护学术诚信，促进学术创新和发展，《高等学校预防与处理学术不端行为办法》(中华人民共和国教育部令第40号)发布，2016年9月1日起实施。

2017年，《高等学校科学技术学术规范指南》第2版出版，增加了"学术不端行为的社会与个人因素分析"及"学术不端行为案例剖析"两部分内容。

2018年，中共中央办公厅、国务院办公厅印发《关于进一步加强科研诚信建设的若干意见》，对进一步推进科研诚信制度化建设等方面做出部署。

2019年，为规范科研诚信案件调查处理工作，科学技术部、中央宣传部、最高人民法院、最高人民检察院等发布《科研诚信案件调查处理规则(试行)》(国科发监〔2019〕323号)。

2020年，为整治不良学风，遏止学术不端，营造风清气正的育人环境和求真务实的学术氛围，国务院学位委员会、教育部发布《国务院学位委员会 教育部关于进一步严格规范学位与研究生教育质量管理的若干意见》(学位〔2020〕19号)。

2023年，国家自然科学基金委员会制定并公开发布《科研诚信规范手册》，旨在明确参与科学基金工作"四方主体"的诚信责任，为科研人员、评审专家、依托单位、自然科学基金委工作人员遵守科研诚信规范提供一份较为系统和具有指导性的说明和建议，使相关行为主体了解什么样的行为是合乎(或违背)科研诚信要求的。

(二) 学术规范条文类别

1. 法律规范条文 《中华人民共和国著作权法》《中华人民共和国著作权法实施条例》《中华人民共和国专利法》《中华人民共和国专利法实施细则》等。

2. 政策规范条文 《高等学校预防与处理学术不端行为办法》《学位论文作假行为处理办法》《博士硕士学位论文抽检办法》等。

3. 技术规范条文 《学术论文编写规则》(GB/T 7713.2—2022)。

二、学术规范定义

学术规范的定义可从横向和纵向两个角度考虑。

(一) 横向定义

有学者对学术规范做出横向概括，认为其包括两方面含义：一是学术研究中的具体规则，如文献合理使用规则、引证标注规则、立论阐述的逻辑规则等；二是高层次规范，如学术制度规范、学风规范等。

(二) 纵向定义

"高校立身之本在于立德树人"，因此有必要对高校师生进行学术道德规范教育，为此教育部编写了《高等学校科学技术学术规范指南》。此指南从纵向角度对学术规范给出定义：学术规范是从事学术活动的行为规范，是学术共同体成员必须遵循的准则，是保证学术共同体科学、高效、公正运行的条件，它从学术活动中约定俗成地产生，成为相对独立的规范系统。学术规范包括学术制度规定、学风规矩、立论和阐述的逻辑规则、文献合理使用规则、引证标注规则等。纵向定义的学术规范可分为四层：一是学术规范是学术共同体的产物；二是学术规范研究对象是学术活动的全过程；三是学术规范目的是激发学术创新、维护学术自由；四是学术规范表现形式是条文化、简明扼要的各种规则。其中第一层中学术共同体是指一群志同道合的学者，遵守共同道德规范，相互尊重、相互联系、相互影响，共同推动学术发展，从而形成的群体。学术共同体通常以学科、领域划分，如"×× 科协""×× 学会"等。也就是说，学术规范并非是某种"行政化"操作，而是从事学术活动的行为规范，是学术活动长期积累的经验，是在学术共同体内部所建构的一种自觉制约机制，学术共同体成员应自觉遵守。

三、学术规范的内涵

学术规范内涵主要表现在以下三个层面：内容层面的规范、方法层面的规范、形式层面的规范。

(一) 内容层面的规范

从内容方面讲，主要包括交代学术缘起、已有研究、存在问题、个人创新点等。学术研究的第一步是对此课题的研究史进行梳理回顾。一是了解前人曾经做过什么研究，通过文献对国内外研究现状的描述知道作者对前人成果的了解程度。二是通过文献对现状分析得出的结论，了解此方面研究什么问题已解决、有何得失、哪一个观点与自己的观点相符合、要做的进一步研究是什么，以及自己的创新点，以确保自己的研究在前人研究基础上有新发现，并达到思想深化和学理创新。国外学位论文通常要求必须有这一部分，因为这涉及学术品德。

(二) 方法层面的规范

从方法层面讲，主要规范的是研究路径、边界与方法等，包括说明范式依托、理论框架、分析模型、方法创新等。学术规范是为保证学术活动合法、诚实、透明、可信而制定的一套准则和规则，它涵盖研究方法、数据收集和分析等方面。

(三) 形式层面的规范

从形式层面讲，主要指文本规范，包括文献索引、引证出处、参考书目、注释体例等。也有学者将学术规范概括为"形式上的学术规范"和"实质性的学术规范"。一篇合格的学术论文，要有研究史回顾，也要有引用书目、文献目录，还要表达清楚和注释整齐，这就是形式层面的规范。

比如论文注释，如果某个注释只有书名，没有版本，没有页码，甚至没有卷数，就无从查起。其实注释有三层意义：一是表明文献资料的来源出处；二是对正文中不能表述清楚的意思进行补充说明（如果把注释也写入正文，可能会出现正文不清晰和不流畅，所以加注释）；三是提供可以引申的资料，就是给读者提供深入了解此研究的文献资料。

其实，在审查学术成果时，不仅要关注是否遵守形式上的学术规范，如是否具备中英文标题、内容提要和关键词，是否具备主要参考文献，有没有重复发表、一稿多投，有没有抄袭、剽窃、作伪注和篡改数据等，还更应关注是否具有学术上的原创性，是否对研究问题具有实质性推进意义。

四、学术规范的重要性和作用

没有规矩不成方圆，学术规范对研究成果可信度有重要的影响，是保证学术研究正常开展的必要条件，能保证研究过程的透明性和科学性，提高研究结果的可靠性和可信度。

（一）学术规范的重要性

1. 保证研究的透明度和公平性　学术规范可保证研究过程的透明度和公平性，减少不诚实和不道德行为发生，有助于解决学风建设问题，规约和惩处学术研究活动中的各种不良行为。

2. 维护学术声誉和质量　学术规范可维护学术界声誉和质量，促进学术交流的公信力和合作深入发展，学术规范也为学术成果评价和利用提供可靠依据，有助于彰显学术研究价值，使学术活动制度化、学术研究标准化和专业化，对学术研究的进步和发展具有重要意义。

3. 助力学术积累和创新　学术规范有助于学术积累和创新，强调学术史研究和学术传统养成，从而推动学科发展。

4. 规范学术格式和内容　学术规范对研究设计、数据收集和分析、论文写作和引用方面有严格规定，有助于学术界的成长和进步。

（二）学术规范的作用

1. 学术规范对研究过程的影响　一是在研究设计和伦理要求方面：学术规范要求研究者在进行研究时应遵守学术伦理原则，如尊重研究对象权益、保护隐私和保密等，这有助于保证研究的合法性和道德性；同时，研究设计还应遵循科学性和可重复性原则，确保研究结果的准确性和有效性。二是在数据收集与分析方面：研究人员需要遵守科学原理，使用适当的方法和技术进行数据收集并进行准确、透明地分析；此外，学术规范在数据保存和管理方面实行开放共享，以提高研究的可信度和可重复性。

2. 学术规范对研究结果的影响　一是学术界对论文写作和引用规范有严格要求，要求在撰写论文时使用准确、清晰、恰当的语言；学术期刊和出版社要求研究人员在投稿时遵循规定格式来提交评审论文，保证研究成果的规范性；同时，在引用他人研究成果时应按照规定的格式和规范进行引用，避免抄袭和学术诚信问题。二是学术界遵守学术规范实践，包括学术道德教育和培训、学术团体和组织的监督和管理，通过这些切实可行的措施，维护学术成果的可信性，为学术研究的发展提供重要保障。

第二节　学术不端

一、学术不端的界定

学术不端行为在世界各国、各个历史时期都曾经发生过，而且涉及从院士、教授、副教授、讲师到研究生、本科生各个层面。目前，学术界尚未对学术不端形成统一的概念。

1992 年，由美国国家科学院、国家工程院和国家医学院组成的科学家小组给出的学术不端行为定义为：在申请课题、实施研究和报告结果的过程中出现伪造、篡改或抄袭行为。即不端行为主要被限定在“伪造、篡改、抄袭”三者中。

科学技术部 2006 年颁布《国家科技计划实施中科研不端行为处理办法（试行）》（中华人民共和国科学技术部令第 11 号），其中对科研不端行为的定义是“违反科学共同体公认的科研行为准则的行为”。

2016 年颁布的《高等学校预防与处理学术不端行为办法》中，称学术不端行为是高等学校及其教学科研人员、管理人员和学生，在科学研究及相关活动中发生的违反公认的学术准则、违背学术诚信的行为。

通俗意义上讲，学术不端是指学术界的一些弄虚作假、行为不良或失范的风气，或指某些人在学术方面剽窃他人研究成果，败坏学术风气，阻碍学术进步，违背科学精神和道德，抛弃科学实验数据的真实诚信原则，给科学和教育事业带来严重的负面影响，极大损害学术形象的丑恶现象。

二、认定学术不端行为的相关文件

对学术不端行为的认定，许多部门和组织都有相关文件规定。

（一）国务院办公厅发布的文件

2015 年，《国务院办公厅关于优化学术环境的指导意见》（国办发〔2015〕94 号）强调不准在科学研究中弄虚作假，严禁以下学术不端行为：①严禁计算、试验等数据资料造假；②不准以任何形式抄袭盗用他人的论文等科研成果；③不准为追求论文发表数量和引用量粗制滥造、投机取巧；④不准利用中介机构或其他第三方代写或变相代写论文，或通过金钱交易在国内外刊物上发表论文；⑤不准违反有关规定，在论文、科研项目、奖励、人才评价等学术评审中拉关系、送人情，亵渎学术尊严。

（二）教育部发布的文件

2016 年，《高等学校预防与处理学术不端行为办法》认定的学术不端行为有：①剽窃、抄袭、侵占他人学术成果；②篡改他人研究成果；③伪造科研数据、资料、文献、注释，或者捏造事实、编造虚假研究成果；④未参加研究或创作而在研究成果、学术论文上署名，未经他人许可而不当使用他人署名，虚构合作者共同署名，或者多人共同完成研究而在成果中未注明他人工作、贡献；⑤在申报课题、成果、奖励和职务评审评定、申请学位等过程中提供虚假学术信息；⑥买卖论文、由他人代写或者为他人代写论文；⑦其他根据高等学校或者有关学术组织、相关科研管理机构制定的规则，属于学术不端的行为。

（三）国家新闻出版署发布的文件

2019 年，《学术出版规范期刊学术不端行为界定》（CY/T 174—2019）将论文作者学术不端行为划分为八大类型：①剽窃（7 种剽窃类型）；②伪造（6 种表现形式）；③篡改（5 种表现形式）；④不当署名（5 种表现形式）；⑤一稿多投（6 种表现形式）；⑥重复发表（6 种表现形式）；⑦违背研究伦理（5 种表现形式）；⑧ 12 种其他学术不端行为。

（四）国家自然科学基金委员会发布的文件

2022 年，《国家自然科学基金项目科研不端行为调查处理办法》（国科金发诚〔2022〕53 号）认定的学术不端行为有：①抄袭、剽窃、侵占；②伪造、篡改；③买卖、代写；④提供虚假信息、隐瞒相关信息，以及提供信息不准确；⑤打探、打招呼、请托、贿赂、利益交换等；⑥违反科研成果的发表规范、署名规范、引用规范；⑦违反评审行为规范；⑧违反科研伦理规范；⑨其他科研不端行为。

三、常见学术不端行为

概括总结,常见学术不端行为主要有以下几条。

(一) 剽窃、抄袭

剽窃、抄袭是学术界最不能容忍的行为之一,主要有图片和音视频剽窃、文字表述剽窃、观点抄袭、数据抄袭、研究(实验)方法抄袭等。

案例 1:抄袭剽窃他人项目申请书

国家自然科学基金委员会监督委员会对江西省某大学文某涉嫌学术不端开展了调查。经查,文某使用他人申请书内容申报国家自然科学基金项目"'三明治'式可降解骨修复支架的制备及其在牙槽骨修复中的应用"(申请号 8226030718),存在抄袭剽窃他人项目申请书内容的问题,文某应对上述问题负责。

处理决定:撤销文某国家自然科学基金项目"'三明治'式可降解骨修复支架的制备及其在牙槽骨修复中的应用"(申请号 8226030718)申请,取消文某国家自然科学基金项目申请和参与申请资格 3 年(2022 年 7 月 19 日至 2025 年 7 月 18 日),给予文某通报批评。(国家自然科学基金委员会《2022 年查处的不端行为案件处理结果通报(第三批次)》)

案例 2:抄袭剽窃他人发表的论文

国家自然科学基金委员会监督委员会收到举报,反映湖北省某大学董某某、魏某某发表的标注科学基金项目(批准号 30772851)资助论文"魏某某,董某某 .TP 方案联合复方斑蝥胶囊治疗晚期食管癌临床研究 . 中医学报,2014,29(196): 1245-1247."涉嫌抄袭他人发表的论文"彭梅 . 复方斑蝥胶囊联合 TP 方案治疗晚期食管癌患者的效果观察 . 中国医药导报,2013,10(9): 79-80."。经调查核实,董某某、魏某某发表的论文抄袭剽窃他人发表论文属实,且擅自标注其他单位人员科学基金项目批准号。

处理决定:取消董某某、魏某某国家自然科学基金项目申请资格 4 年(2019 年 4 月 9 日至 2023 年 4 月 8 日),给予董某某、魏某某通报批评。(国家自然科学基金委员会《2019 年查处的不端行为案件处理决定》)

这里需要注意区分三个概念:引用、抄袭和剽窃。

1. 引用　引用的作品应是已经发表的,引用比例应适当,引用需注明出处,但对于大家公认的理论,引用时不需要注明出处。引用可分为直接引用和间接引用:直接引用指照录原话,引文前后加引号;间接引用是指作者综合转述别人文章的某一部分,用自己的表达去阐述他人的观点、意见和理论。这里要区别适当引用与抄袭,适当引用有四个条件:引用目的仅限于说明某个问题;所引用部分不能构成引用人作品的主要部分或者实质部分;不得损害被引用作品著作权人利益;应当指明被引用作品的作者姓名、作品名称和出版单位。

2. 抄袭　抄袭是作者将他人作品全部或部分原封不动或稍作改动后作为自己的作品发表,主要包括数据抄袭和研究方法抄袭。

案例:湖南省某大学附属医院夏某、湖南省某大学附属第三医院方某为共同通讯作者,湖南省某大学附属第三医院母某某为第一作者的论文"Long noncoding RNA HAGLROS promotes the process of mantle cell lymphoma by regulating miR-100/ATG5 axis and involving in PI3K/AKT/mTOR signal"。经调查,该论文存在造假、抄袭等行为,方某、母某某不知情。

湖南省某大学附属医院对夏某作出如下处理:暂缓晋升高一级专业技术职务资格 2 年。对方某、母某某作出如下处理:诫勉谈话、公开通报。(科学技术部《部分高校医学科研诚信案件调查处理结果公开通报情况汇总(2022 年 12 月 26 日)》)

其中，数据抄袭是把别人的数据做成图表，不加引注地使用；研究方法抄袭包括修改他人已发表文献中具有独创性研究（实验）方法的一些非核心元素后不加引注或说明使用。

案例：福建省某大学附属第二医院柯某某为通讯作者、吕某某为第一作者的论文"Upregulation of long non-coding RNA OGFRP1 facilitates endometrial cancer by regulating miR-124-3p/SIRT1 axis and by activating PI3K/AKT/GSK-3βpathway"。经调查，该论文存在数据造假、抄袭行为，柯某某对署名不知情。

对吕某某作出如下处理：诫勉谈话，取消其晋升职务职称 1 年、申报科技计划（专项、基金等）项目资格 2 年，记入科研诚信严重失信行为数据库。（科学技术部《部分教育、医疗机构医学科研诚信案件调查处理结果（2021 年 12 月 15 日）》）

所以，需要注意在发表论文时，即使对别人的观点、数据、方法有修改变动，也要引用说明，否则有可能被认定为学术不端。

3. 剽窃　剽窃是行为人通过删节、补充等隐蔽手段将他人作品改头换面，而没有改变原有作品的实质性内容；或窃取他人创作（学术）思想或未发表成果作为自己的作品发表。

案例：国家自然科学基金委员会监督委员会对天津市某研究院附属医院蒋某某涉嫌学术不端开展了调查。经查，蒋某某从他人电脑私自拷贝项目申请书，并使用该申请书内容申请了国家自然科学基金项目"逍遥散调节 miR-145/AMPK/mTOR 通路抑制自噬逆转乳腺癌细胞耐药研究"（申请号 8220154428），存在抄袭剽窃他人申请书内容的问题，蒋某某应对上述问题负责。

处理决定：撤销蒋某某国家自然科学基金项目"逍遥散调节 miR-145/AMPK/mTOR 通路抑制自噬逆转乳腺癌细胞耐药研究"（申请号 8220154428）申请，取消蒋某某国家自然科学基金项目申请和参与申请资格 3 年（2023 年 2 月 6 日至 2026 年 2 月 5 日），给予通报批评。（国家自然科学基金委员会《2023 年查处的不端行为案件处理结果通报（第一批次）》）

剽窃中最常见的是观点剽窃、图片和音视频剽窃及文字表述剽窃。

（1）观点剽窃：不加引注或说明地使用他人的观点，并以自己的名义发表，应界定为观点剽窃。国家新闻出版署发布的《学术出版规范期刊学术不端行为界定》（CY/T 174—2019）中指出，观点剽窃的表现形式包括：①不加引注地直接使用他人已发表文献中的论点、观点、结论等；②不改变其本意地转述他人的论点、观点、结论等后不加引注地使用；③对他人的论点、观点、结论等删减部分内容后不加引注地使用；④对他人的论点、观点、结论等进行拆分或重组后不加引注地使用；⑤对他人的论点、观点、结论等增加一些内容后不加引注地使用。

（2）图片和音视频剽窃：不加引注或说明地使用他人已发表文献中的图片和音视频，并以自己的名义发表，应界定为图片和音视频剽窃。国家新闻出版署发布的《学术出版规范期刊学术不端行为界定》（CY/T 174—2019）中指出，图片和音视频剽窃的表现形式包括：①不加引注或说明地直接使用他人已发表文献中的图像、音视频等资料；②对他人已发表文献中的图片和音视频进行些微修改后不加引注或说明地使用；③对他人已发表文献中的图片和音视频添加一些内容后不加引注或说明地使用；④对他人已发表文献中的图片和音视频删减部分内容后不加引注或说明地使用；⑤对他人已发表文献中的图片增强部分内容后不加引注或说明地使用；⑥对他人已发表文献中的图片弱化部分内容后不加引注或说明地使用。

案例：广东省某医院洪某某为通讯作者、刘某某为第一作者发表的论文"Downregulation of lncRNA TUG1 contributes to the development of sepsis-associated acute kidney injury via regulating miR-142-3p/sirtuin 1 axis and modulating NF-κB pathway"，经查，系第三方机构进行实验操作，文中图片存在多处雷同，涉及图片造假等学术不端行为。

处理决定：对通讯作者洪某某进行科研诚信诫勉谈话，在医院内部公开通报批评，取消 3 年内申请或申报科研项目（专项、基金等）、科技奖励、科技人才称号和专业技术职务晋升等资格；对第一作者刘某某及其他次要责任作者吴某某、杨某、曹某、宋某某、杨某等进行科研诚信诫勉谈话及医院内部公开通报批评。(科学技术部《部分机构医学科研诚信案件调查处理结果(2021年9月2日)》)

(3)文字表述剽窃:不加引注地使用他人已发表文献中具有完整语义的文字表述,并以自己的名义发表,应界定为文字表述剽窃。国家新闻出版署发布的《学术出版规范期刊学术不端行为界定》(CY/T 174—2019)中指出,文字表述剽窃的表现形式包括:①不加引注地直接使用他人已发表文献中的文字表述;②成段使用他人已发表文献中的文字表述,虽然进行了引注,但对所使用文字不加引号,或者不改变字体,或者不使用特定的排列方式显示;③多处使用某一已发表文献中的文字表述,却只在其中一处或几处进行引注;④连续使用来源于多个文献的文字表述,却只标注其中一个或几个文献来源;⑤不加引注、不改变其本意地转述他人已发表文献中的文字表述,包括概括、删减他人已发表文献中的文字,或者改变他人已发表文献中的文字表述的句式,或者用类似词语对他人已发表文献中的文字表述进行同义替换;⑥对他人已发表文献中的文字表述增加一些词句后不加引注地使用;⑦对他人已发表文献中的文字表述删减一些词句后不加引注地使用。

案例:国家自然科学基金委员会监督委员会对河南省某大学杨某某等发表的论文"YANG DEWU*, REN YUDONG*. Dirichlet problem on the upper half space. Proceedings-Mathematical Sciences, 2014,124: 175-178."(标注基金号11301140、U1304102)涉嫌学术不端开展了调查。经查,上述论文系第一兼共同通讯作者杨某某和共同通讯作者任某某共同撰写发表,在此过程中大量抄袭剽窃他人已发表论文内容,杨某某、任某某负同等责任。

处理决定:取消杨某某国家自然科学基金项目申请资格5年(2021年7月20日至2026年7月19日),给予杨某某通报批评。(国家自然科学基金委员会《2021年查处的不端行为案件处理决定(第三批次)》)

(二) 不当署名

国家新闻出版署发布的《学术出版规范 期刊学术不端行为界定》(CY/T 174—2019)中指出,不当署名的表现形式包括:①将对论文所涉及的研究有实质性贡献的人排除在作者名单外;②未对论文所涉及的研究有实质性贡献的人在论文中署名;③未经他人同意擅自将其列入作者名单;④作者排序与其对论文的实际贡献不符;⑤提供虚假的作者职称、单位、学历、研究经历等信息。

作者应该是对一本书或论文有实质性贡献的人,这是对作者创作成果的肯定和尊重,因此应杜绝不当署名。如果一本书有某人在写作中有实质性贡献,却没有署名,这就属于学术不端。如果一本书在前言后记里提到是多人著作,但本书作者却只署一人,这时编辑就应当质疑作者的署名。另外,还可能出现未经领导和专家同意将其列为作者的情况,或论文发表时导师和领导为第一作者,作品实际完成人为第二作者,这些都属于不当署名。

案例:国家自然科学基金委员会监督委员会对青海省某医院何某等发表的论文"何某*等. 高三尖杉酯对成纤维细胞增殖、凋亡及TGF-β1/Smad信号通路的影响. 中药材,2022,(12): 2988-2992."(标注基金号81860583)涉嫌学术不端开展了调查。经查,涉事论文存在未经同意使用他人署名和擅自标注他人科学基金项目等问题,论文的第一作者兼通讯作者何某应对上述问题负责。

处理决定:取消何某国家自然科学基金项目申请和参与申请资格3年(2023年8月21日至2026年8月20日),给予通报批评,责成何某尽快完成勘误。(国家自然科学基金委员会《2023年查处的不端行为案件处理结果通报(第二批次)》)

(三) 重复发表

国家新闻出版署发布的《学术出版规范 期刊学术不端行为界定》(CY/T 174—2019)中指

出，重复发表的表现形式包括：①不加引注或说明，在论文中使用自己（或自己作为作者之一）已发表文献中的内容；②在不做任何说明的情况下，摘取多篇自己（或自己作为作者之一）已发表文献中的部分内容，拼接成一篇新论文后再次发表；③被允许的二次发表不说明首次发表出处；④不加引注或说明地在多篇论文中重复使用一次调查、一个实验的数据等；⑤将实质上基于同一实验或研究的论文，每次补充少量数据或资料后，多次发表方法、结论等相似或雷同的论文；⑥合作者就同一调查、实验、结果等，发表数据、方法、结论等明显相似或雷同的论文。

自己使用自己发表过的论文内容也应标注引用，否则涉嫌学术不端。其中，作者已经发表过的文章，收入作者出版的图书中是被允许的，但是应注明原载刊名和期号。

案例：国家自然科学基金委员会监督委员会对山东省某大学桂某某等发表的论文涉嫌学术不端问题组织开展了调查，涉及论文如下：

……

论文8："Rijun Gui, Ajun Wan*, Yalei Zhang, Huili Li*, Tingting Zhao. Light-triggered nitric oxide release and targeted fluorescence imaging in tumor cells developed from folic acid-graft-carboxymethyl chitosan nanospheres. RSC Advances, 2014, 4: 30129-30136."（标注基金号 51173104）

论文9："Rijun Gui*, Hui Jin, Yanfeng Wang, Jie Sun. Ions-induced two-photon fluorescence dual-switching for reversible and simultaneous sensing of Cu^{2+} and Hg^{2+} based on dual-emitting carbon dot/carbon dot conjugates. Sensors and Actuators B: Chemical, 2017, 245: 386-394."（标注基金号 21305079）

……

论文11："Rijun Gui, Jie Sun, Dexiu Liu, Yanfeng Wang, Hui Jin. A facile cation exchange-based aqueous synthesis of highly stable and biocompatible Ag2S quantum dots emitting in the second near-infrared biological window. Dalton transactions, 2014, 43: 16690-16697."（标注基金号 21305079）

……

论文19："Rijun Gui*, Hui Jin. Temperature-regulated poly- merization and swelling/collapsing/flocculation properties of hybrid nanospheres with magnetic cores and thermo/pH-sensitive nanogel shells. RSC Advances, 2014, 4: 2797-2806."

论文20："Rijun Gui, Yanfeng Wang, Jie Sun*. Embedding fluorescent mesoporous silica nanoparticles into biocompatible nanogels for tumor cell imaging and thermo/pH-sensitive in vitro drug release. Colloids and Surfaces B: Biointerfaces, 2014, 116: 518-525."

经查，论文8、9、11、19、20存在重复发表问题……

处理决定：取消桂某某国家自然科学基金项目申请资格5年（2021年1月7日至2026年1月6日），给予桂某某通报批评。（国家自然科学基金委员会《2021年查处的不端行为案件处理决定（第一批次）》）

（四）一稿多投

凡属原始研究报告，不论是同语种还是不同语种，分别投寄不同期刊，或主要数据和图表相同，仅文字表达有不同的两篇（或多篇）文稿投寄不同期刊，均属一稿两（多）投；一经两个（或多个）刊物刊用，则为重复发表。如因杂志社审稿流程过慢，作者一次性把同一稿件投向多家杂志，这种行为就是一稿多投。作者投稿后，编辑部对投稿文章进行查重，并留下查重记录，如短时间这篇文章被多次查重，另一杂志社看到后，会直接拒稿。除了将同一篇论文同时投给多个期刊，一稿多投的主要形式还有以下几类：在首次投稿的约定回复期内或在未接到期刊确认撤稿的正式通知前，将论文投给其他期刊；将只有微小差别的多篇论文，同时投给多个期刊；在不做任何说明的情况下，将自己（或作为作者之一）已经发表的论文，原封不动或做细微修改后再次投稿。

（五）其他情形

其他情形包括：①违反研究逻辑、道德伦理、保密规定、法律法规等情形；②在参考文献中加入实际未参考过的文献；③委托第三方机构或者与论文内容无关的他人代写、代投、代修；④向编辑推荐与自己有利益关系的审稿专家。

案例1：浙江省某医院郭某某为通讯作者、周某某为第一作者、湖州市某医院潘某某为共同第一作者发表的论文"Long noncoding RNA DLX6-AS1 functions as a competing endogenous RNA for miR-577 to promote malignant development of colorectal cancer"，经查，存在编造研究过程、违反科研伦理及不当署名的学术不端行为。

浙江省某医院对相关责任人作出如下处理：

①对通讯作者郭某某：取消其中西医结合主治医师专业技术职务聘任，专业技术岗位由十级降聘为十一级，2年内不得晋升专业技术职务及专业技术岗位等级，3年内年度考核不得评为优秀等次，5年内不得申报各级各类人才、科研项目，收回相关科研奖励和版面费，诫勉谈话，通报批评。②对第一作者周某某：专业技术岗位由八级降聘为九级，2年内不得晋升专业技术职务及专业技术岗位等级，撤销2019年年度考核优秀等次，3年内年度考核不得评为优秀等次，5年内不得申报各级各类人才、科研项目，收回相关科研奖励和版面费，责令检查、诫勉谈话，通报批评。③对其他作者沈某、黄某某、蔡某：取消申报各级各类人才、科研项目资格1年，科研诚信诫勉谈话，通报批评。（科学技术部《部分机构医学科研诚信案件调查处理结果(2021年11月19日)》）

案例2：山东省某大学附属医院安某为通讯作者、路某为第一作者的论文"Long noncoding RNA GAS5 attenuates cardiac fibroblast proliferation in atrial fibrillation via repressing ALK5"。经调查，该论文存在代写代投的学术不端行为。

单位对安某、路某作出如下处理：记过处分，对其通过学术不端行为获得的科研项目、学术奖励、荣誉称号等予以终止或撤销，取消申请或申报科技计划项目（专项、基金等）、科技奖励、科技人才称号资格5年，取消作为提名或推荐人、被提名或推荐人、评审专家等资格5年，受处分期间不得竞聘高于现聘岗位等级的岗位，作出处分决定当年的年度考核不能确定为优秀档次，记入科研诚信失信档案。（科学技术部《部分高校医学科研诚信案件调查处理结果公开通报情况汇总(2022年11月7日)》）

案例3：国家自然科学基金委员会监督委员会对北京市某大学侯某涉嫌学术不端开展了调查。经查，侯某作为他人国家自然科学基金项目（批准号52272430，撤销资助）参与人，在2022年国家自然科学基金项目申请与评审阶段，多次向多人请求照顾其参与的基金项目，并委托中间人向通讯评议专家实施请托，违反了《国家自然科学基金项目申请人和参与者科研诚信承诺书》之约定，应对上述问题负责；他人作为基金项目负责人，应为基金项目组成员实施请托、违反《国家自然科学基金项目申请人和参与者科研诚信承诺书》的问题负责。

处理决定：取消侯某国家自然科学基金项目申请和参与申请资格5年（2023年8月21日至2028年8月20日），给予通报批评。（国家自然科学基金委员会《2023年查处的不端行为案件处理结果通报(第二批次)》）

四、学术不端行为的成因

可以从社会和个人因素两方面进行学术不端行为成因分析。

（一）社会因素

1. 缺乏良好的科研环境，学术不端行为的产生受社会风气的影响和经济因素的诱惑。
2. 学术规范制度不完善、惩处机制不严格、学术竞争机制不公平。

3. 学术评价体系不全面　①部分期刊评价指标体系不完善，主要以核心期刊和被引率来评价文献质量的高低，存在不足，不能客观公正地反映论文的学术水平；②部分编辑对学术不端审查不严，有的期刊责任编辑对论文只是进行查重，查重通过即送外审，导致部分存在学术不端行为的论文蒙混过关。

4. 教育和引导不足。

5. 学术监督和社会监督力度不足。

（二）个人因素

1. 缺乏个人修养　学术成果的取得会带来诸多益处，如获得好的学术资源、职称晋升、个人名誉和社会地位的提升、物质奖励等。在诸多利益面前，部分科研人员为取得学术成果放弃基本的道德素养，造成抄袭、伪造及剽窃等学术不端行为发生。

2. 科研能力不足　学术研究需要较高的科研能力，部分研究人员并没有这个能力，又好高骛远不愿意花时间和精力在科研工作上，还缺乏求真务实的科学精神，在投机取巧的侥幸心理和完不成任务的焦虑心理作用下，做出了抄袭、剽窃等学术不端行为。

3. 竞争压力和急功近利思想　学生为毕业和找工作，科研人员为职称晋升、聘岗、科研考评等，做出抄袭、剽窃等学术不端行为。

五、学术不端行为的危害

学术不端行为违背了科学的求真精神，导致出现短期行为和片面追求数量而不追求质量等现象，导致本已稀缺的研究资源浪费和科技整体创新能力下降。其危害体现在以下三个方面：

（一）物质方面

1. 造成社会资源浪费　①存在学术不端的科研人员把时间和精力浪费在歪门邪道上，投机取巧、剽窃抄袭、弄虚作假，放弃对学术的追求，丧失科学探究的动力和热情，可造成社会资源配置的浪费和失衡；②为争夺国家有限的学术资源，部分科研人员受利益驱动，弄虚作假，骗取国家科研经费，造成国家科研经费的损失；③对于已有定论及成果的科研问题，部分科研人员仍在反复立项研究、发表论文、申报成果，造成科研经费浪费和社会资源浪费。

2. 贻误人才培养、降低人才培养质量　高等学校是学术不端行为预防与处理的主体。高等学校肩负着培养高素质人才的重要任务，学生能否受到良好的学术训练将影响他们的成才。教师学术道德素质高低、学术行为是否规范，是影响学生学术道德素质高低的一个重要因素。教师如果自身学术道德素质不高、学术行为不端，会给学生造成严重的误导，对学生诚实品格的养成产生严重的负面影响，最终导致人才培养质量下降。

3. 造成出版资源浪费　期刊出版需要花费大量的人力、物力和财力，从初审到最终出版需要花费审稿人及编辑人员大量的时间和精力，学术不端行为会造成出版资源的极大浪费。

4. 阻碍科技创新　科技创新需要基于严谨的科学方法和高尚的学术道德，而学术不端行为会破坏公正和严谨性。学术不端行为还可能误导其他科研人员，导致其浪费大量时间和资源，从而延缓科技创新的进程。

（二）精神方面

1. 违背科学精神　抄袭和剽窃等学术不端行为是把他人的研究成果窃为己有，违背科学的求真精神，破坏科学研究的诚信和正常的学术秩序，损害学术信誉、助长学术腐败之风。

2. 贬低学术界和知识分子的社会公信力　学术是社会文化的精华，是衡量一个社会文明水准的重要尺度。社会不同阶层的民众对于学术界和知识分子怀有信任与好感，寄予很高期望。学术不端行为会贬低学术公信力，损害知识分子在人们心目中的良好形象，挑战社会道德良知，动摇人们对真善美的追求和对科学研究的信仰，产生对学术界和知识分子的信任危机，给社会带来负面影响。

3. 影响期刊信誉　如果某期刊发表的论文存在大量学术不端问题，会给读者留下不好的阅读体验，造成读者数量下降、投稿量下降和文献质量下降，甚至会导致停刊，最终影响到期刊信誉。

4. 腐蚀高等教育文化　高等教育应该是培养创造性思维、开拓精神的地方，如果存在学术不端行为，会大大削弱教育的品质和价值，让学生失去自信和创造力，会进一步腐蚀高等教育的文化价值和信仰。

5. 严重破坏学术规范　①学术不端行为容易引起其他人员效仿，形成学术道德问题的恶性循环，会严重破坏整个学术体系的规范和准则；②学术不端行为会干扰以论文为基础的科研绩效和人才评价体系的客观性和公平性，严重破坏学术规范。

(三) 个人方面

1. 名誉受损、职业生涯受阻　在学术界，诚信是最基本的要求。如果一个人被发现有学术不端行为，同行、上级、下属和学生会对其失去信任，不再愿意与其合作，其声誉将受到严重影响；也可能失去职位、被开除或被降职，对职业生涯产生不可逆转的负面影响。

2. 面临法律诉讼　如果一个人被发现有学术不端行为，可能会面临法律诉讼，承担民事责任，被要求赔偿受害者的损失。

3. 学生论文抄袭，撤销学位，指导教师同样需承担责任。

案例：某高校13级硕士赵某学位论文抄袭同校12级硕士张某论文，经学校调查，认定赵某违反学术道德事实成立。调查中发现，赵某论文指导教师署名为李某，但实际指导论文写作的是已经离职的郭某，李某实际并未真正参与赵某论文指导工作，仅是接受前同事委托对学生论文进行签名，以协助学生顺利完成毕业论文相关手续。

处理决定：撤销赵某已授予的硕士学位；暂停李某研究生招生资格2年。

不论从事何种职业，学术不端行为都是要认真面对的问题。学术不端行为不仅败坏学术风气，侵犯他人知识产权，损害他人利益，破坏良好的学术氛围；同时也使自己丧失诚信与学术道德，断送学术前途。抵制学术不端行为，不仅能够保持良好的学术风气和科研环境，肯定科研人员的付出，还能为学术研究健康而有效率地向前发展扫除障碍与干扰。

六、治理学术不端行为的措施

(一) 社会层面

1. 培养诚信意识　学术不端行为的根源在于研究人员对学术道德的不了解和忽视。因此，教育是解决学术不端问题的关键。从中小学到大学，学校应加强对学术道德规范的宣传与教育，使学生全面了解学术规范和学术诚信的重要性和必要性。学校可通过开设学术道德课程、讲座、研讨会等形式，向学生普及学术规范和道德，让其了解学术不端行为的危害和影响，培养学生和教师的诚信意识和道德观念。学术界应重视学术道德教育和培训，以提高研究者的自觉性和自律性，鼓励其遵守学术规范。

2. 加强监管和惩处　学术监管部门可通过制定和实施更加严格的规章，加强对学术不端行为的监管和惩处。同时，还可通过建立和完善学术道德监督机制，对学术不端行为进行调查和惩处，并公开违规研究人员和机构的信息，以推动整个学术体系的行为提升。

3. 多系统查重　CNKI、万方数据知识服务平台、维普中文期刊服务平台等数据库开发的学术不端检测系统受到独家授权影响，检测结果存在一定差异，因此可采取几个系统同时查重的方法，且对查重结果应进行分析，不能简单评判。

4. 加强沟通　沟通有两种：编辑和作者的沟通、学术交流和合作。编辑应将学术不端的处理声明放在网站或稿件采编系统的首页，并及时将新录用或已审稿件的相关信息上传到采编系统或网站上，以便作者及时了解稿件审理的结果。学术交流和合作是避免学术不端行为的重要途径。学者们应该加强学术交流和合作，分享研究成果和经验，避免重复研究和抄袭行为。

5. 完善期刊评价机制　期刊评价机制对期刊评价具有十分重要的影响，它关乎期刊的发展和编辑人员的切身利益，因此应不断完善期刊评价机制，删除各种可人为操控的虚假数据，对严重违规的期刊进行诚信教育，从源头上防范学术不端行为。

6. 建立学术诚信制度　学术机构应该建立完善的学术诚信制度，明确学术不端行为的定义和处罚措施。同时，应该加强对学术不端行为的监督和检查，及时发现和处理学术不端行为。国家可以建立学术诚信数据库，用于记录和维护学术诚信信息，包括研究人员的科研成果、评估结果和荣誉等。这样可以鼓励研究人员尊重学术规则和道德，促进学术氛围的良性发展。

7. 加强监督和管理　①建立完善的网络监督机制：建立审查学术不端行为的专家数据库，公布举报电话、电子邮箱及微信，提倡实名举报，对举报者的相关信息严格保密；充分利用网络资源对各种学术不端行为进行严厉监督，接受来自读者及研究参与者的实名举报。②加强学术团体和组织的监督管理：学术团体和组织在学术规范监督和管理中发挥着重要作用。他们制定各种指导方针和规则，并对会员进行监督和评估。这些团体和组织通过严格审查申请、授予资格和职位，以及在学术活动中提供指导和监督，确保学术规范得到遵守和执行。

8. 加大投入力度　学术不端行为背后存在一些深层次的原因，比如学术压力、名誉和地位、利益驱动等。因此，国家需要加大科研投入力度，提高科研人员的待遇和福利，同时也需要鼓励多样化的学术成果评价方式，以减轻研究人员的压力。

（二）个人层面

进行学术研究的人员应克服浮躁情绪，加强学风建设，提高道德修养，采取严谨的治学态度来研究问题，坚决抵制粗制滥造和低层次重复，抵制以次充好和哗众取宠的做法，切实推进学术观点和科研方法创新，不断提升学术质量，创造更多的精品力作，真正发挥学术服务社会的重要作用。

第三节　论文撰写与投稿

一、医学论文撰写

医学论文是指以医学为主题，运用现代科学理论和技术方法，对医药卫生领域中新发现和新经验进行总结和交流的一种载体。它包括基础、临床、实验和应用等类型，其中临床成果是撰写医学论文的基础和内容。

医学论文是医学界非常重要的一种文献形式，医学生、医学工作者及与医学相关人员通过医学论文可以把自己的研究成果与同行进行交流和分享。同时，医学论文也是评估医学生、医学工作者及与医学相关人员学术能力和研究水平的重要标准之一。从医学生的角度讲，医学论文撰写一般包括四个阶段：转变思维、阅读文献、论文准备和论文撰写。

（一）转变思维

作为初次尝试医学论文写作的大学生，转变思维方式是第一步。高考作文的写作主要是应试，写作的思维方式也是以应试为主，而医学论文写作是为了学术，所以从应试思维转变到学术思维是医学论文写作的第一步。有写作诉求，提出问题是第二步。医学论文是科研论文的一种，科研论文写作注重严谨的逻辑性和科学性，因此培养理性思维是第三步。

学术思维不是与生俱来的，需要后期锻炼，锻炼可以从培养能力、训练思维和思想信念形成三个方面着手。①培养能力：培养能力从能力锻炼开始，能力锻炼主要包括锻炼与人沟通的能力、发现问题的能力，以及检索文献、阅读文献、独立思考的能力。沟通能力的锻炼可以通过与老师进行关于专业知识学习的沟通、同学之间进行关于学术问题的讨论、参加会议时进行学术发言等途径实现。培养发现问题的能力可以通过关注日常生活、工作和学习中的问题实现。培养检索文献、阅读文献和独立思考能力，可以通过长期的摸索和积累学会数据的收集和分析、整理和分类，以及对已有数据进行批判、分析和应用。②思维能力训练：写作中需要训练的两种思维方式是批判式思维和结构化思维。批判式思维实际上就是分析问题、解决问题的方式，在遇到问题时需要多个视角、多种路径去解决。结构化思维主要是通过分类的方式把大问题分解成小问题，将复杂问题分解成更小、更易处理的问题，或按照一定的顺序来逐步解决问题；也可以通过思维导图或者其他结构方式来组织信息，使论文更有条理性。③思想信念：无论是能力培养，还是思维训练，最终都要形成做人做事的方法及做人做事的风格，也就是认识世界的格局、思想和观点。

（二）阅读文献

医学生要学会读论文，通过阅读论文掌握论文的框架结构和格式、剖析逻辑结构、分析论证过程，分析文章的立论与驳论是用例子还是用数据做支撑。

论文的基本结构一般包括题目、作者、摘要、关键词、正文（多级标题呈现）和参考文献。推荐的阅读顺序：①通过阅读题目，确定自己对此类内容是否感兴趣，如果感兴趣，继续向下阅读，否则另找材料；②看摘要，通过对摘要的阅读，可以确定此文献是否有价值；③阅读正文引言部分，了解此文献具体研究的问题；④阅读文献的结论，可以了解作者如何解答问题；⑤阅读本论部分，可以了解作者解决问题的方式，评估论证是否精准。

（三）论文准备

论文的准备阶段就是通过文献检索，聚焦选题（也可通过文献综述聚焦问题），搜集研究材料，找到合适的参考文献，并学会用文献管理工具分析数据。

1. 选题　要有问题意识，从哪儿寻找选题，好选题的标准是什么。

学术的本质是探索未知，未知则是由一个个问题呈现的。学术研究的任务就是完成未知问题的科学解读，找出答案并提出解决问题的方法。学术研究首先要有问题意识，要有意识培养自己的问题意识，一个好的学术研究选题是从问题中产生的。作者可以从工作、学习或者日常生活遇到的难题或感兴趣的问题入手，加以理性提升形成选题；也可通过查找文献发现前人尚未涉足的空白领域进行挖掘，进而引出新选题；也可对已有理论观点和结论进行分析，寻找其缺陷和矛盾，然后证明自己的怀疑是否正确；也可找寻新的交叉学科领域来创造新选题，或对同一问题从不同角度加以论述，寻求新的切入点。

选好题目，论文就成功了一半。选题的评价标准主要指价值性标准、创新性标准（衡量学术论文价值的最关键标准）和可行性原则。

首先，价值性标准包括学理价值、实践价值和社会价值。学理价值主要指文献具有的科学价值、在所在学科领域中的价值、理论价值和思想价值等；实践价值是指应用价值、实践意义和经济效益等；社会价值包括政治意义、战略意义、国家利益和文化作用等。

其次，学术论文的创新性表现在：选取新的研究对象，开辟新的研究领域；采用新的研究方法和新理论解决已有问题；发现新问题，发掘或采用新材料，产生新认识。

再次，可行性原则是指是否有充足的资料来源和便利的实验条件；有重要的理论价值或应用前景；有浓厚的研究兴趣；选题要在个人能力可以完成的范围内选择。

2. 收集材料　要收集的材料有文献资料、实验数据、标本、图片和曲线图等辅助材料，以及其他相关资料，这些材料可以通过从网站查找、从图书馆或其他单位借取、自行购买、向有经验的同行请教、自己做实验获得数据材料、参加学术研讨会、访问考察，以及现场观察和调查等获得。

3. 设计研究方案 医学论文中的研究数据是不可或缺的，作者应根据所选课题方向制订具有可行性和可操作性的研究方案（或计划），设计时应充分考虑各种可能因素，减少不利因素的影响，同时还应考虑到一些附加条件（如动物种类、数量等），以便研究顺利完成并取得较好的结果。

4. 参考文献 论文需要的参考文献可以通过中外数据库或网站获得。例如，面对同一选题或近似选题，可以通过对中外文献的查找知道有哪些学者做了什么研究、已取得的研究成果、还未解决的问题等。

5. 文献管理 当搜集的文献越来越多时，为方便快速查找需要对文献进行归纳和整理，需要更精确地划分文件夹，需建立目录或索引，否则可能无法判断文献的不同类别和相互关系，这就需要用到一些文献管理工具，如 EndNote、Mendeley、Zotero、NoteExpress、NoteFirst 等，这些软件在功能上各有特色。①导入文献数据方面：EndNote、Zotero 和 Mendeley 是三款国外软件，主要针对英文文献，不支持中文期刊的参考文献格式和国标细节的处理。但 Mendeley 内置 PDF 浏览器，可直接收录英文 PDF 文件。Zotero 只支持 Firefox 浏览器。国内的 NoteExpress 和 NoteFirst 两款软件支持中文文献，但 NoteExpress 对国标的细节处理存在问题，无法自动区分英文文献中的作者是否为中文作者的汉语拼音，也不支持中英文双语的参考文献自动形成。NoteFirst 提供的期刊样式还待完善，但支持国标和双语参考文献自动形成，比较适用于向中文科技期刊投稿的作者。②设计结构方面：EndNote、Zotero、Mendeley 和 NoteFirst 为网络版，用户在不同地点、电脑上均可同步自己最新的个人数据库；Reference Manager、NoteExpress 只有单机版；Mendeley 和 NoteFirst 同时具有网络版和单机版。③价格方面：EndNote 和 NoteExpress 是收费软件，Mendeley、Zotero 和 NoteFirst 提供免费版本。综上所述，可以选择 Mendeley 和 NoteFirst 共同使用，NoteFirst 进行文献收集管理和论文写作，Mendeley 进行 PDF 文件管理。

（四）论文撰写

一个好的医学论文应该具备清晰的结构。一般来说，医学论文的结构包括题名、作者署名、工作单位和邮编、摘要、关键词、引言、正文（资料与方法、结果、结论）和参考文献。

1. 题名 ①《学术论文编写规则》（GB/T 7713.2—2022）指出：题名是论文的总纲，是反映论文中重要特定内容的恰当、简明的词语的逻辑组合；题名中的词语应有助于选定关键词和编制题录、索引等二次文献所需要的实用信息，应使用标准术语、学名全称、药物和化学品通用名称；题名应简明，一般不宜超过 25 个字；为利于国际交流，论文宜有外文（多用英文）题名，有时也可以有副标题；题名在论文中不同地方出现时应保持一致。②在确定题名前，应首先明确该选题的意义及价值；然后查阅有关资料，了解其进展情况；再结合自己实验室的条件与能力来选择合适的题目，应一文一题。

2. 作者 论文应有作者信息，作者信息置于题名之下，也可标注通信作者的相关信息，但作者一定是对论文有实际贡献的责任者。

3. 摘要 摘要是对论文内容不加注释和评论的简短陈述，不用阅读全文就可获得必要的信息。为便于交流，宜有外文（多用英文）摘要。撰写摘要的注意事项：①摘要的撰写应符合《文摘编写规则》（GB/T 6447—1986）的规定。②摘要一般在全文完成之后书写，是文章主要内容的摘录，要求短小，一般不分段，字数可以是几十字，最多不超过四百字为宜。③摘要要求精悍，尽量采用文字叙述，切忌列条式书写，不能罗列文中数据；引言中出现的内容不能写入摘要，不能重复论文正文中的小标题（目录）或论文结论部分的文字。④摘要的内容要完整，摘要应该包含研究的目的、方法、结果和结论，通过陈述论文所做研究工作的主要目的和范围，描述研究工作采用的方法，总结研究结果，给出研究工作得出的主要结论，让读者能够快速了解论文的主要内容。

论文中所阐述的主要内容（或观点）不能遗漏，但不展开论证说明，不列举例证，不介绍研究过程；对研究过程、方法和成果等不宜进行主观评价，也不宜与别人的研究进行对比说明；应写成一篇可以独立使用的短文。

4. 关键词　关键词是反映论文主题概念的词或词组，是读者搜索和理解论文内容的重要依据。一般是作者在完成论文写作后，从论文的题名、摘要和正文中选取，按词条的外延（概念范围）层次从大到小排列，是对表述论文的中心内容有实质意义的词汇，关键词撰写应符合《学术出版规范关键词编写规则》（CY/T 173—2019）的规定。每篇论文一般选取3~8个名词性的词或词组作为关键词，应从《汉语主题词表》或专业词表中选取，不使用过于泛指的词，如“方法”“理论”“观点”“应用”等；未被词表收录的新学科、新技术中的重要术语和地区、人物、产品等名称，也可作为关键词标注。一个好的医学论文的关键词一般会在第一段中出现，且在文章正文中多次出现。

5. 引言　论文下笔先写引言，引言的作用是引人入胜，激发读者的阅读兴趣。引言的写作应该开门见山、迅速入题，应该介绍研究的背景、理由、意义和价值，并提出研究的目的和预期结果，要做到切合主题、言简意赅、突出重点与创新点、客观评价前人的研究，如实介绍作者自己的成果，张弛有度，照应后文。引言的写法可以是交代式、提问式、出示观点式、提示范围式和阐释概念式等。

6. 正文　①正文是论文的主体部分，包括论点、论据、论证过程和结论，要求客观地、真实地反映事物的本质，反映事物内部的规律性。为了做到条理清晰，常常将正文部分分成几个大的段落，一个大的段落可包含几个小段落，一个小段落可包含一个或几个自然段，使正文形成若干层次。但论文的层次不宜过多，一般不超过五级，且段落内容要连贯，每个段落应有一个明确的主题句，并围绕这个主题句展开论述。②论点就是提出问题，论据和论证就是分析问题，论证方法与步骤就是要解决问题。医学论文的论点要新且实用，论据和论证要围绕论点展开。论据是用来支持论点的事实或数据、证据、理由，为论点提供具体的、现实的支撑，使论点更加具有说服力和可信度。论证是运用论据来证明论点的过程和方法。它涉及从多个角度对论点进行分析和讨论，最终形成一个完整的逻辑链条，将论点转变为读者能够理解和接受的内容。论证的方法有很多种。医学论文的论证方法可以是详细描述研究设计、样本选择、数据收集和分析方法，也可以适当加入权威数据和研究结果来支持自己的观点和结论；还可以用讨论的方式对结果进行解释和分析，提出自己的观点和解决方案，并与已有研究进行比较和讨论，用辩驳的手法，对已知的反例和例外进行考虑、反驳和说明；或者通过怀疑已有研究的合法性，提出自己的反对意见，再次验证自己观点的正确性，提出未来研究的方向和建议，为读者提供更多的思考和启示。③结果部分应该清晰地呈现研究的主要结果，可以使用图表和统计数据来支持。④结论是对研究结果和论点的提炼与概括，不是摘要或主题部分中各章、节、小结的简单重复，结论要客观、准确、精炼、完整；如果推导不出结论，也可没有“结论”而写成“结束语”，进行必要的讨论，在讨论中提出建议或待研究解决的问题等；结论主张也可以具备争议性、可以被挑战，但是主张发出者必须为其辩护。

7. 参考文献　参考文献是论文在研究和写作中参考或引证过的文献资料，参考文献部分应该列出所有参考或引用过的文献，列于论文末尾，其作用是确保论文的可信度和学术性，也是对其他作者研究成果的认可和尊重。参考文献应另起一页，标注方式按《学术论文编写规则》（GB/T 7713.2—2022）进行。

综上所述，一篇优秀的医学论文需要注意结构安排和写作技巧。作者的逻辑思路要清晰且符合实际、内容要真实可靠、观点必须鲜明，并可以适当加入权威数据进行对比论证。

二、医学论文投稿

在医学领域，发表论文也是学术研究的一个重要环节，投稿时如何选择合适的期刊也是摆在许多投稿人面前的一道难题。

（一）了解期刊的影响因子

目前，用影响因子评价期刊在国际上是被认可的，它不仅是一种测度期刊有用性的指标，也是测度期刊学术水平和论文质量的重要指标。一般而言，影响因子越高，期刊的学术价值和影响力就越大。因此，投稿时选择影响因子高的期刊，有助于提高研究成果的可见度和影响力。

（二）考虑期刊的专业性和研究领域的匹配度

不同期刊有不同的专业领域和研究方向，选择与自己研究内容相关的期刊投稿，可以增加论文被录用的概率。

（三）仔细阅读和遵守期刊的投稿要求

不同期刊对论文的格式、字数、参考文献等要求有所不同。因此，投稿前应认真仔细地阅读投稿要求，并按要求修改论文，才可能提高论文被接受的机会。

（四）了解期刊的开放获取政策

开放获取期刊可以使研究成果更广泛地传播。

（五）考虑期刊的审稿周期和接受率

一般来说，审稿周期短、收稿率高的期刊更受投稿者青睐。但投稿者也不能只关注这一指标，因为一些影响因子较高的期刊，审稿周期也可能较长，且对稿件质量把关严格，接受率相对其他期刊而言较低。

（六）了解期刊的编辑团队和学术委员会

一些知名期刊编辑团队和学术委员会水平较高，对论文的评审和编辑非常严格，发表在这类期刊上的论文的质量和学术价值比较高，被认可度较高。因此，选择这类期刊可增加研究成果被广泛认可的机会。

总之，投稿时选择适合的期刊，对于医学类论文能否被录用至关重要。通过了解期刊的专业性、收稿范围、影响因子、投稿要求、审稿周期、接受率及编辑团队等因素，可以帮助投稿者做出正确选择，但前提是自身研究成果的质量和创新性要过硬，这是被高质量期刊收稿的最重要因素。

【结语】

论文写作应尊重学术道德，遵守学术规范，杜绝学术不端行为，因此本章主要写了学术规范、学术不端和论文写作三个方面。关于学术规范，国家和相关部门颁布了许多相关文件，本章对其定义、内涵及重要性做了梳理。由于对学术规范缺乏了解和不重视等原因，在论文写作和科研活动中会存在种种学术不端行为，为帮助师生及从事科学研究人员了解学术规范，第二节以近年科研诚信网通报的案例为基础，对常见抄袭、剽窃、不当署名、一稿多投等学术不端行为进行了介绍和界定。为解决写作医学论文时无从下手的难题，第三节主要介绍医学论文撰写的四个阶段：转变思维、阅读文献、论文准备和论文撰写。

（刘　华）

习题

1. 常见的学术不端行为有哪些？
2. 学术不端行为的危害有哪些？
3. 试论医学论文写作的过程。
4. 试论医学论文写作的基本结构。

参考文献

[1] 王立诚, 邵婷芝. 科技文献检索与利用 [M]. 南京: 东南大学出版社, 1998.

[2] 常兴哲. 医学文献检索与利用 [M]. 2 版. 北京: 人民军医出版社, 2004.

[3] 吴慰慈, 董焱. 图书馆学概论 [M]. 北京: 国家图书馆出版社, 2002.

[4] 孙凤梅. 医学信息检索 [M]. 北京: 人民卫生出版社, 2008.

[5] 刘同祥. 民族医药文献检索与利用 [M]. 北京: 中央民族大学出版社, 2009.

[6] 谢志耘. 医学文献检索 [M]. 2 版. 北京: 北京大学医学出版社, 2010.

[7] 赵文龙, 李小平, 肖凤玲. 医学文献检索 [M]. 3 版. 北京: 科学出版社, 2010.

[8] 阿古拉. 蒙医药学 [M]. 呼和浩特: 内蒙古教育出版社, 2010.

[9] 王琦, 丛连钢. 文献信息检索教程 [M]. 北京: 电子工业出版社, 2011.

[10] 黄晓鹂. 医学信息检索与利用 [M]. 2 版. 北京: 科学出版社, 2016.

[11] 高巧林, 章新友. 医学文献检索 [M]. 3 版. 北京: 人民卫生出版社, 2021.

[12] 罗爱静. 医学文献信息检索 [M]. 2 版. 北京: 人民卫生出版社, 2010.

[13] 陈伟, 汪琼. 信息资源检索与利用 [M]. 2 版. 北京: 国防工业出版社, 2014.

[14] 湛佑祥. 医学信息检索学 [M]. 北京: 人民军医出版社, 2014.

[15] 代涛. 医学信息搜集与利用 [M]. 2 版. 北京: 人民卫生出版社, 2014.

[16] 李晓玲, 符礼平. 医学信息检索与利用 [M]. 5 版. 上海: 复旦大学出版社, 2014.

[17] 吴建明. 学位论文的研究与撰写 [M]. 北京: 清华大学出版社, 2014.

[18] 明均仁. 信息检索 [M]. 北京: 人民邮电出版社, 2014.

[19] 柯平. 信息检索与信息素养概论 [M]. 2 版. 北京: 高等教育出版社, 2015.

[20] 高巧林, 章新友. 医学文献检索 [M]. 2 版. 北京: 人民卫生出版社, 2016.

[21] 梁明春, 董欲超. 医学文献检索 [M]. 上海: 同济大学出版社, 2017.

[22] 陈泉. 信息素养与信息检索 [M]. 北京: 清华大学出版社, 2017.

[23] 教育部科学技术委员会学风建设委员会. 高等学校科学技术学术规范指南 [M]. 北京: 中国人民大学出版社, 2017.

[24] 顾萍, 谢志耘. 医学文献检索 [M]. 2 版. 北京: 北京大学医学出版社, 2018.

[25] 李雪飞, 刘净净, 郭飞, 等. 信息资源检索及利用 [M]. 北京: 清华大学出版社, 2018.

[26] 刘宗歧, 方燕虹, 刘金朝. 科技文献检索实用教程 [M]. 北京: 科学出版社, 2018.

[27] 赵文龙. 医学文献检索与利用 [M]. 北京: 科学出版社, 2019.

[28] 包哈申. 蒙医药数字化博物馆建设关键技术研发与服务平台 [Z]. 呼和浩特: 内蒙古医科大学, 2020.

[29] 张雪艳. 医学文献检索实践 [M]. 北京: 科学出版社, 2023.

[30] 马路, 唐小利. 医学信息搜集与利用 [M]. 北京: 人民卫生出版社, 2023.

[31] 安红梅. 论教育研究文献检索的价值与方法 [J]. 西北成人教育学报, 2009, 11 (2): 40-41, 49.
[32] 李红军, 程鸿, 浩必斯格拉图. 蒙医药学文献资源自动化数字化网络化服务体系建设研究 [J]. 疾病监测与控制, 2011, 5 (11): 652-653.
[33] 王磊. 信息时代社会发展研究——一种基于互联网的考察 [D]. 北京: 中共中央党校, 2011.
[34] 王彦平. 美国对华情报活动研究 (1943—1955)——以此时期四次战争为例 [D]. 成都: 四川师范大学, 2013.
[35] 陈界, 李长芹. 医学信息检索学的产生与发展 [J]. 中国索引, 2013, 11 (2): 51-56.
[36] 浩必斯嘎拉图. 内蒙古医科大学图书馆建立蒙医药学文献数据库的构想 [J]. 中国信息技术教育, 2014, 15 (6): 14.
[37] 韩丽风, 王茜, 李津, 等. 高等教育信息素养框架 [J]. 大学图书馆学报, 2015, 33 (6): 118-126.
[38] 邓亮. 研究生如何规避学术不端行为 [J]. 中国研究生, 2017, 16 (1): 18-20.
[39] 刘彩娥, 贺利婧. 对 ACRL《高等教育信息素养框架》的反思 [J]. 大学图书情报学刊, 2017, 35 (1): 45-48.
[40] 王银芳. 文献检索在图书馆服务中的方法与作用 [J]. 卷宗, 2019, 9 (23): 160.
[41] 赵忠尧, 丁燕. 图书馆文献资源建设路径创新与保障 [J]. 河南图书馆学刊, 2022, 42 (1): 112-114.
[42] 罗海霞, 李擎乾, 崔丽霞, 等. 基于《高等教育信息素养框架》的医学硕士研究生信息素养调查分析 [J]. 科教导刊, 2023, 48 (8): 143-145.
[43] 赵平. 基于引文分析法的高校图书馆文献保障研究 [J]. 江苏科技信息, 2023, 40 (22): 54-57.
[44] 中国生物医学文献服务系统 [EB/OL].[2024-03-15]. http://www. sinomed. ac. cn/help/index1. jsp？ cros-surl=4.
[45] 中国知网 [EB/OL].[2024-03-15]. https://piccache. cnki. net/kdn/index/helper/manual. html.
[46] 万方数据知识服务平台 [EB/OL].[2024-03-15]. https://w. wanfangdata. com. cn/teach-expression？ to=advanced-search.
[47] 维普中文期刊服务平台 [EB/OL].[2024-03-15]. http://qikan. cqvip. com/Qikan/Search/SearchHelp？ from=Qikan_Search_Advance.
[48] 中华医学期刊全文数据库 [EB/OL].[2024-03-15]. https://www. yiigle. com/magazine.
[49] PubMed [EB/OL].[2024. 3. 15]. https://pubmed. ncbi. nlm. nih. gov/.
[50] 中国科学文献服务系统 [EB/OL].[2024-03-15]. http://sciencechina. cn/index_more1. jsp.
[51] Embase [EB/OL].[2024-03-15]. https://www. embase. com/.
[52] Web of Science [EB/OL].[2024-03-15]. http://webofscience. com.
[53] BIOSIS Previews [EB/OL].[2024-03-15]. https://www. webofscience. com/wos/biosis/basic-search.
[54] Scopus [EB/OL].[2024-03-15]. https://www. scopus. com/.
[55] ScienceDirect [EB/OL].[2024-03-15]. https://www. sciencedirect. com.
[56] Ovid [EB/OL].[2024-03-15]. https://ovidsp. ovid. com/.
[57] EBSCO [EB/OL].[2024-03-15]. https://www. ebsco. com/.